[Actual Test] 한 권으로 합격하기

핫토픽
For Chinese

HOT
TOPIK

改编
TOPIK
I

实战模拟
试题

作者
Korean Proficiency Test R&D Center

한글파크

[Actual Test] 한 권으로 합격하기

HOT TOPIK

For Chinese

作者
Korean Proficiency Test R&D Center

改编
TOPIK
I
实战模拟
试题

한글파크

제1회
실전모의고사

한국어능력시험 I
(초급)

듣기, 읽기

수험번호(Applicaton No.)		
이름 (Name)	한국어(Korean)	
	영 어(English)	

유 의 사 항
Information

1. 시험 시작 지시가 있을 때까지 문제를 풀지 마십시오.
   Do not open the booklet until you are allowed to start.

2. 접수번호와 이름은 정확하게 적어 주십시오.
   Write your name and application number on the answer sheet.

3. 답안지를 구기거나 훼손하지 마십시오.
   Do not fold the answer sheet; keep it clean.

4. 답안지의 이름, 접수번호 및 정답의 기입은 컴퓨터용 펜을 사용하여 주십시오.
   Use the optical mark reader(OMR) pen only.

5. 정답은 답안지에 정확하게 표시하여 주십시오.
   Mark your answer accurately and clearly on the answer sheet.

marking example | ① ● ③ ④

6. 문제를 읽을 때에는 소리가 나지 않도록 하십시오.
   Keep quiet while answering the questions.

7. 질문이 있을 때에는 손을 들고 감독관이 올 때까지 기다려 주십시오.
   When you have any questions, please raise your hand.

듣기 (1번 ~ 30번)

※　[1~4] 다음을 듣고 〈보기〉와 같이 물음에 맞는 대답을 고르십시오. (각 3점)

보기

가 : 공부를 해요.

나 : ___________________________

❶ 네, 공부를 해요.　　　　　　② 아니요, 공부예요.

③ 네, 공부가 아니에요.　　　　④ 아니요, 공부를 좋아해요.

1.　① 네, 빵이에요.　　　　　　② 네, 빵이 없어요.

　　③ 아니요, 빵을 사요.　　　　④ 아니요, 빵이 좋아요.

2.　① 네, 가방이에요.　　　　　② 네, 가방이 비싸요.

　　③ 아니요, 가방이 많아요.　④ 아니요, 가방이 있어요.

3.　① 어제 공부했어요.　　　　② 한국어를 공부했어요.

　　③ 친구하고 공부했어요.　　④ 도서관에서 공부했어요.

4.　① 아주 예뻐요.　　　　　　② 제 여동생이에요.

　　③ 열아홉 살이에요.　　　　④ 사진에서 봤어요.

※　[5~6] 다음을 듣고 〈보기〉와 같이 다음 말에 이어지는 것을 고르십시오. (각 3점)

보기

가 : 맛있게 드세요.

나 : _______________

① 좋겠습니다.　　　　　　　　② 모르겠습니다.

③ 잘 지냈습니다.　　　　　　　❹ 잘 먹겠습니다.

5.　① 네, 병원입니다.　　　　　　② 네, 병원에 갑니다.
　　③ 아니요, 병원이 있습니다.　　④ 아니요, 병원에서 일합니다.

6.　① 괜찮습니다.　　　　　　　　② 안녕하세요.
　　③ 고맙습니다.　　　　　　　　④ 반갑습니다.

※　[7~10] 여기는 어디입니까? 〈보기〉와 같이 알맞은 것을 고르십시오. (각 3점)

보기

가 : 어디가 아프세요?

나 : 배가 아파요.

① 가게　　　　② 빵집　　　　❸ 병원　　　　④ 시장

7.　① 식당　　　　② 학교　　　　③ 우체국　　　　④ 편의점

8.　① 꽃집　　　　② 은행　　　　③ 박물관　　　　④ 영화관

9.　　① 서점　　　　② 극장　　　　③ 커피숍　　　　④ 미용실

10.　① 공항　　　　② 약국　　　　③ 백화점　　　　④ 도서관

※　[11~14] 다음은 무엇에 대해 말하고 있습니까? 〈보기〉와 같이 알맞은 것을 고르십시오.
　　(각 3점)

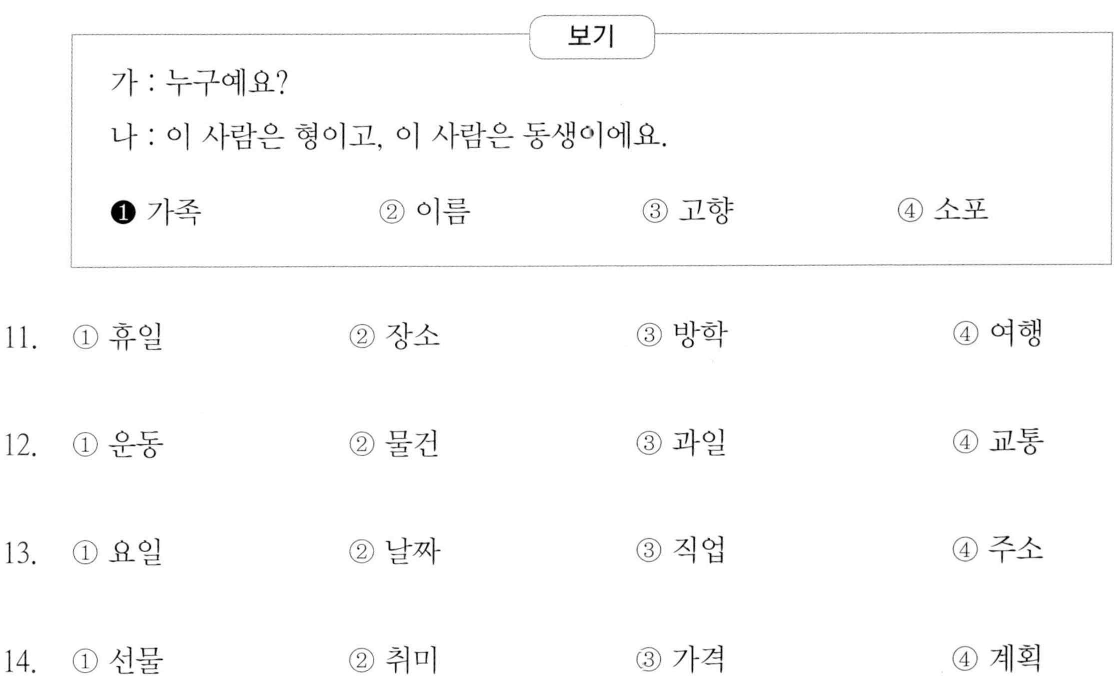

11.　① 휴일　　　　② 장소　　　　③ 방학　　　　④ 여행

12.　① 운동　　　　② 물건　　　　③ 과일　　　　④ 교통

13.　① 요일　　　　② 날짜　　　　③ 직업　　　　④ 주소

14.　① 선물　　　　② 취미　　　　③ 가격　　　　④ 계획

※　[15~16] 다음 대화를 듣고 알맞은 그림을 고르십시오. (각 3점)

15.　① 　② 

③ 　④ 

16.　① 　② 

③ 　④ 

※　　[17~21] 다음을 듣고 〈보기〉와 같이 대화 내용과 같은 것을 고르십시오.

보기

남자 : 요즘 한국어를 공부해요?

여자 : 네, 한국 친구한테서 한국어를 배워요.

① 남자는 학생입니다.　　　　　　② 여자는 학교에 다닙니다.

③ 남자는 한국어를 가르칩니다.　　❹ 여자는 한국어를 공부합니다.

17.　(3점)

① 남자는 생일 파티를 했습니다.

② 여자는 생일 파티에 못 갑니다.

③ 여자는 생일 파티를 좋아합니다.

④ 남자는 생일 파티에 여자를 초대했습니다.

18.　(3점)

① 여자는 사진을 찍고 있습니다.

② 여자는 내일 박물관에 갈 겁니다.

③ 남자는 사진을 찍고 싶지 않습니다.

④ 남자는 지금 사진을 찍으려고 합니다.

19.　(3점)

① 여자는 기침이 나서 병원에 왔습니다.

② 여자는 삼 일 동안 병원에 와야 합니다.

③ 남자는 목이 부어 치료를 받고 있습니다.

④ 남자는 기침을 많이 해서 목이 부었습니다.

20. (3점)

　　① 남자는 여행사 직원입니다.

　　② 여자는 비행기 표를 예약했습니다.

　　③ 남자는 창문 옆 자리를 예약하려고 합니다.

　　④ 여자는 전화로 비행기 표를 알아보고 있습니다.

21. (4점)

　　① 여자는 두 달 전에 라디오를 샀습니다.

　　② 여자는 새 라디오를 다시 받을 겁니다.

　　③ 여자의 라디오는 어제 고장이 났습니다.

　　④ 여자는 직접 라디오를 찾으러 가야 합니다.

※　[22~24] 다음을 듣고 대화 내용과 같은 것을 고르십시오. (각 4점)

22.　① 여자는 대출증을 만들었습니다.

　　② 여자는 사진을 가지고 있습니다.

　　③ 신분증이 없으면 대출증을 만들 수 없습니다.

　　④ 대출증을 만들려면 사진 한 장이 필요합니다.

23.　① 남자는 작년에 수영 강사였습니다.

　　② 남자는 수영장에서 일하기를 원합니다.

　　③ 수영 강사 경험이 있으면 바로 일할 수 있습니다.

　　④ 남자는 수영장을 청소하는 일을 하고 싶어 합니다.

24.　① 여자는 삼 일 전에 예약을 했습니다.

　　② 여자는 호텔에 가서 예약하고 있습니다.

　　③ 여자는 추가로 돈을 내지 않아도 됩니다.

　　④ 여자는 예약을 취소하려고 전화했습니다.

※ [25~26] 다음을 듣고 물음에 답하십시오. (각 4점)

25. 어떤 이야기를 하고 있는지 고르십시오.
① 감사   ② 인사   ③ 안내   ④ 초대

26. 들은 내용과 같은 것을 고르십시오.
① 아이를 이미 찾았습니다.   ② 아이는 가방을 들고 있습니다.
③ 아이는 키가 크고 머리가 짧습니다.   ④ 아이를 찾으면 1층으로 가야 합니다.

※ [27~28] 다음을 듣고 물음에 답하십시오. (각 4점)

27. 두 사람이 무엇에 대해 이야기하고 있는지 고르십시오.
① 방학에 한 일   ② 방학에 할 계획
③ 방학에 해야 하는 일   ④ 방학을 잘 보내는 방법

28. 들은 내용과 같은 것을 고르십시오.
① 남자는 부산에 갔다 왔습니다.
② 여자는 방학을 기대하고 있습니다.
③ 여자는 제주도에 가 본 적이 있습니다.
④ 남자는 방학에 재미있는 시간을 보냈습니다.

※　　[29~30] 다음을 듣고 물음에 답하십시오. (각 4점)

29.　남자는 지금 왜 여기에 왔습니까?
　　　① 소포를 부치려고　　　　　　　② 소포를 찾으려고
　　　③ 소포를 바꾸려고　　　　　　　④ 소포를 확인하려고

30.　들은 내용과 같은 것을 고르십시오.
　　　① 소포는 일주일 뒤에 도착합니다.
　　　② 소포를 찾으려면 주소를 알아야 합니다.
　　　③ 소포가 도착했는지 직접 확인해야 합니다.
　　　④ 소포에는 유리로 된 물건이 들어 있지 않습니다.

※ [31~33] 다음은 무엇에 대한 이야기입니까? 〈보기〉와 같이 알맞은 것을 고르십시오.

보기

덥습니다. 바다에서 수영합니다.

❶ 여름   ② 날씨   ③ 나이   ④ 나라

31. (2점)

오전에 요리를 배웁니다. 오후에 한국어를 배웁니다.

① 날씨   ② 수업   ③ 장소   ④ 날짜

32. (2점)

오늘은 동생이 졸업합니다. 저는 꽃을 줄 겁니다.

① 취미   ② 직업   ③ 선물   ④ 시간

33. (3점)

오늘은 일요일입니다. 그래서 민호 씨는 회사에 안 갑니다.

① 운동   ② 약속   ③ 여행   ④ 휴일

보기

날씨가 좋습니다. (　　　　)이 맑습니다.

① 눈　　　　　　② 밤　　　　　❸ 하늘　　　　　④ 구름

34. (2점)

머리(　　　　) 좋아요.

① 와　　　　　　② 를　　　　　③ 가　　　　　④ 에

35. (2점)

편지를 보냅니다. (　　　　)에 갑니다.

① 약국　　　　　② 공항　　　　　③ 소방서　　　　④ 우체국

36. (2점)

어제 도서관에 가서 책을 빌렸습니다. 재미있게 (　　　　).

① 썼습니다　　　② 갔습니다　　　③ 읽었습니다　　④ 지냈습니다

37. (3점)

방이 (　　　　). 그래서 불을 켰습니다.

① 좋습니다　　　② 덥습니다　　　③ 넓습니다　　　④ 어둡습니다

38. (3점)

늦게 가면 제시간에 도착할 수 없습니다. (　　　　) 출발합시다.

① 일찍　　　　② 천천히　　　　③ 이따가　　　　④ 나중에

39. (2점)

물건이 안 팔려요. 그래서 가격을 (　　　　).

① 내렸어요　　　　② 올렸어요　　　　③ 높였어요　　　　④ 인상했어요

※　[40~42] 다음을 읽고 맞지 <u>않는</u> 것을 고르십시오.

40. (3점)

① 가족 사랑 캠프는 겨울에 갑니다.

② 이번 캠프는 주말에 이틀 동안 합니다.

③ 캠프에 참가하려면 만 원이 필요합니다.

④ 한국대학교에서 일하는 사람은 참석할 수 있습니다.

41. (3점)

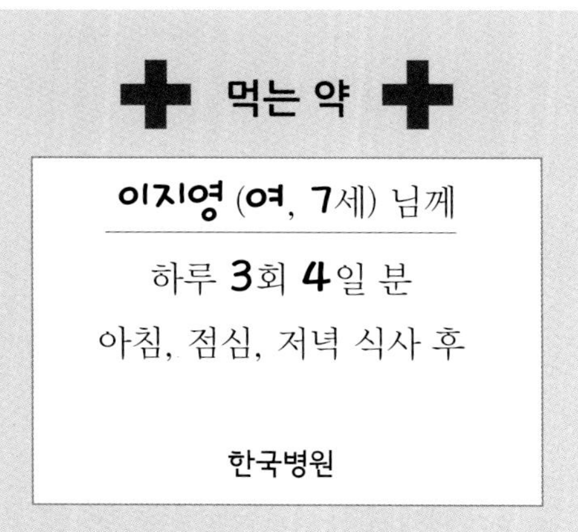

① 삼 일 동안 약을 먹습니다.

② 여자아이가 약을 먹습니다.

③ 하루에 세 번 약을 먹습니다.

④ 밥을 먹은 후에 약을 먹습니다.

42. (2점)

이번 주말 날씨			
요일		토요일	일요일
날씨		☀	☁ / ☂
지역	서울	1℃	-5℃
	부산	10℃	1℃

① 일요일은 부산이 더 춥습니다.

② 토요일은 서울이 더 춥습니다.

③ 이번 주 토요일은 맑을 겁니다.

④ 이번 주 일요일은 비가 올 겁니다.

43.

> 오늘은 친구 생일입니다. 저는 아침을 먹고 선물을 샀습니다. 그리고 커피숍에서 친구한테 가방을 선물했습니다.

① 오늘은 제 생일입니다.
② 친구를 만나고 아침을 먹었습니다.
③ 저는 친구한테서 가방을 받았습니다.
④ 저는 커피숍에서 생일 선물을 줬습니다.

44.

> 지난주에 외국인 장기 자랑이 있었습니다. 저는 노래를 잘 못하지만 참가하고 싶었습니다. 그래서 한 달 동안 열심히 연습해서 노래를 불렀습니다.

① 저는 노래 부르기를 좋아합니다.
② 저는 장기 자랑에서 노래를 했습니다.
③ 저는 열심히 연습해서 노래를 잘합니다.
④ 저는 한 달 동안 장기 자랑에 가지 않았습니다.

45.

> 저는 일요일마다 독서 모임에 나갑니다. 우리 모임에서는 매주 책을 읽고 한 달에 한 번 글을 씁니다. 이번 주 토요일에는 회원들이 쓴 글을 전시할 겁니다.

① 이번 토요일에도 책을 읽을 겁니다.
② 매주 모임에 나가서 책을 읽습니다.
③ 한 달에 한 번 글 전시회가 있습니다.
④ 일요일마다 글을 쓰러 모임에 나갑니다.

※　[46~48] 다음을 읽고 중심 생각을 고르십시오.

46.　(3점)

> 　저는 스트레스를 받으면 노래방에 갑니다. 노래를 부를 때 큰 소리로 부릅니다. 그러면 기분이 아주 좋아집니다.

① 저는 매일 노래를 부르고 싶습니다.
② 저는 기분이 좋을 때 노래를 부릅니다.
③ 저는 스트레스를 받으면 노래로 풉니다.
④ 저는 스트레스를 받기 전에 노래방에 갑니다.

47.　(3점)

> 　우리 어머니는 거의 집에 없으십니다. 월요일부터 금요일까지는 가게에 가십니다. 주말에는 양로원에 가서 자원봉사를 하십니다. 저는 어머니와 함께 시간을 보내고 싶습니다.

① 우리 어머니는 주말에 쉽니다.
② 우리 어머니는 바쁘게 사십니다.
③ 저는 가게에서 시간을 많이 보냅니다.
④ 저는 주말에 어머니와 함께 있습니다.

48.　(2점)

> 　저는 어제 백화점에 갔습니다. 이곳저곳을 구경한 후 해외여행을 가려고 가방을 샀습니다. 그런데 가방의 색깔이 마음에 들지 않았습니다.

① 저는 어제 산 가방이 좋지 않습니다.
② 저는 백화점에 가는 것을 좋아합니다.
③ 저는 어제 해외 여행사를 구경했습니다.
④ 저는 여행 장소가 마음에 들지 않습니다.

> 요즘 (　　㉠　　) '인형 박물관'이 인기가 많습니다. 그곳에는 옛날 인형이 많이 있습니다. 또 요즘 유명한 사람을 그대로 만든 인형도 있습니다. 특히 전통 옷을 입은 세계 여러 나라의 인형을 볼 수 있습니다. 어른들은 그곳에서 아이들과 함께 인형을 직접 만들 수 있습니다.

49.　(　　㉠　　)에 들어갈 알맞은 말을 고르십시오.
　　① 인형을 만드는　　　　　　② 박물관 근처에 있는
　　③ 인형을 전시하는　　　　　　④ 옛날 인형을 줄 수 있는

50.　이 글의 내용과 같은 것을 고르십시오.
　　① 요즘 인형 박물관이 많이 있습니다.
　　② 이 박물관에서 인형을 만들 수 있습니다.
　　③ 어른들만 이 박물관에 들어갈 수 있습니다.
　　④ 박물관에 가면 옛날 인형만 볼 수 있습니다.

> 　저는 나쁜 습관이 있습니다. 의자에 바르게 앉지 못합니다. 그래서 어제 병원에 갔는데 의사 선생님이 여러 가지 (　　ㄱ　　)에 대해 가르쳐 주셨습니다. 눈은 정면을 바라보고 등은 똑바로 폅니다. 그리고 두 손은 자연스럽게 무릎 위에 얹습니다. 오늘부터 나쁜 습관을 열심히 고치겠습니다.

51.　(　　ㄱ　　)에 들어갈 알맞은 말을 고르십시오.
　　① 바른 자세　　　　　　　　　② 운동 자세
　　③ 면접 자세　　　　　　　　　④ 나쁜 습관

52.　무엇에 대한 이야기입니까? 알맞은 것을 고르십시오.
　　① 의자에 자주 앉는 이유
　　② 의자에 바르게 앉는 방법
　　③ 의자를 바르게 고치는 방법
　　④ 의자에 앉는 습관이 나쁜 이유

> 　　다이어트에 좋은 방법이 있습니다. 매일 같은 시간에 운동을 하는 것입니다. 하지만 바쁜 현대 생활에서는 운동할 시간이 없어서 다이어트하기가 쉽지 않습니다. 그래서 요즘 사람들은 짧은 시간에 (　　　㉠　　　) '걷기'를 많이 합니다.

53.　(　㉠　)에 들어갈 알맞은 말을 고르십시오. (2점)

① 많이 달리는　　　　　　② 빨리 살을 빼는

③ 움직이지 않는　　　　　④ 쉽게 할 수 있는

54.　이 글의 내용과 같은 것을 고르십시오. (3점)

① 운동은 함께 해야 합니다.

② 매일 운동하는 것은 쉽습니다.

③ 현대인이 많이 하는 것은 걷기입니다.

④ 현대인은 다이어트할 시간이 많습니다.

> 　동건 씨, 오늘 저녁에 동아리 모임이 있어서 회원들 대부분이 우리 집에 올 거예요. 동건 씨도 시간이 있으면 오세요. 오늘 저녁 간식은 제가 만들 과자와 빵이에요. 재료는 다 준비했으니까 동건 씨는 그냥 오세요. 학교 앞 버스 정류장에서 전화하세요. (　　　　　) 제가 직접 버스 정류장으로 나갈게요.
>
> 　　　　　　　　　　　　　　　　　　　　　　　　　　　　　　　- 민호 -

55. (　　　　)에 들어갈 알맞은 말을 고르십시오. (2점)
　① 그래서　　　　　② 그리고　　　　　③ 그러나　　　　　④ 그러면

56. 이 글의 내용과 같은 것을 고르십시오. (3점)
　① 동건이 직접 간식을 만들 겁니다.
　② 민호가 간식 재료를 다 준비했습니다.
　③ 동건은 오늘 저녁에 회원들을 초대했습니다.
　④ 민호는 정류장에서 동건에게 전화할 겁니다.

※　　[57~58] 다음을 순서대로 맞게 나열한 것을 고르십시오.

57.　(2점)

> (가) 남자와 여자는 여러 가지 다른 특징이 있다.
> (나) 먼저 남자는 한 가지 일에 집중을 잘한다.
> (다) 그리고 많은 단어를 사용해 말하는 것도 여자이다.
> (라) 하지만 여자는 여러 가지 일을 동시에 할 수 있다.

① (가)-(나)-(다)-(라)　　　　② (가)-(나)-(라)-(다)
③ (가)-(다)-(라)-(나)　　　　④ (가)-(라)-(나)-(다)

58.　(3점)

> (가) 그래서 요즘 건강이 많이 좋아졌습니다.
> (나) 제가 사는 집은 지하철역 근처에 있습니다.
> (다) 저는 지하철역에서 집까지 걸어서 갑니다.
> (라) 걸어서 20분, 버스로는 5분 걸립니다.

① (나)-(다)-(라)-(가)　　　　② (나)-(라)-(다)-(가)
③ (나)-(라)-(가)-(다)　　　　④ (나)-(가)-(라)-(다)

> 　사고가 났을 때 사람들은 보통 경찰서 전화번호인 112에 전화를 합니다. (㉠) 그런데 가끔 아이들이 장난으로 112에 전화를 합니다. (㉡) 그리고 어떤 사람은 술을 먹고 112에 전화해서 끊지 않습니다. (㉢) 또 내가 사고가 났을 때도 도움을 받을 수 없습니다. (㉣) 그래서 필요할 때만 112에 전화해야 합니다.

59. 다음 문장이 들어갈 곳을 고르십시오. (2점)

> 그러면 도움이 꼭 필요한 사람이 도움을 받을 수 없습니다.

① ㉠　　　　　② ㉡　　　　　③ ㉢　　　　　④ ㉣

60. 이 글의 내용과 같은 것을 고르십시오. (3점)
① 아이들은 경찰서에서 가끔 장난합니다.
② 아이들은 경찰서 전화번호를 잘 모릅니다.
③ 술을 마신 사람은 112에 전화를 안 합니다.
④ 도움이 필요할 때만 112에 전화를 해야 합니다.

> 　가을이 되면 내장산에는 단풍 구경을 온 등산객들이 아주 많습니다. 경치가
> 매우 아름다워서 사람들은 주로 가을에 많이 옵니다. 산의 (　　　　　) 단풍
> 의 색이 다릅니다. 산 아래에서 정상으로 올라갈수록 온도의 차이로 색이 달라
> 집니다. 올해도 단풍이 아름답게 들어서 많은 사람이 찾아올 예정입니다.

61.　(　　　　)에 들어갈 알맞은 말을 고르십시오.
　　① 날씨에 따라　　　　　　　　　② 계절에 따라
　　③ 장소에 따라　　　　　　　　　④ 높이에 따라

62.　이 글의 내용과 같은 것을 고르십시오.
　　① 가을에 나뭇잎의 변화로 등산할 수 없습니다.
　　② 가을에는 산이 등산객의 옷 때문에 아름답습니다.
　　③ 가을에는 산의 나뭇잎이 여러 가지 색으로 바뀝니다.
　　④ 가을이 되면 단풍을 보는 사람들이 매우 아름답습니다.

63.　동건 씨는 왜 이 글을 썼습니까? (2점)

①　워크숍 초대에 감사해서

②　워크숍에 오신 회원들에게 감사해서

③　회장님을 워크숍에 초대하고 싶어서

④　회장님과 만날 또 다른 약속이 있어서

64.　이 글의 내용과 같은 것을 고르십시오. (3점)

①　이번 워크숍에는 여러 가지 프로그램이 있었습니다.

②　총동문회는 다음 주에 다시 워크숍을 하려고 합니다.

③　회원들은 이번 워크숍 프로그램에 관심이 많았습니다.

④　동건 씨는 워크숍 시작 전에 회장님을 만나고 싶었습니다.

※　[65~66] 다음을 읽고 물음에 답하십시오.

> 　우리 몸은 외부에서 들어온 나쁜 물질에 강하게 저항하여 건강을 유지하려고
> 합니다. 이러한 활동을 면역이라고 합니다. 침은 (　　㉠　　) 해 줍니다. 눈물
> 은 먼지를 씻어 주고 속눈썹은 먼지를 막아 눈을 보호합니다. 그리고 땀은 피부
> 를 보호합니다. 이외에도 우리 몸에는 여러 가지 면역 기관이 있습니다.

65.　(　㉠　)에 들어갈 알맞은 말을 고르십시오. (2점)
　　① 눈을 뜨겁게　　　　　　　② 귀를 따뜻하게
　　③ 두 손을 차갑게　　　　　　④ 입 안을 깨끗하게

66.　이 글의 내용과 같은 것을 고르십시오. (3점)
　　① 건강은 나쁜 물질에 강하게 저항하는 것입니다.
　　② 눈에 먼지가 들어가면 눈물이 나서 씻어냅니다.
　　③ 우리 몸은 내부에서 나가는 물질도 저항합니다.
　　④ 우리 몸에서 면역 기관은 침, 눈물, 땀만 있습니다.

> 　저는 매일 오후에 도서관에 다닙니다. 도서관에는 여러 가지 좋은 시설이
> (　　ㄱ　　) 있습니다. 일 층에는 컴퓨터실과 복사실이 있습니다. 이 층에는
> 학생 휴게실이 있습니다. 그리고 삼 층에는 열람실과 멀티미디어실이 있습니
> 다. 저는 앞으로도 계속 도서관을 (　　ㄴ　　).

67.　ㄱ에 알맞은 것을 고르십시오.
　　① 조금　　　　　　　　　　② 거의
　　③ 많이　　　　　　　　　　④ 전혀

68.　ㄴ에 알맞은 것을 고르십시오.
　　① 이용했습니다　　　　　　② 이용할 것입니다
　　③ 이용하고 있습니다　　　　④ 이용하여도 됩니다

※　[69~70] 다음을 읽고 물음에 답하십시오. (각 3점)

　　8시에 일어난 나는 늦어서 급하게 세수하였다. 어머니가 차려 준 아침을 먹은 후 물을 계속 틀고 이를 닦았다. 오늘 (　　㉠　　) 수업 시간표를 확인한 후 준비물 때문에 늦게 집에서 나왔다. 그래서 걸어서 5분인 학교까지 아버지의 차를 타고 갔다. 학교 수업을 마치고 집으로 돌아와서 컴퓨터 게임을 했다. 그런데 친구가 불러서 컴퓨터를 끄지 않고 그냥 축구하러 갔다.

69.　(㉠)에 들어갈 알맞은 말을 고르십시오.
①　만들　　　　　　　　　　　②　보낼
③　만질　　　　　　　　　　　④　배울

70.　이 글의 내용으로 알 수 있는 것은 무엇입니까?
①　나는 오늘 자원을 많이 낭비했습니다.
②　우리 어머니는 음식을 잘 만드십니다.
③　나는 오늘 시간을 많이 사용했습니다.
④　우리 아버지는 자주 차를 태워 주십니다.

제2회
실전모의고사

한국어능력시험 I
(초급)

듣기, 읽기

수험번호(Applicaton No.)		
이름 (Name)	한국어(Korean)	
	영　어(English)	

유 의 사 항
Information

1. 시험 시작 지시가 있을 때까지 문제를 풀지 마십시오.
   Do not open the booklet until you are allowed to start.

2. 접수번호와 이름은 정확하게 적어 주십시오.
   Write your name and application number on the answer sheet.

3. 답안지를 구기거나 훼손하지 마십시오.
   Do not fold the answer sheet; keep it clean.

4. 답안지의 이름, 접수번호 및 정답의 기입은 컴퓨터용 펜을 사용하여 주십시오.
   Use the optical mark reader(OMR) pen only.

5. 정답은 답안지에 정확하게 표시하여 주십시오.
   Mark your answer accurately and clearly on the answer sheet.

   marking example　　①　●　③　④

6. 문제를 읽을 때에는 소리가 나지 않도록 하십시오.
   Keep quiet while answering the questions.

7. 질문이 있을 때에는 손을 들고 감독관이 올 때까지 기다려 주십시오.
   When you have any questions, please raise your hand.

듣기 (1번 ~ 30번)

※　[1~4] 다음을 듣고 〈보기〉와 같이 물음에 맞는 대답을 고르십시오. (각 3점)

보기

가 : 공부를 해요.

나 : ________________________

❶ 네, 공부를 해요.　　　　　② 아니요, 공부예요.

③ 네, 공부가 아니에요.　　　④ 아니요, 공부를 좋아해요.

1.　① 네, 친구예요.　　　　　② 네, 친구가 없어요.

　　③ 아니요, 친구가 많아요.　④ 아니요, 친구를 만나요.

2.　① 네, 집이에요.　　　　　② 네, 집이 커요.

　　③ 아니요, 집이 좁아요.　　④ 아니요, 집이 가까워요.

3.　① 어제 먹었어요.　　　　② 혼자 먹었어요.

　　③ 비빔밥을 먹었어요.　　④ 식당에서 먹었어요.

4.　① 세 시예요.　　　　　　② 십삼 일이에요.

　　③ 수요일이에요.　　　　④ 삼만 원이에요.

※　[5~6] 다음을 듣고 〈보기〉와 같이 다음 말에 이어지는 것을 고르십시오. (각 3점)

보기

가 : 맛있게 드세요.

나 : ______________________

① 좋겠습니다.　　　　　　　② 모르겠습니다.

③ 잘 지냈습니다.　　　　　　❹ 잘 먹겠습니다.

5.　① 네, 축하합니다.　　　　　② 네, 부탁합니다.

　　③ 네, 감사합니다.　　　　　④ 네, 알겠습니다.

6.　① 아니에요.　　　　　　　② 잘했어요.

　　③ 감사해요.　　　　　　　④ 미안해요.

※　[7~10] 여기는 어디입니까? 〈보기〉와 같이 알맞은 것을 고르십시오. (각 3점)

보기

가 : 어디가 아프세요?

나 : 배가 아파요.

① 가게　　　　② 빵집　　　　❸ 병원　　　　④ 시장

7.　① 서점　　　　② 은행　　　　③ 커피숍　　　　④ 여행사

8.　① 공원　　　　② 극장　　　　③ 편의점　　　　④ 백화점

9.　　① 공항　　　　② 학교　　　　③ 경찰서　　　　④ 미술관

10.　① 꽃집　　　　② 교실　　　　③ 미용실　　　　④ 영화관

※　[11~14] 다음은 무엇에 대해 말하고 있습니까? 〈보기〉와 같이 알맞은 것을 고르십시오.
　　(각 3점)

<table>
<tr><td colspan="4" align="center">보기</td></tr>
<tr><td colspan="4">가 : 누구예요?
나 : 이 사람은 형이고, 이 사람은 동생이에요.</td></tr>
<tr><td>❶ 가족</td><td>② 이름</td><td>③ 고향</td><td>④ 소포</td></tr>
</table>

11.　① 동물　　　　② 운동　　　　③ 직업　　　　④ 과일

12.　① 건강　　　　② 방학　　　　③ 취미　　　　④ 음식

13.　① 날짜　　　　② 시간　　　　③ 주말　　　　④ 취미

14.　① 채소　　　　② 여행　　　　③ 날씨　　　　④ 계절

※ [15~16] 다음 대화를 듣고 알맞은 그림을 고르십시오. (각 3점)

15. ①  ② 

③  ④ 

16. ① 

② 

③  ④ 

※   [17~21] 다음을 듣고 〈보기〉와 같이 대화 내용과 같은 것을 고르십시오.

남자 : 요즘 한국어를 공부해요?

여자 : 네, 한국 친구한테서 한국어를 배워요.

① 남자는 학생입니다.　　　　　　② 여자는 학교에 다닙니다.

③ 남자는 한국어를 가르칩니다.　　❹ 여자는 한국어를 공부합니다.

17.　(3점)

① 남자는 혼자 음악회에 가려고 합니다.

② 여자는 친구와 음악회를 다녀왔습니다.

③ 남자는 여자와 음악회를 갈 수 있습니다.

④ 여자는 이번 주에 친구 병문안을 갑니다.

18.　(3점)

① 남자는 미술관을 지나쳤습니다.

② 여자는 미술관에 가려고 합니다.

③ 여자는 다음 정류장에서 내립니다.

④ 남자는 미술관에 가는 버스를 탔습니다.

19.　(3점)

① 여자는 꾸준히 운동을 합니다.

② 여자의 고민은 다이어트입니다.

③ 남자는 다이어트를 해서 살이 빠졌습니다.

④ 남자는 살을 빼려고 운동을 하고 있습니다.

20.　(3점)

　　① 남자는 신발을 주문하려고 합니다.

　　② 여자는 검은색 신발로 교환했습니다.

　　③ 남자는 신발 가게에서 일하고 있습니다.

　　④ 여자는 신발이 마음에 들지 않아서 바꾸려고 합니다.

21.　(4점)

　　① 남자는 매운 음식을 잘 먹습니다.

　　② 여자는 두 가지 음식을 주문했습니다.

　　③ 남자는 20분 후에 음식을 먹을 수 있습니다.

　　④ 여자는 식당에서 음식을 주문하고 있습니다.

※　[22~24] 다음을 듣고 대화 내용과 같은 것을 고르십시오. (각 4점)

22.　① 남자는 지금 은행에 있습니다.

　　② 남자는 신용 카드를 바꾸려고 합니다.

　　③ 여자는 커피숍이나 극장에 자주 갑니다.

　　④ 여자는 은행에서 신용 카드를 만들었습니다.

23.　① 내일 한 시에 회의를 할 겁니다.

　　② 회의는 3층 회의실에서 할 겁니다.

　　③ 회의 자료는 남자가 준비할 겁니다.

　　④ 컴퓨터 고장으로 회의 시간이 바뀌었습니다.

24.　① 남자는 공연을 보려고 합니다.

　　② 여자는 표 세 장을 사고 있습니다.

　　③ 여자는 만 육천 원을 내면 됩니다.

　　④ 남자는 자리 안내를 받고 있습니다.

※　[25~26] 다음을 듣고 물음에 답하십시오. (각 4점)

25.　어떤 이야기를 하고 있는지 고르십시오.
　　① 부탁　　　　　② 감사　　　　　③ 인사　　　　　④ 사과

26.　들은 내용과 같은 것을 고르십시오.
　　① 비행기는 미국에 도착합니다.
　　② 비행기는 밤 10시에 출발합니다.
　　③ 비행기가 출발할 때 창문덮개를 닫아야 합니다.
　　④ 비행기 안에서 휴대전화를 사용할 수 없습니다.

※　[27~28] 다음을 듣고 물음에 답하십시오. (각 4점)

27.　두 사람이 무엇에 대해 이야기하고 있는지 고르십시오.
　　① 장래 희망　　　　　　② 대학교 전공
　　③ 고민하는 이유　　　　④ 커피 만드는 방법

28.　들은 내용과 같은 것을 고르십시오.
　　① 남자는 그림 그리는 것을 좋아합니다.
　　② 남자는 무엇을 공부할지 고민하고 있습니다.
　　③ 여자는 커피 만드는 일을 배우고 싶어 합니다.
　　④ 여자는 남자에게 커피 만드는 방법을 가르쳐 줬습니다.

29.　남자는 지금 왜 여기에 왔습니까?
　　　① 집을 팔려고
　　　② 집을 바꾸려고
　　　③ 집을 구하려고
　　　④ 집을 고치려고

30.　들은 내용과 같은 것을 고르십시오.
　　　① 여자는 어제 집을 보러 왔습니다.
　　　② 남자는 다시 집을 보러 올 겁니다.
　　　③ 남자는 혼자 살 집을 찾고 있습니다.
　　　④ 여자는 이 집에서 살기로 결정했습니다.

읽기 (31번 ~ 70번)

※ [31~33] 다음은 무엇에 대한 이야기입니까? 〈보기〉와 같이 알맞은 것을 고르십시오.

보기

덥습니다. 바다에서 수영합니다.

❶ 여름   ② 날씨   ③ 나이   ④ 나라

---

31. (2점)

여기는 화장실입니다. 저기는 식당입니다.

① 장소   ② 나이   ③ 날씨   ④ 날짜

32. (2점)

오늘은 10월 9일입니다. 저는 오후 2시에 친구를 만날 겁니다.

① 취미   ② 계획   ③ 선물   ④ 친구

33. (3점)

준코 씨는 미용사입니다. 영수 씨는 은행에서 일합니다.

① 직업   ② 가족   ③ 나라   ④ 휴일

※ [34~39] 〈보기〉와 같이 빈칸에 제일 알맞은 것을 고르십시오.

<table>
<tr><td colspan="4">보기</td></tr>
<tr><td colspan="4">날씨가 좋습니다. (　　　　)이 맑습니다.</td></tr>
<tr><td>① 눈</td><td>② 밤</td><td>❸ 하늘</td><td>④ 구름</td></tr>
</table>

34. (2점)

배가 아픕니다. 신문(　　) 읽어요.

① 과　　　　　② 이　　　　　③ 을　　　　　④ 에서

35. (2점)

배가 아픕니다. (　　　　)에 갑니다.

① 공항　　　　② 서점　　　　③ 시장　　　　④ 병원

36. (2점)

주말에 여자 친구와 같이 극장에 갔습니다. 슬픈 영화를 (　　　　).

① 썼습니다　　　　　　　　② 봤습니다
③ 줬습니다　　　　　　　　④ 찾습니다

37. (3점)

교실이 (　　　　). 그래서 친구와 함께 청소를 했습니다.

① 좁습니다　　　　　　　　② 더럽습니다
③ 어둡습니다　　　　　　　④ 어렵습니다

38. (3점)

지난주에 노트북을 주문했습니다. (   ) 집에 오지 않았습니다.

① 빨리   ② 아직   ③ 벌써   ④ 가끔

39. (2점)

날씨가 더워요. 그래서 에어컨을 (   ).

① 봤어요   ② 갔어요

③ 켰어요   ④ 들었어요

※　[40~42] 다음을 읽고 맞지 <u>않는</u> 것을 고르십시오.

40. (3점)

"엄마와 떠나는 여행"

1. 시　간 : 2014년 5월 25일(일요일 오후 2시, 4시)
2. 장　소 : 한국소극장
3. 예매 및 문의 : 02) 123-1234(☞무대 앞 좌석은 매진)
※ 5세 이하 어린이는 입장할 수 없습니다.

① 공연은 모두 두 번 합니다.

② 연극 공연에 대한 안내입니다.

③ 네 살 어린이는 공연을 볼 수 없습니다.

④ 지금 모든 자리를 예매할 수 있습니다.

41. (3점)

<table>
<tr><td colspan="5" align="center">농구 경기 일정
2014. 02. 11(화)</td></tr>
<tr><th colspan="2">출전팀</th><th>장소</th><th>시간</th><th>방송</th></tr>
<tr><td align="center">KE</td><td align="center">LD</td><td align="center">서울</td><td align="center">19:00</td><td align="center">O</td></tr>
<tr><td align="center">LT</td><td align="center">SM</td><td align="center">부산</td><td align="center">18:00</td><td align="center">X</td></tr>
</table>

① 스포츠 경기에 대한 안내입니다.

② 11일 경기는 모두 저녁 경기입니다.

③ KE와 LD의 경기는 서울에서 합니다.

④ LT와 SM의 경기는 TV로 볼 수 있습니다.

42. (2점)

OO 문화센터 프로그램

시간	화	수	목	금
13~15시	요가	노래	요가	
15~17시	댄스	탁구	노래	배드민턴

① 댄스는 화요일에 2시간 합니다.

② 노래는 일주일에 2번 있습니다.

③ 센터에 주말 프로그램이 있습니다.

④ 센터에서는 금요일에 배드민턴을 가르칩니다.

43.

> 오늘 아침을 먹고 아버지와 같이 도서관에 갔습니다. 저는 도서관에서 전공 책을 대출했습니다. 아버지께서는 역사 책을 반납했습니다.

① 책을 빌리고 점심을 먹었습니다.
② 저는 오늘 전공 책을 빌렸습니다.
③ 오늘 아침 혼자 도서관에 갔습니다.
④ 아버지께서는 역사 책을 빌렸습니다.

44.

> 지난주에 형 졸업식이 있었습니다. 돈이 없었지만 선물로 옷을 주고 싶었습니다. 4주 동안 아르바이트를 해서 멋진 옷을 줬습니다.

① 저는 졸업식에서 옷을 받았습니다.
② 저는 형한테 졸업 선물을 했습니다.
③ 저는 4주 동안 형에게 멋진 옷을 줬습니다.
④ 저는 아르바이트를 해서 옷을 많이 샀습니다.

45.

> 토요일마다 달리기 모임이 있습니다. 우리는 1년에 한 번 마라톤 대회에 나가려고 한 시간씩 달리기 연습을 합니다. 다음 달에 있는 '춘천마라톤대회'에 회원 대부분이 참여합니다.

① 토요일마다 마라톤 대회가 열립니다.
② 매년 토요일에 한 시간 동안 달립니다.
③ 1년에 한 번 마라톤 대회에 나갑니다.
④ 다음 달 춘천마라톤대회에는 모든 회원이 참여합니다.

※ [46~48] 다음을 읽고 중심 생각을 고르십시오.

46. (3점)

> 저는 갖고 싶은 게 있을 때 항상 수첩에 씁니다. 수첩에 쓸 때는 제일 먼저 갖고 싶은 것부터 씁니다. 그리고 그 순서대로 물건을 구입하니까 당장 필요하지 않은 것은 사지 않을 수 있습니다.

① 저는 항상 수첩에 쓴 물건을 구입합니다.
② 저는 갖고 싶은 물건은 모두 수첩에 씁니다.
③ 저는 갖고 싶은 물건을 다 사지 않고 순위를 매겨 구입합니다.
④ 저는 당장 필요하지 않은 물건을 먼저 수첩에 쓴 후 구입합니다.

47. (3점)

> 우리 형은 공부보다 게임을 좋아해서 늦게까지 게임을 합니다. 저는 제 친구들이 자기 형과 같이 축구와 농구 경기 하는 것을 보면 무척 부럽습니다. 저도 형과 함께 시간을 보내고 싶습니다.

① 저는 형과 함께 놀고 싶습니다.
② 우리 형은 축구 게임기를 사고 싶어 합니다.
③ 우리 형은 친구들과 공부를 하고 싶어 합니다.
④ 저는 형과 함께 늦게까지 공부를 하고 싶습니다.

48. (2점)

> 지난주 인터넷으로 침대를 샀습니다. 오늘 그 침대를 받았는데 너무 작아서 잘 수 없었습니다. 그래서 오늘 다시 다른 침대로 바꿀 겁니다.

① 저는 인터넷으로 침대 사는 것이 좋습니다.
② 저는 작은 침대에서 자는 것을 좋아합니다.
③ 저는 오늘 더 작은 침대로 다시 살 겁니다.
④ 저는 인터넷으로 산 침대를 교환할 겁니다.

> 　요즘 (　　㉠　　) '종이 접기 교실'이 인기가 많습니다. 그곳에는 다른 사람들이 이미 만든 여러 모양의 작품들이 많이 있습니다. 특히 동물 모양의 종이 접기 작품들이 많이 있습니다. 또 그곳에 가면 세계 여러 나라의 것도 볼 수 있습니다. 어른들은 그곳에서 아이들과 함께 종이를 접어서 만들 수 있습니다.

49.　(　　㉠　　)에 들어갈 알맞은 말을 고르십시오.
　① 직접 볼 수 있는　　　　　　　② 직접 그릴 수 있는
　③ 여러 나라의 종이를 파는　　　④ 여러 모양을 만들 수 있는

50.　이 글의 내용과 같은 것을 고르십시오.
　① 사람들은 종이 접기를 좋아합니다.
　② 동물 모양의 종이 접기 작품은 적습니다.
　③ 여러 모양의 종이 접기를 할 수 없습니다.
　④ 아이들은 이 종이 접기 교실에 들어갈 수 없습니다.

> 저는 귤차를 자주 마십니다. 따뜻한 차로 겨울에만 마셨지만 지금은 계절에 관계없이 마십니다. 요즘은 귤을 1년 내내 (　　ㄱ　　) 때문입니다. 그래서 귤차는 언제든지 마실 수 있습니다. 또 귤차를 자주 마시면 건강에 좋습니다. 비타민이 많아서 피로가 빨리 풀리고 피부에도 좋습니다.

51. (　ㄱ　)에 들어갈 알맞은 말을 고르십시오.
① 줄 수 있기　　　　　　　　② 살 수 있기
③ 볼 수 있기　　　　　　　　④ 팔 수 있기

52. 무엇에 대한 이야기입니까? 알맞은 것을 고르십시오.
① 귤차를 마시는 곳
② 귤차를 마시는 방법
③ 귤차를 마시는 이유
④ 귤차를 쉽게 사는 방법

※　[53~54] 다음을 읽고 물음에 답하십시오.

> 　요즘 '이야기 콘서트'가 많이 열립니다. '이야기 콘서트'는 처음부터 끝까지 사람들과 같이 대화하는 콘서트입니다. 중간에 노래도 하고 춤도 추지만 대화가 더 많습니다. 콘서트에서 사람들은 같이 이야기하면서 웃고 울며 (　　　㉠　　　) 갑니다. 그래서 사람들은 점점 더 이 콘서트를 찾고 있습니다.

53.　(　㉠　)에 들어갈 알맞은 말을 고르십시오. (2점)

① 대화하지 않고　　　　　　　　② 스트레스를 풀고
③ 스트레스를 주고　　　　　　　　④ 선물을 주고받고

54.　이 글의 내용과 같은 것을 고르십시오. (3점)

① 이야기 콘서트는 유명하지 않습니다.
② 이야기 콘서트는 대화보다 노래가 더 많습니다.
③ 이야기 콘서트를 찾은 사람은 다음에 또 찾습니다.
④ 이야기 콘서트는 중간부터 끝까지 이야기를 합니다.

> 　수잔 씨, 오늘 저녁에 친구들과 함께 영화를 볼 거예요. 수잔 씨도 시간이 있
> 으면 오세요. 영화 표는 제가 예매할 거예요. (　　　　) 음료수는 아직 안 샀
> 어요. 올 수 있는지 오후까지 알려 주세요. 제가 수업 때문에 전화를 못 받을 수
> 있어요. 그럼, 문자로 남겨 주세요.
>
> 　　　　　　　　　　　　　　　　　　　　　　　　　　　　　　 - 준수 -

55.　(　　　　)에 들어갈 알맞은 말을 고르십시오. (2점)

　① 그리고　　　　　② 그래서　　　　　③ 그러면　　　　　④ 그러니까

56.　이 글의 내용과 같은 것을 고르십시오. (3점)

　① 수잔은 이미 음료수를 샀습니다.

　② 수잔은 영화 표를 예매할 겁니다.

　③ 준수는 오늘 저녁 영화를 볼 겁니다.

　④ 준수는 수업 때문에 문자를 받을 수 없습니다.

※ [57~58] 다음을 순서대로 맞게 나열한 것을 고르십시오.

57. (2점)

> (가) 저는 수영을 좋아해서 일요일마다 수영장에 갑니다.
> (나) 주말에 늦잠을 안 자니까 생활이 규칙적입니다.
> (다) 또 시간이 많아 일요일에 많은 일을 할 수 있습니다.
> (라) 하지만 주말에는 사람들이 많아서 꼭 아침에 갑니다.

① (가)-(나)-(다)-(라)　　　② (가)-(나)-(라)-(다)
③ (가)-(다)-(라)-(나)　　　④ (가)-(라)-(나)-(다)

58. (3점)

> (가) 왜냐하면 10분쯤 걸었을 때 아들 집을 찾는 할머니를 만났습니다.
> (나) 저는 매일 회사까지 걸어서 출근합니다.
> (다) 길을 잘 모르는 할머니를 아들 집까지 모시고 갔습니다.
> (라) 집에서 회사까지 20분 걸리는데 오늘은 40분이 걸렸습니다.

① (나)-(다)-(라)-(가)　　　② (나)-(라)-(다)-(가)
③ (나)-(라)-(가)-(다)　　　④ (나)-(가)-(라)-(다)

> 　지난 크리스마스에 우리 가족은 서울로 여행을 갔습니다. (　　㉠　　) 서울에서 시티투어 버스를 탔습니다. (　　㉡　　) 이 버스는 일반 버스와 달랐습니다. (　　㉢　　) 그리고 차에서 내려 구경도 했습니다. (　　㉣　　) 실제로 보기 전에 차에서 여러 가지 설명을 듣고 구경할 수 있어 참 좋았습니다.

59.　다음 문장이 들어갈 곳을 고르십시오. (2점)

> 대형 텔레비전이 있어서 유명한 장소를 지날 때마다 안내 설명을 해 줬습니다.

① ㉠　　　　　　② ㉡　　　　　　③ ㉢　　　　　　④ ㉣

60.　이 글의 내용과 같은 것을 고르십시오. (3점)
　① 시티투어 버스를 타고 서울에 갔습니다.
　② 시티투어 버스에서 유명한 장소를 먼저 봤습니다.
　③ 시티투어 버스에서 내리지 않고 구경을 했습니다.
　④ 시티투어 버스에는 큰 텔레비전이 여러 대 있었습니다.

> 　　여름 바다로 부산 해운대가 아주 유명합니다. 많은 사람이 여름에 시원한 바
> 닷가에서 휴가를 보내려고 부산으로 갑니다. 한국 사람뿐만 아니라 외국 사람
> 도 많이 옵니다. 또 매년 10월에는 '부산국제영화제'가 (　　　　　) 세계적으로
> 유명한 영화배우와 감독을 볼 수 있습니다.

61.　(　　　)에 들어갈 알맞은 말을 고르십시오.
　　① 열려서　　　　　　　　　　　② 넓어서
　　③ 많아서　　　　　　　　　　　④ 높아서

62.　이 글의 내용과 같은 것을 고르십시오.
　　① 부산 해운대는 여름 휴가 장소로 유명합니다.
　　② 여름 휴가철에 부산 해운대에는 사람들이 적습니다.
　　③ 부산 해운대는 외국 사람들이 많이 가지 않는 곳입니다.
　　④ 여름에 부산 해운대에 가면 국제영화제를 볼 수 있습니다.

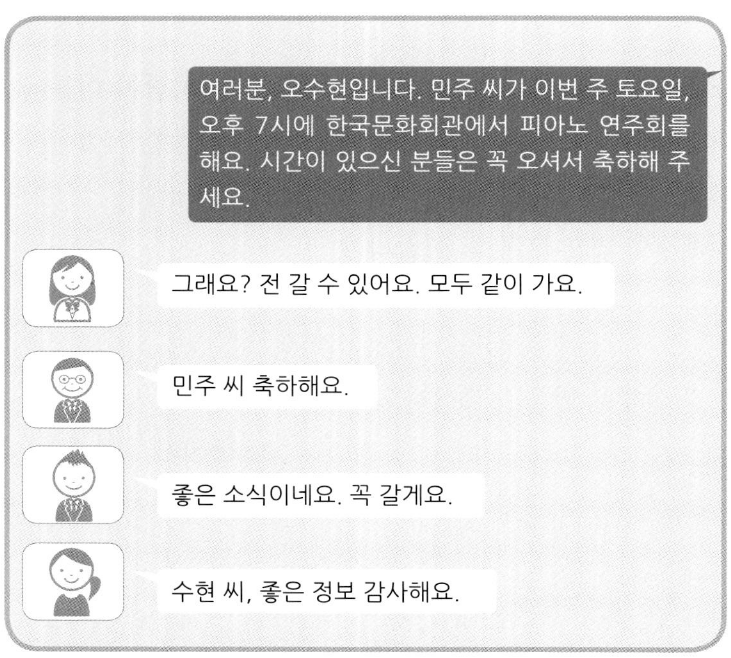

63. 수현 씨는 왜 이 글을 썼습니까? (2점)

① 연주회에 대해 알고 싶어서

② 연주회에 오신 분들에게 감사해서

③ 민주 씨를 연주회에 초대하고 싶어서

④ 사람들에게 연주회 소식을 알리기 위해서

64. 이 글의 내용과 같은 것을 고르십시오. (3점)

① 민주 씨는 이번 주에 연주회를 잘 했습니다.

② 수현 씨는 연주회 소식을 알리고 싶었습니다.

③ 민주 씨는 연주회 전에 사람들을 만났습니다.

④ 수현 씨는 연주회에서 직접 피아노를 연주했습니다.

> 　우리 얼굴에서 눈 위의 털을 눈썹이라고 한다. 눈썹은 우리의 눈을 보호해 준다. 하지만 요즈음은 사람들의 인상을 (　　　㉠　　　) 역할도 한다. 사람들은 외출하기 전에 긴 시간 눈썹 화장에 시간을 들인다. 또 어떤 사람은 강한 인상을 주기 위해 성형 수술까지 한다. 그래서 사람들은 눈썹을 보호의 기능보다는 미용으로 더 많은 관심을 가진다.

65.　(　㉠　)에 들어갈 알맞은 말을 고르십시으. (2점)

① 쓰는　　　　　　　　　　② 읽는

③ 부르는　　　　　　　　　④ 결정짓는

66.　이 글의 내용과 같은 것을 고르십시오. (3점)

① 눈썹은 우리의 얼굴을 보호합니다.

② 사람들은 짧은 시간에 눈썹 화장을 합니다.

③ 사람들은 외출한 후 눈썹 화장을 꼭 합니다.

④ 눈썹은 미용의 기능으로 더 중요하게 되었습니다.

> 　요즘 버스나 지하철에서 휴대전화를 들고 있는 사람들을 (　　㉠　　) 볼 수
> 있습니다. 휴대전화가 있는 사람들은 지하철이나 버스를 타면 대부분 스마트폰
> 을 꺼냅니다. 그리고 뉴스나 드라마를 보거나 게임을 합니다. 또 문자를 보내
> 고 SNS에 글을 남기기도 합니다. 하지만 20년 전 대부분 사람들은 버스 안에서
> 책이나 신문을 (　　㉡　　).

67. ㉠에 알맞은 것을 고르십시오.

① 많이　　　　　　　　　　　② 먼저

③ 거의　　　　　　　　　　　④ 조금

68. ㉡에 알맞은 것을 고르십시오.

① 들고 있습니다.　　　　　　② 들고 있겠습니다.

③ 들고 있었습니다.　　　　　④ 들고 있을 겁니다.

※ **[69~70] 다음을 읽고 물음에 답하십시오. (각 3점)**

> 영희의 블로그에는 여러 가지 사진이 많이 있습니다. 하지만 영희가 직접 찍은 사진은 거의 없습니다. 인터넷에서 사진을 모아 그림 프로그램을 이용해 조금씩 사진을 바꿉니다. 그리고 블로그에 다시 (㉠   ) 것들이 대부분입니다. 때로는 사람들의 얼굴을 재미있게 바꾸기드 합니다. 그래서 좋아하는 배우의 사진에 친구의 얼굴을 재미있게 만들어 친구에게 보내 주기도 합니다.

69. (㉠)에 들어갈 알맞은 말을 고르십시오.
  ① 올린   ② 보낸
  ③ 바뀐   ④ 읽은

70. 이 글의 내용으로 알 수 있는 것은 무엇입니까?
  ① 블로그 사진은 직접 찍지 않아야 합니다.
  ② 인터넷에서는 필요한 사진을 찾을 수 없습니다.
  ③ 사진을 직접 찍지 않아도 블로그를 할 수 있습니다.
  ④ 사람들은 인터넷 사진을 다른 사진으로 바꾸지 않습니다.

제3회
실전모의고사

한국어능력시험 I
(초급)

듣기, 읽기

수험번호(Applicaton No.)		
이름 (Name)	한국어(Korean)	
	영　어(English)	

유 의 사 항
Information

1. 시험 시작 지시가 있을 때까지 문제를 풀지 마십시오.
   Do not open the booklet until you are allowed to start.

2. 접수번호와 이름은 정확하게 적어 주십시오.
   Write your name and application number on the answer sheet.

3. 답안지를 구기거나 훼손하지 마십시오.
   Do not fold the answer sheet; keep it clean.

4. 답안지의 이름, 접수번호 및 정답의 기입은 컴퓨터용 펜을 사용하여 주십시오.
   Use the optical mark reader(OMR) pen only.

5. 정답은 답안지에 정확하게 표시하여 주십시오.
   Mark your answer accurately and clearly on the answer sheet.

marking example | ① ● ③ ④

6. 문제를 읽을 때에는 소리가 나지 않도록 하십시오.
   Keep quiet while answering the questions.

7. 질문이 있을 때에는 손을 들고 감독관이 올 때까지 기다려 주십시오.
   When you have any questions, please raise your hand.

듣기 (1번 ~ 30번)

※　[1~4] 다음을 듣고 〈보기〉와 같이 물음에 맞는 대답을 고르십시오. (각 3점)

보기

가 : 공부를 해요.

나 : ＿＿＿＿＿＿＿＿＿＿＿＿＿＿＿

❶ 네, 공부를 해요. 　　　　　② 아니요, 공부예요.

③ 네, 공부가 아니에요. 　　　④ 아니요, 공부를 좋아해요.

1.　① 네, 건물이에요. 　　　　　② 네, 도서관이 없어요.
　　③ 아니요, 도서관이 커요. 　　④ 아니요, 도서관이 아니에요.

2.　① 네, 문제예요. 　　　　　　② 네, 문제가 있어요.
　　③ 아니요, 문제가 좋아요. 　　④ 아니요, 문제가 어려워요.

3.　① 작년에 왔어요. 　　　　　② 동생하고 왔어요.
　　③ 비행기로 왔어요. 　　　　④ 미국에서 왔어요.

4.　① 아주 맛있어요. 　　　　　② 삼천 원이에요.
　　③ 사과를 좋아해요. 　　　　④ 슈퍼마켓에서 샀어요.

※ [5~6] 다음을 듣고 〈보기〉와 같이 다음 말에 이어지는 것을 고르십시오. (각 3점)

보기

가 : 맛있게 드세요.

나 : ____________________

① 좋겠습니다.　　　　　　② 모르겠습니다.

③ 잘 지냈습니다.　　　　　❹ 잘 먹겠습니다.

5.　① 잘 부탁합니다.　　　　② 안녕히 계세요.

　　③ 다음에 만납시다.　　　④ 잠시만 기다리세요.

6.　① 천만에요.　　　　　　② 감사합니다.

　　③ 반갑습니다.　　　　　④ 오랜만입니다.

※ [7~10] 여기는 어디입니까? 〈보기〉와 같이 알맞은 것을 고르십시오. (각 3점)

보기

가 : 어디가 아프세요?

나 : 배가 아파요.

① 가게　　　　② 빵집　　　　❸ 병원　　　　④ 시장

7.　① 식당　　　　② 꽃집　　　　③ 도서관　　　　④ 백화점

8.　① 약국　　　　② 빵집　　　　③ 미용실　　　　④ 우체국

9. ① 회사   ② 교실   ③ 영화관   ④ 주차장

10. ① 공항   ② 극장   ③ 운동장   ④ 문구점

※ [11~14] 다음은 무엇에 대해 말하고 있습니까? 〈보기〉와 같이 알맞은 것을 고르십시오.
(각 3점)

보기

가 : 누구예요?

나 : 이 사람은 형이고, 이 사람은 동생이에요.

❶ 가족   ② 이름   ③ 고향   ④ 소포

---

11. ① 국적   ② 시간   ③ 날짜   ④ 주말

12. ① 운동   ② 여행   ③ 건강   ④ 날씨

13. ① 선물   ② 약속   ③ 휴일   ④ 교통

14. ① 가격   ② 계절   ③ 취미   ④ 직업

15.　① 　② 

　　　③ 　④ 

16.　① 　② 

　　　③ 

④ 

※ **[17~21] 다음을 듣고 〈보기〉와 같이 대화 내용과 같은 것을 고르십시오.**

보기

남자 : 요즘 한국어를 공부해요?

여자 : 네, 한국 친구한테서 한국어를 배워요.

① 남자는 학생입니다.　　　　　　② 여자는 학교에 다닙니다.

③ 남자는 한국어를 가르칩니다.　　❹ 여자는 한국어를 공부합니다.

17.　(3점)

① 남자는 일찍 도착했습니다.

② 여자는 오래 기다렸습니다.

③ 여자는 차가 많이 막혔습니다.

④ 남자는 약속 시간에 늦었습니다.

18.　(3점)

① 남자는 지금 버스를 탔습니다.

② 여자는 세 정거장 뒤에 내립니다.

③ 남자는 한국 대학교역을 모릅니다.

④ 여자는 한국 대학교역을 지났습니다.

19.　(3점)

① 남자는 전화로 예약하고 있습니다.

② 남자는 성북 레스토랑에 있습니다.

③ 여자는 남자에게 전화를 걸었습니다.

④ 여자는 오늘 저녁에 레스토랑에 갑니다.

20. (3점)

① 여자는 부산에 갈 겁니다.

② 여자는 8월 25일에 돌아옵니다.

③ 남자는 어른 표 두 장을 샀습니다.

④ 남자는 기차표를 예매하러 왔습니다.

21. (4점)

① 남자는 머리를 자르러 왔습니다.

② 여자는 염색 대회에 다녀왔습니다.

③ 남자는 한 시간 후에 염색이 끝납니다.

④ 여자는 지난주 목요일에 문을 열지 않았습니다.

※ **[22~24] 다음을 듣고 대화 내용과 같은 것을 고르십시오. (각 4점)**

22. ① 여자는 지금 남자를 만나러 갈 겁니다.

② 여자는 민수 씨에게 전화를 할 겁니다.

③ 남자는 두 시에 시외로 출장을 갈 겁니다.

④ 남자는 여자를 조금 일찍 만나려고 합니다.

23. ① 여자의 컴퓨터는 고장이 났습니다.

② 여자는 비밀번호를 바꾸러 갈 겁니다.

③ 영업부에서 비밀번호를 바꿀 수 있습니다.

④ 기술부는 삼 층 영업부 맞은편에 있습니다.

24. ① 남자는 불고기를 사러 왔습니다.

② 여자는 지금 불고기를 먹고 있습니다.

③ 여자는 불고기를 포장해 가려고 합니다.

④ 남자는 모두 이만 오천 원을 내야 합니다.

※　[25~26] 다음을 듣고 물음에 답하십시오. (각 4점)

25.　어떤 이야기를 하고 있는지 고르십시오.
　　① 소개　　　　　② 초대　　　　　③ 인사　　　　　④ 주문

26.　들은 내용과 같은 것을 고르십시오.
　　① 한 달에 한 번 댄스 대회에 참가합니다.
　　② 춤을 못 추는 사람은 가입할 수 없습니다.
　　③ 육 개월에 한 번씩 모여서 춤을 연습합니다.
　　④ 가입하고 싶은 사람은 회장에게 전화를 하면 됩니다.

※　[27~28] 다음을 듣고 물음에 답하십시오. (각 4점)

27.　두 사람이 무엇에 대해 이야기하고 있는지 고르십시오.
　　① 방학 계획
　　② 좋아하는 운동
　　③ 취직하는 이유
　　④ 외국어를 공부하는 방법

28.　들은 내용과 같은 것을 고르십시오.
　　① 여자는 수영장에 다니고 있습니다.
　　② 여자는 중국어를 배우고 싶지 않습니다.
　　③ 남자는 외국어를 배우는 것이 어렵습니다.
　　④ 남자는 회사에 취직하려고 준비하고 있습니다.

29.　남자는 지금 왜 여기에 왔습니까?
　　① 가방을 찾으려고
　　② 가방을 빌리려고
　　③ 가방을 만들려고
　　④ 가방을 구매하려고

30.　들은 내용과 같은 것을 고르십시오.
　　① 남자는 가방을 분실했습니다.
　　② 여자는 남자의 가방을 찾았습니다.
　　③ 남자는 수화물 카드를 가지고 있지 않습니다.
　　④ 여자는 검은색 큰 가방을 가지고 있었습니다.

읽기 (31번 ~ 70번)

※　[31~33] 다음은 무엇에 대한 이야기입니까? 〈보기〉와 같이 알맞은 것을 고르십시오.

31.　(2점)

이곳은 아침 9시입니다. 서울은 지금 밤 8시입니다.

① 날씨　　　　② 나이　　　　③ 시간　　　　④ 날짜

32.　(2점)

친구는 서울에서 왔습니다. 저는 제주도에서 살았습니다.

① 고향　　　　② 약속　　　　③ 국적　　　　④ 계절

33.　(3점)

민호 씨는 조용합니다. 그래서 사람들이 많지 않은 커피숍에 자주 갑니다.

① 성격　　　　② 이름　　　　③ 취미　　　　④ 색깔

※   [34~39] 〈보기〉와 같이 빈칸에 제일 알맞은 것을 고르십시오.

34. (2점)

> 은행(   ) 돈을 찾아요.

① 에   ② 에서   ③ 에게   ④ 으로

35. (2점)

> 책을 삽니다. (   )에 갑니다.

① 서점   ② 약국   ③ 시장   ④ 병원

36. (2점)

> 지난주에 여자 친구와 크게 싸웠습니다. 그 친구와 (   ).

① 봤습니다   ② 놀았습니다   ③ 웃었습니다   ④ 헤어졌습니다

37. (3점)

> 교실이 (   ). 그래서 창문을 닫았습니다.

① 좁습니다   ② 덥습니다   ③ 춥습니다   ④ 어둡습니다

38. (3점)

비행기 출발 시간이 10분 남았습니다. (   ) 갑시다.

① 벌써   ② 빨리   ③ 천천히   ④ 나중에

39. (2점)

우산을 샀어요. 그런데 갑자기 비가 (   ).

① 봤어요   ② 터졌어요   ③ 그쳤어요   ④ 터뜨렸어요

※　[40~42] 다음을 읽고 맞지 <u>않는</u> 것을 고르십시오.

40. (3점)

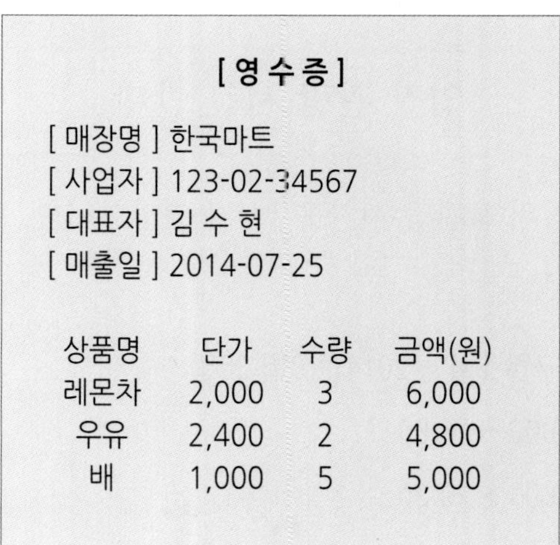

① 배는 한 개에 천 원입니다.
② 칠 월 이십오 일에 샀습니다.
③ 레몬차는 한 개에 육천 원입니다.
④ 우유는 한 개에 이천사백 원입니다.

41. (3점)

서로를 바라보며

함께 만든 사랑을

이제 함께 한 곳을 바라보며

걸어갈 수 있는

큰 사랑으로 키우려고 합니다.

저희 두 사람의 사랑

봐 주시고

축하해 주십시오.

권○○ · 이○○의 장남 권 율

김○○ · 박○○의 차녀 김유신

♥ 일시 : 2014년 2월 16일(일요일) 14시

♥ 장소 : 한국대학교 동문회관 3층 강당

① 이것은 초대 카드입니다.　　　　② 결혼하는 남자는 권율입니다.

③ 결혼식은 오후 네 시에 시작합니다.　　④ 결혼식은 삼 층 동문회관에서 합니다.

42. (2점)

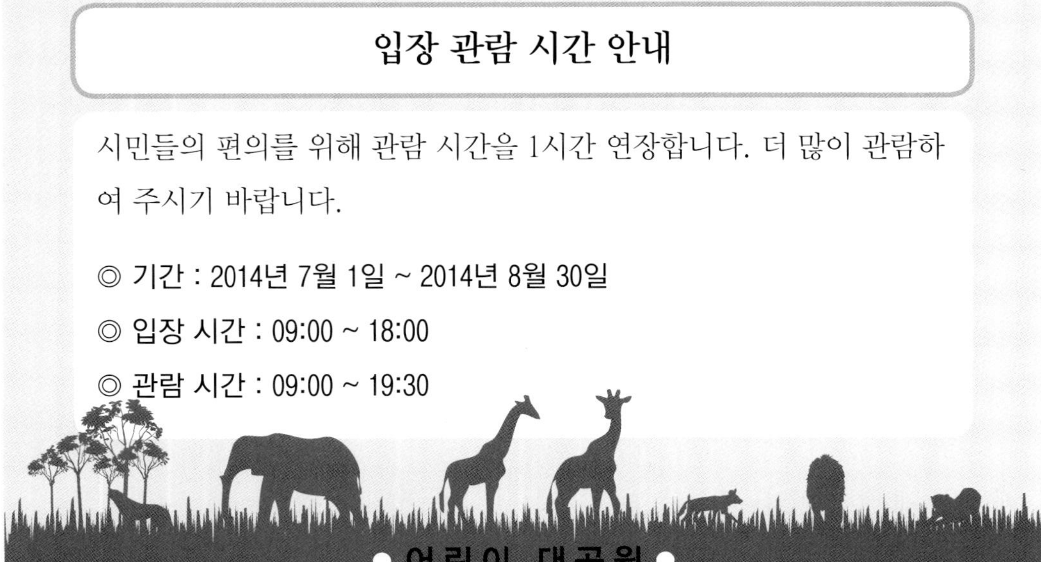

① 관람 시간을 한 시간 늘립니다.

② 대공원은 두 달 간 연장합니다.

③ 직원들을 위해 시간을 바꿉니다.

④ 오후 여섯 시에 대공원에 들어갈 수 있습니다.

※ **[43~45] 다음의 내용과 같은 것을 고르십시오. (각 3점)**

43.

> 오늘 저녁을 먹고 엄마와 같이 마트에 갔습니다. 나는 바나나를 먹고 싶었습니다. 엄마는 나를 위해 싱싱한 바나나와 생선을 샀습니다.

① 오늘 저녁에 마트에 갈 겁니다.
② 마트에 가서 저녁을 먹었습니다.
③ 엄마는 마트에서 과일을 샀습니다.
④ 엄마는 바나나를 먹고 싶어 했습니다.

44.

> 다음 주가 할머니 60세 생신입니다. 선물을 드릴 수도 있지만 노래를 불러 드리고 싶습니다. 저는 노래방에서 노래를 열심히 연습해서 생신 때 멋있게 부를 겁니다.

① 할머니께 선물을 드립니다.
② 다음 주에 노래방에 갑니다.
③ 할머니는 지금 예순 살입니다.
④ 저는 노래 연습을 열심히 합니다.

45.

> 저는 매주 수요일에 기타 모임에 갑니다. 수요일마다 기타 연습을 하고 두 달에 한 번 카페에서 작은 공연을 합니다. 이번 주 토요일에는 누구나 볼 수 있는 콘서트를 할 겁니다.

① 이번 수요일에 카페에 갑니다.
② 매주 모임에 나가서 기타 연습을 합니다
③ 두 달에 한 번 카페에서 콘서트가 있습니다.
④ 토요일마다 기타를 연습하러 모임에 갑니다.

※ [46~48] 다음을 읽고 중심 생각을 고르십시오.

46. (3점)

> 저는 걱정이 많으면 혼자 산으로 갑니다. 오르기 힘든 산을 올라가면서 아무 생각을 하지 않습니다. 그러면 마음이 편안합니다.

① 산에 오르면 마음이 편안합니다.
② 저는 산에 가는 것을 좋아합니다.
③ 산은 혼자 갈 때 마음이 편안합니다.
④ 저는 오르기 힘든 산에 가는 것을 좋아합니다.

47. (3점)

> 우리 아버지는 보통 출장을 자주 가십니다. 지난달에도 한 달 동안 해외에 갔다 오셨습니다. 저는 아버지와 함께 시간을 보내고 싶습니다.

① 바쁜 아버지와 시간을 같이 보내고 싶습니다.
② 우리 아버지는 해외에 자주 가고 싶어 합니다.
③ 저는 아버지와 한 달 동안 해외에 가고 싶습니다.
④ 우리 아버지는 한 달 동안 출장을 가고 싶어 합니다.

48. (2점)

> 저는 어제 소포를 받았습니다. 어제는 바빠서 오늘 그 소포를 뜯었는데 다른 사람의 물건이었습니다. 그래서 오늘 우체국에 갈 겁니다.

① 저는 소포받는 것을 좋아합니다.
② 소포가 잘못 와서 우체국에 갈 겁니다.
③ 바빠서 소포를 받으러 직접 우체국에 갈 겁니다.
④ 다른 사람 물건을 대신 받으러 우체국에 갈 겁니다.

※　[49~50] 다음을 읽고 물음에 답하십시오. (각 2점)

　정동진은 기차역에서 내리면 바로 바다가 보입니다. 바다 옆에는 연인들이 (　⊙　) 산책길이 있습니다. 그래서 많은 사람이 사랑하는 사람과 함께 이 곳을 걷습니다. 또 그 길 끝에는 움직이지 않는 큰 기차가 있는데 이곳에는 옛날에 만든 것과 요즘 만든 시계가 많이 있습니다. 사람들은 이곳을 '시계 박물관'이라고 부릅니다.

49.　(　⊙　)에 들어갈 알맞은 말을 고르십시오.
　① 기차를 타는　　　　　　　　　② 시계를 만드는
　③ 가장 많이 먹는　　　　　　　　④ 가장 많이 찾는

50.　이 글의 내용과 같은 것을 고르십시오.
　① 시계 박물관은 움직이는 큰 기차입니다.
　② 기차역에서 내리면 바로 산책길이 보입니다.
　③ 정동진에는 연인들이 많이 걷는 길이 있습니다.
　④ 정동진에는 여러 가지 시계를 파는 가게가 있습니다.

※　[51~52] 다음을 읽고 물음에 답하십시오.　(각 2점)

> 　저는 아침에 바나나와 사과를 매일 먹습니다. 아침에 과일을 먹으면 몸에 좋습니다. 사람의 몸에 필요한 것이 (　　㉠　　) 때문입니다. 또 비타민 약보다 신선한 과일을 먹는 것이 좋기 때문입니다. 그래서 건강을 위해 아침에 과일을 먹는 것은 꼭 필요합니다.

51.　(　㉠　)에 들어갈 알맞은 말을 고르십시오.

① 없기　　　　　　　　　　② 들어 있기

③ 부족하기　　　　　　　　④ 낭비하기

52.　무엇에 대한 이야기입니까? 알맞은 것을 고르십시오.

① 아침에 과일을 먹는 곳

② 아침에 과일을 먹는 이유

③ 아침에 과일을 먹는 방법

④ 아침에 과일을 만드는 방법

> 　요즘 아이들은 손에서 휴대전화를 놓지 않습니다. 차를 탈 때, 밥을 먹을 때,
> 걸어갈 때도 휴대전화를 봅니다. 그러면 눈에도 나쁘고 위험도 하지만 무엇보
> 다 사람 사이의 대화가 없습니다. 집에 가면 부모님과도 대화가 거의 없습니다.
> 그래서 요즘, 사람과의 대화를 위해 휴대전화를 잠시 손에서 (　　㉠　　) 필요
> 합니다.

53.　(　㉠　)에 들어갈 알맞은 말을 고르십시오. (2점)

① 보는 것이　　　　　　　　　　② 만드는 것이

③ 내려놓는 것이　　　　　　　　④ 가까이하는 것이

54.　이 글의 내용과 같은 것을 고르십시오. (3점)

① 요즘 아이들은 휴대전화를 좋아하지 않습니다.

② 요즘 아이들은 부모님과 대화하고 싶어 합니다.

③ 휴대전화를 많이 사용하면 눈에 나쁘고 위험합니다.

④ 요즘 아이들은 밥을 먹을 때 휴대전화를 사용하지 않습니다.

※ [55~56] 다음을 읽고 물음에 답하십시오.

수현 씨! 제가 경주에 가서 맛있는 빵을 샀어요. 수현 씨 주려고 수현 씨 방에 왔어요. (   ) 방에 아무도 없었어요. 그래서 방 앞에 두고 가요. 경주에서 유명한 빵이니까 한번 먹어 보세요.

- 성희 -

55. (   )에 들어갈 알맞은 말을 고르십시오. (2점)
① 그래서   ② 그리고   ③ 그러나   ④ 그런데

56. 이 글의 내용과 같은 것을 고르십시오. (3점)
① 성희는 수현을 못 만났습니다.
② 성희는 빵을 만들어서 주려고 합니다.
③ 수현은 방에서 빵을 먹고 있었습니다.
④ 수현은 빵을 친구와 함께 나눠 먹었습니다.

※　[57~58] 다음을 순서대로 맞게 나열한 것을 고르십시오.

57.　(2점)

> (가) 하지만 최근에는 힘든 일이 생겨서 자주 못 갔습니다.
>
> (나) 특히 배낭여행은 돈이 적게 들어서 더 많이 갔습니다.
>
> (다) 저는 여행을 좋아해서 자주 여행을 갑니다.
>
> (라) 아버지께서 많이 편찮으셔서 주로 병원에 있었습니다.

① (다)-(나)-(가)-(라)　　　　② (다)-(나)-(라)-(가)

③ (다)-(가)-(라)-(나)　　　　④ (다)-(라)-(나)-(가)

58.　(3점)

> (가) 어느 날 엘리베이터가 고장이 났습니다.
>
> (나) 저는 아파트 15층에 살고 있습니다.
>
> (다) 다리가 많이 아팠지만 운동이 돼서 기분은 좋았습니다.
>
> (라) 15층까지 계단으로 걸어서 올라갔습니다.

① (나)-(다)-(라)-(가)　　　　② (나)-(라)-(다)-(가)

③ (나)-(라)-(가)-(다)　　　　④ (나)-(가)-(라)-(다)

지난 주말에 여자 친구와 같이 강원도 평창에 갔습니다.
(　　㉠　　) 스키를 타러 갔습니다. (　　㉡　　) 그런데 2018년 겨울에 한국에서 올림픽을 해서 이곳저곳이 작년보다 많이 달랐습니다. (　　㉢　　) 건물이 새 건물이 되었고 깨끗했습니다. (　　㉣　　) 내년에 가족과 함께 또 올 겁니다.

---

59. 다음 문장이 들어갈 곳을 고르십시오. (2점)

버스 정류장에서 숙소까지 바로 가는 셔틀 버스도 생겨서 편리했습니다.

① ㉠　　　　　　② ㉡　　　　　　③ ㉢　　　　　　④ ㉣

60. 이 글의 내용과 같은 것을 고르십시오. (3점)
① 작년에 평창에 갔습니다.
② 평창에서 올림픽 경기가 있을 겁니다.
③ 올림픽 경기를 보러 평창에 갔습니다.
④ 내년에 여자 친구와 함께 평창에 갈 겁니다.

 [61~62] 다음을 읽고 물음에 답하십시오. (각 2점)

> 눈으로 옷을 입은 산의 경치는 아름답습니다. 하지만 동물들에게는 눈이 반갑지 않습니다. 눈 때문에 길과 먹이 찾기가 어렵습니다. 최근 강원도에 갑자기 많은 눈이 내려 눈 속에서 (   ) 동물이 있었습니다. 또 어떤 동물은 먹을 것이 없어서 굶어 죽기도 했습니다.

61. (   )에 들어갈 알맞은 말을 고르십시오.

① 잠을 자는 　　　　　　　　　② 나오지 못하는

③ 놀고 있는 　　　　　　　　　④ 들어가지 못하는

62. 이 글의 내용과 같은 것을 고르십시오.

① 동물들은 눈을 좋아합니다.

② 옷을 입은 동물들은 예쁩니다.

③ 눈 때문에 죽는 동물들이 있습니다.

④ 눈 때문에 길과 먹이를 쉽게 찾을 수 있습니다.

※ [63~64] 다음을 읽고 물음에 답하십시오.

63. 왜 이 글을 썼습니까? (2점)

① 독서 모임에 참석이 어려워서

② 독서 모임에 오신 회원들에게 감사해서

③ 동건 씨를 독서 모임에 초대하고 싶어서

④ 회원들에게 독서 모임 소식을 알리기 위해서

64. 이 글의 내용과 같은 것을 고르십시오. (3점)

① 동건 씨는 이번 독서 모임에 참석할 수 없습니다.

② 동건 씨는 이번 주 토요일에 가족 모임이 있습니다.

③ 민호 씨는 회원들에게 독서 모임을 알리고 싶어 합니다.

④ 민호 씨는 이번 독서 모임을 하는 날 가족 모임이 있습니다.

※ [65~66] 다음을 읽고 물음에 답하십시오.

> 화는 왜 나는 것일까요? 스트레스를 받을 때, 말로 공격을 받았을 때 (㉠) 화가 날 수 있습니다. 즉 잠깐 동안 나타납니다. 또는 하고 싶은 일이 잘 되지 않았을 때는 길게 화를 낼 수 있습니다. 날씨가 더울 때도 화가 납니다. 이렇게 화가 나는 이유는 여러 가지가 있습니다.

65. (㉠)에 들어갈 알맞은 말을 고르십시오. (2점)
　　① 아주 많게　　　　　　② 아주 길게
　　③ 아주 적게　　　　　　④ 아주 짧게

66. 이 글의 내용과 같은 것을 고르십시오. (3점)
　　① 일이 재미있으면 화가 많이 납니다.
　　② 배가 고프면 사람은 화를 내지 않습니다.
　　③ 날씨가 더우면 사람들은 기분이 좋습니다.
　　④ 하고 싶은 일이 안 되면 오랫동안 화를 냅니다.

※　[67~68] 다음을 읽고 물음에 답하십시오. (각 3점)

　　요즘 물건을 다시 사용하는 재활용이 유행입니다. 물건을 다시 사용하면 돈을 절약할 수 있습니다. 고무장갑은 (　　㉠　　) 사용하면 구멍이 생겨서 못 쓰게 됩니다. 이럴 때 버리지 말고 고무줄처럼 사용할 수 있습니다. 최근에도 아들과 함께 다 마신 음료수병으로 꽃병을 (　　㉡　　). 우리 가족은 필요한 물건이 있으면 함께 만들어서 다시 사용할 때가 많습니다.

67.　㉠에 알맞은 것을 고르십시오.
　　① 가끔　　　　　　　　　　　② 거의
　　③ 오랫동안　　　　　　　　　④ 잠깐 동안

68.　㉡에 알맞은 것을 고르십시오.
　　① 만들어도 됩니다.　　　　　② 만들어야 합니다.
　　③ 만들기로 했습니다.　　　　④ 만든 적이 있습니다.

※　[69~70] 다음을 읽고 물음에 답하십시오. (각 3점)

> 　　지난 여름방학 때 시골 할머니댁에 놀러 갔습니다. 시골은 공기도 좋고 조용해서 좋았습니다. 그런데 어느 날, 집 앞에서 놀고 있는데 큰 벌레에게 다리를 물렸습니다. 시골이라 약국도 없었고 병원도 너무 멀어서 갈 수 없었습니다. 그때 할머니께서 내 다리에 된장을 바르셨습니다. 그리고 한참 동안 시간이 지나니까 아프지 않았습니다. 된장은 우리 몸을 (　　㉠　　) 약도 됩니다.

69.　(　㉠　)에 들어갈 알맞은 말을 고르십시오.

① 내는　　　　　　　　　　　② 바르는

③ 만드는　　　　　　　　　　④ 치료하는

70.　이 글의 내용으로 알 수 있는 것은 무엇입니까?

① 나는 조용한 시골이 싫습니다.

② 할머니는 큰 벌레를 좋아하십니다.

③ 된장은 약으로도 사용할 수 있습니다.

④ 병원이 너무 멀어서 약국에 갔습니다.

제4회
실전모의고사

한국어능력시험 I
(초급)

듣기, 읽기

수험번호(Applicaton No.)		
이름 (Name)	한국어(Korean)	
	영 어(English)	

유 의 사 항
Information

1. 시험 시작 지시가 있을 때까지 문제를 풀지 마십시오.
   Do not open the booklet until you are allowed to start.

2. 접수번호와 이름은 정확하게 적어 주십시오.
   Write your name and application number on the answer sheet.

3. 답안지를 구기거나 훼손하지 마십시오.
   Do not fold the answer sheet; keep it clean.

4. 답안지의 이름, 접수번호 및 정답의 기입은 컴퓨터용 펜을 사용하여 주십시오.
   Use the optical mark reader(OMR) pen only.

5. 정답은 답안지에 정확하게 표시하여 주십시오.
   Mark your answer accurately and clearly on the answer sheet.

   marking example   ① ● ③ ④

6. 문제를 읽을 때에는 소리가 나지 않도록 하십시오.
   Keep quiet while answering the questions.

7. 질문이 있을 때에는 손을 들고 감독관이 올 때까지 기다려 주십시오.
   When you have any questions, please raise your hand.

듣기 (1번 ~ 30번)

※　[1~4] 다음을 듣고 〈보기〉와 같이 물음에 맞는 대답을 고르십시오. (각 3점)

보기

가 : 공부를 해요.

나 : ___________________________

❶ 네, 공부를 해요.　　　　　② 아니요, 공부예요.

③ 네, 공부가 아니에요.　　　④ 아니요, 공부를 좋아해요.

1.　① 네, 한국은행이에요.　　　② 네, 은행이 없어요.
　　③ 아니요, 은행에 가요.　　　④ 아니요, 은행에서 일해요.

2.　① 네, 방이에요.　　　　　　② 네, 방이 많아요.
　　③ 아니요, 방이 좁아요.　　　④ 아니요, 방이 깨끗해요.

3.　① 어제 줬어요.　　　　　　② 동생이 줬어요.
　　③ 인형을 줬어요.　　　　　④ 생일이라서 줬어요.

4.　① 밥을 먹어요.　　　　　　② 친구와 먹어요.
　　③ 삼 층에 있어요.　　　　　④ 도서관 옆에 있어요.

※　[5~6] 다음을 듣고 〈보기〉와 같이 다음 말에 이어지는 것을 고르십시오. (각 3점)

보기

가 : 맛있게 드세요.

나 : ________________

① 좋겠습니다.　　　　　　　② 모르겠습니다.

③ 잘 지냈습니다.　　　　　　❹ 잘 먹겠습니다.

5.　① 친구와 갔습니다.　　　　② 늦게 일어났습니다.
　　③ 차를 타고 갔습니다.　　　④ 지금 가고 있습니다.

6.　① 네, 안녕하세요.　　　　　② 네, 반갑습니다.
　　③ 네, 잘 다녀오세요.　　　　④ 네, 잘 지냈습니다.

※　[7~10] 여기는 어디입니까? 〈보기〉와 같이 알맞은 것을 고르십시오. (각 3점)

보기

가 : 어디가 아프세요?

나 : 배가 아파요.

① 가게　　　　　② 빵집　　　　　❸ 병원　　　　　④ 시장

7.　① 꽃집　　　　　② 은행　　　　　③ 우체국　　　　④ 도서관

8.　① 교실　　　　　② 약국　　　　　③ 편의점　　　　④ 커피숍

9. ① 학교   ② 공원   ③ 박물관   ④ 여행사

10. ① 서점   ② 식당   ③ 백화점   ④ 운동장

※ [11~14] 다음은 무엇에 대해 말하고 있습니까? 〈보기〉와 같이 알맞은 것을 고르십시오.
    (각 3점)

보기

가 : 누구예요?
나 : 이 사람은 형이고, 이 사람은 동생이에요.

❶ 가족   ② 이름   ③ 고향   ④ 소포

11. ① 요리   ② 가격   ③ 직업   ④ 취미

12. ① 건강   ② 계획   ③ 날씨   ④ 주말

13. ① 방학   ② 장소   ③ 약속   ④ 휴일

14. ① 선물   ② 계절   ③ 과일   ④ 날짜

※ [15~16] 다음 대화를 듣고 알맞은 그림을 고르십시오. (각 3점)

15. ①

②

③

④

16. ①

②

③

④

※ [17~21] 다음을 듣고 〈보기〉와 같이 대화 내용과 같은 것을 고르십시오.

17. (3점)

① 여자는 오늘 저녁을 살 겁니다.

② 여자는 한국 회사에 다닐 겁니다.

③ 남자는 한국 회사에 취직했습니다.

④ 남자는 여자의 취직을 축하하지 않습니다.

18. (3점)

① 남자는 서울은행에 가려고 합니다.

② 남자는 길을 몰라서 물어보고 있습니다.

③ 여자는 한국병원 가는 길을 알지 못합니다.

④ 여자는 지금 한국병원에 가고 싶어 합니다.

19. (3점)

① 여자는 영화관에 있습니다.

② 남자는 25열에 앉아야 합니다.

③ 남자는 좌석을 잘못 앉았습니다.

④ 여자는 남자의 자리에 앉아 있습니다.

20. (3점)

① 여자는 어제 바지를 샀습니다.

② 여자는 바지를 바꾸러 왔습니다.

③ 남자는 산 바지가 마음에 듭니다.

④ 남자는 바지를 환불하고 싶어 합니다.

21. (4점)

　① 남자는 지금 공항에 있습니다.

　② 여자는 창가 쪽 자리를 원합니다.

　③ 여자는 밤 9시에 미국에서 출발합니다.

　④ 남자는 7시까지 비행기에 타야 합니다.

※　[22~24] 다음을 듣고 대화 내용과 같은 것을 고르십시오. (각 4점)

22.　① 여자는 통신 회사에서 일합니다.

　② 남자는 국제전화를 세 번 했습니다.

　③ 남자가 여자의 전화를 받았습니다.

　④ 남자는 핸드폰 요금이 많이 나왔습니다.

23.　① 남자는 한국대역에서 내렸습니다.

　② 여자는 서류 봉투를 찾지 못했습니다.

　③ 여자는 지하철 유실물센터에 있습니다.

　④ 남자는 중요한 서류를 잃어버렸습니다.

24.　① 여자는 이만 원을 내야 합니다.

　② 남자는 선물을 받을 수 있습니다.

　③ 남자는 지금 표를 사고 있습니다.

　④ 여자는 어린이 요금은 내지 않아도 됩니다.

※ [25~26] 다음을 듣고 물음에 답하십시오. (각 4점)

25. 어떤 이야기를 하고 있는지 고르십시오.
① 초대　　　　　② 경고　　　　　③ 소개　　　　　④ 안내

26. 들은 내용과 같은 것을 고르십시오.
① 사고가 나서 차가 많이 막힙니다.
② 여의도 방향은 빨리 갈 수 있습니다.
③ 서울역 근처는 길이 막히지 않습니다.
④ 오후의 교통 정보를 알려 주고 있습니다.

※ [27~28] 다음을 듣고 물음에 답하십시오. (각 4점)

27. 두 사람이 무엇에 대해 이야기하고 있는지 고르십시오.
① 방학 계획
② 주말에 한 일
③ 좋아하는 축제
④ 보고 싶은 전시회

28. 들은 내용과 같은 것을 고르십시오.
① 여자는 예쁜 컵과 접시를 샀습니다.
② 여자는 꽃 전시회에 갔다 왔습니다.
③ 남자는 도자기 축제에 다녀왔습니다.
④ 남자는 주말을 가족과 함께 보냈습니다.

29. 여자는 지금 왜 여기에 왔습니까?
　　① 지갑을 맡겨서
　　② 지갑을 습득해서
　　③ 지갑이 바뀌어서
　　④ 지갑을 분실해서

30. 들은 내용과 같은 것을 고르십시오.
　　① 남자는 지갑을 잃어버렸습니다.
　　② 여자는 지금 경찰서에 있습니다.
　　③ 남자는 어제 지갑을 주웠습니다.
　　④ 여자는 내일 지갑을 찾으러 올 겁니다.

읽기 (31번 ~ 70번)

※　[31~33] 다음은 무엇에 대한 이야기입니까? 〈보기〉와 같이 알맞은 것을 고르십시오.

보기

> 덥습니다. 바다에서 수영합니다.
>
> ❶ 여름　　　　② 날씨　　　　③ 나이　　　　④ 나라

31.　(2점)

> 서울은 너무 덥습니다. 부산은 따뜻합니다.

① 날짜　　　　② 고향　　　　③ 가족　　　　④ 날씨

32.　(2점)

> 아버지는 쉰 두 살입니다. 저는 스물 네 살입니다.

① 나이　　　　② 요일　　　　③ 나라　　　　④ 식사

33.　(3점)

> 민호 씨와 유키 씨는 아주 친합니다. 그래서 서로 잘 압니다.

① 휴가　　　　② 운동　　　　③ 친구　　　　④ 수업

※　[34~39] 〈보기〉와 같이 빈칸에 제일 알맞은 것을 고르십시오.

날씨가 좋습니다. (　　　　)이 맑습니다.

① 눈　　　　　② 밤　　　　　❸ 하늘　　　　　④ 구름

34.　(2점)

밥(　　　) 김치를 먹어요.

① 로　　　　　② 를　　　　　③ 과　　　　　④ 의

35.　(2점)

염색을 할 겁니다. (　　　　　)에 갑니다.

① 영화관　　　　　② 미용실　　　　　③ 커피숍　　　　　④ 노래방

36.　(2점)

어제 우리 아이의 학교에서 일일 교사로 일했습니다. 학생들에게 베트남 어를 (　　　　　).

① 만들었습니다　　　　　② 가르쳤습니다
③ 요리했습니다　　　　　④ 노래했습니다

37. (3점)

회사가 (　　　　　). 그래서 매일 걸어서 갑니다.

① 가볍습니다　　　　　② 더럽습니다
③ 가깝습니다　　　　　④ 어둡습니다

38. (3점)

| 지금 가도 사장님을 만날 수 없습니다. 10분만 쉬고 (   ) 갑시다. |

① 주로   ② 아까   ③ 다행히   ④ 천천히

39. (2점)

| 몸이 너무 뚱뚱해요. 그래서 태권도 중아리에 (   ). |

① 뛰었어요   ② 신고했어요
③ 등록했어요   ④ 운동했어요

※　[40~42] 다음을 읽고 맞지 <u>않는</u> 것을 고르십시오.

40. (3점)

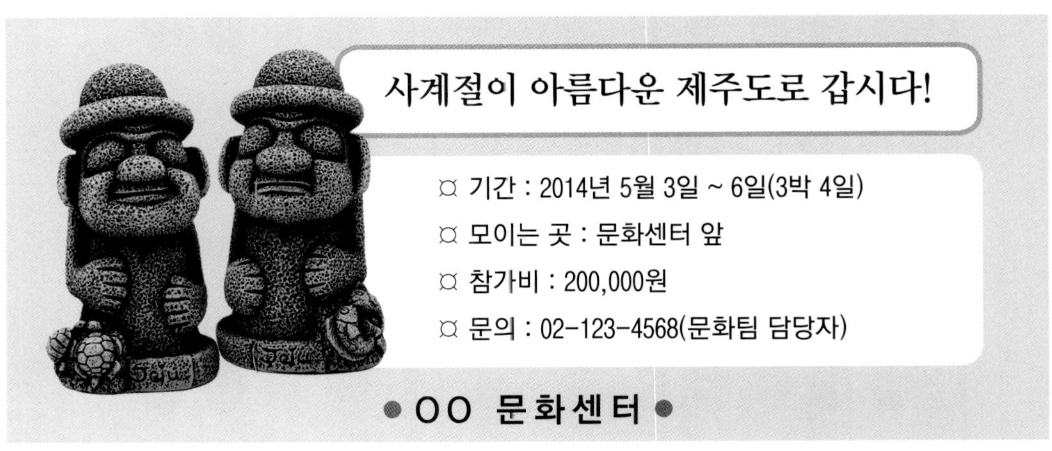

① 여행 기간은 모두 사 일입니다.
② 사람들은 문화센터 앞에서 만납니다.
③ 여행을 가려면 이십만 원이 필요합니다.
④ 궁금한 것이 있을 때 여행팀에 전화합니다.

41. (3점)

한국대학 도서관	
4층	휴게실
3층	신문 열람실, 잡지 열람실
2층	노트북, 컴퓨터 사용
1층	대출, 안내
지하 1	주차장

① 책을 빌리려면 이 층에 갑니다.

② 쉬고 싶으면 사 층으로 갑니다.

③ 삼 층에서 신문을 볼 수 있습니다.

④ 주차하려면 지하 일 층으로 갑니다.

42. (2점)

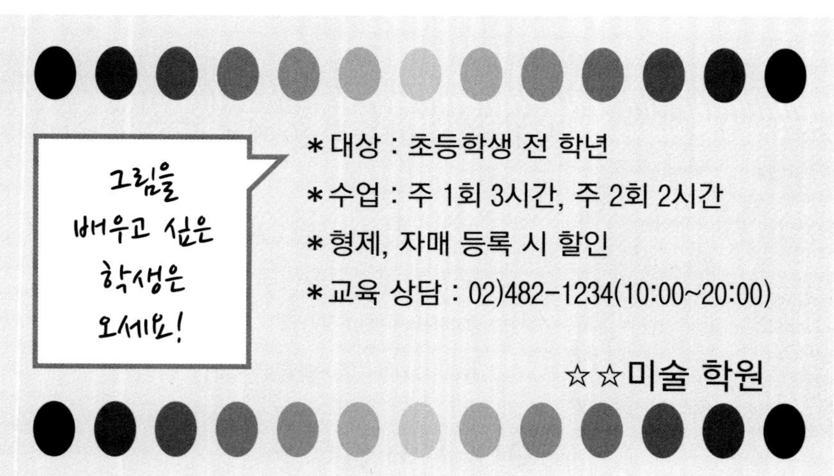

① 오후 6시에도 상담을 받을 수 있습니다.

② 형제가 같이 등록하면 할인을 받습니다.

③ 미술학원 수업 시간을 선택할 수 있습니다.

④ 6학년 학생은 미술학원에 등록할 수 없습니다.

※　[43~45] 다음의 내용과 같은 것을 고르십시오. (각 3점)

43.

> 　오늘 저녁을 먹고 남편과 함께 문화센터에 갔습니다. 남편은 건강을 위해 요가 수업에 등록했습니다. 저는 신나는 노래 수업을 신청했습니다.

① 저는 노래 수업을 등록했습니다.
② 오늘 점심 때 문화센터에 갔습니다.
③ 문화센터에 등록하고 저녁을 먹었습니다.
④ 남편은 건강 때문에 노래 수업을 신청했습니다.

44.

> 　어제는 여자 친구의 생일이었습니다. 기타를 못 치지만 여자 친구를 위해 치고 싶었습니다. 한 달 동안 매일 기타를 연습해서 생일날 기타를 쳤습니다.

① 저는 기타 치는 것을 좋아합니다.
② 저는 어제 생일 축하를 받았습니다.
③ 저는 매일 연습해서 기타를 잘 칩니다.
④ 저는 여자 친구 생일에 기타를 연주했습니다.

45.

> 　매주 월요일 영화 동아리 모임이 있습니다. 동아리에서는 영화 한 편을 보고 그 영화에 대해 이야기를 합니다. 다음 주 토요일에는 특강으로 유명한 감독님을 초대해서 영화 만드는 이야기를 들을 겁니다.

① 매주 토요일에 모여서 영화를 봅니다.
② 매주 동아리에서 영화를 보고 이야기를 합니다.
③ 다음 주 토요일에는 유명한 감독님의 영화를 봅니다.
④ 매주 영화를 보기 전에 그 영화에 대해 이야기합니다.

※ [46~48] 다음을 읽고 중심 생각을 고르십시오.

46. (3점)

> 록 콘서트에 가면 스트레스를 풀 수 있습니다. 가수가 부르는 노래를 따라 부르면서 소리도 지릅니다. 그러면 쌓였던 스트레스가 날아가는 것 같습니다.

① 가수가 되고 싶으면 콘서트에 가야 합니다.
② 저는 가수가 노래 부르는 것을 보고 싶습니다.
③ 노래를 크게 따라 부르면서 스트레스를 풉니다.
④ 가수가 부르는 노래를 같이 해야 잊어버리지 않습니다.

47. (3점)

> 우리 누나는 승무원이어서 비행기를 자주 탑니다. 지난주에는 제주도에 갔고 이번 주는 해외에 갑니다. 누나 덕분에 우리 가족도 비행기를 탈 때 조금 싼 가격에 표를 살 수 있습니다.

① 저는 누나가 승무원인 것이 좋습니다.
② 저는 누나와 이야기하고 싶습니다.
③ 승무원은 비행기를 자주 타야 합니다.
④ 우리 누나는 비행기를 많이 타고 싶어 합니다.

48. (2점)

> 아침에 시장에서 사과 한 상자를 샀습니다. 저녁에 가족과 함께 사과를 먹으려고 상자를 열었는데 썩은 사과가 많았습니다. 그래서 내일 다시 시장에 가서 다른 사과로 교환할 겁니다.

① 저는 시장에 가는 것이 좋습니다.
② 저는 사과를 바꾸러 시장에 갈 겁니다.
③ 저는 사과를 먹으러 시장에 갈 겁니다.
④ 저는 가족과 함께 사과를 먹는 것이 좋습니다.

> 새 책이 아닌 다른 사람들이 읽은 책을 (㉠   ) 할 수 있습니다. 필요 없는 책을 버리지 않고 중고 책방에 팔면 필요한 사람이 싼 가격으로 사 갑니다.

49. (㉠)에 들어갈 알맞은 말을 고르십시오.

　① 사고팔고　　　　　　② 듣고 읽고

　③ 보고 듣고　　　　　　④ 사고 버리고

50. 이 글의 내용과 같은 것을 고르십시오.

　① 필요 없는 책은 꼭 버려야 한다.

　② 이미 읽은 책을 싸게 살 수 있다.

　③ 이미 읽은 책은 다시 팔 수 없다.

　④ 중고 책방은 새 책을 파는 곳이다.

> 　우리 동네에 오래된 작은 빵집이 있습니다. 그곳은 작지만 큰 빵집과는 다릅니다. 빵을 살 때 모든 빵을 직접 (　　㉠　　) 살 수 있습니다. 보기에 너무 예뻐서 먹기 아까운 빵도 있습니다. 그래서 이 빵집은 눈도 입도 즐겁게 해 줍니다.

51.　(㉠)에 들어갈 알맞은 말을 고르십시오.
　① 물어보고　　　　　　　　　② 만져 보고
　③ 먹어 보고　　　　　　　　　④ 만들어 보고

52.　무엇에 대한 이야기입니까? 알맞은 것을 고르십시오.
　① 동네 빵집에 자주 가는 이유
　② 동네 빵집에 자주 가는 방법
　③ 빵을 직접 먹을 수 있는 방법
　④ 큰 빵집이 작은 빵집보다 좋은 이유

> 　글을 읽지 못하는 아이에게 엄마는 책을 읽어 줍니다. 아이는 이야기를
> (　　㉠　　) 책의 그림을 보며 생각하게 됩니다. 가장 친근하고 편안한 엄마의
> 목소리를 자주 들려 주면 아이의 성격에도 좋은 영향을 줄 수 있습니다.

53.　(　㉠　)에 들어갈 알맞은 말을 고르십시오. (2점)

① 자면서　　　　　　　　　② 들으면서

③ 먹으면서　　　　　　　　④ 만들면서

54.　이 글의 내용과 같은 것을 고르십시오. (3점)

① 엄마는 글을 읽지 못합니다.

② 아이는 그림책을 좋아합니다.

③ 아이는 엄마의 목소리를 싫어합니다.

④ 편안한 엄마의 목소리는 아이들에게 좋습니다.

> 　아빠! 오늘은 엄마의 생신이에요. 오늘 저녁에 엄마 모르게 깜짝 파티를 할
> 거예요. 선물과 케이크는 오빠와 제가 준비할게요. 아빠는 회사 끝나고 일찍 와
> 주세요. 오실 때 버스 정류장에 내려서 전화해 주세요. (　　　) 저희들이 파티
> 준비를 시작할게요.
>
> 　　　　　　　　　　　　　　　　　　　　　　　　　　　　– 사랑하는 딸이 –

55.　(　　　)에 들어갈 알맞은 말을 고르십시오. (2점)

　　① 그러면　　　　　　　　　　　　　② 그리고

　　③ 그러나　　　　　　　　　　　　　④ 그래서

56.　이 글의 내용과 같은 것을 고르십시오. (3점)

　　① 이 가족은 모두 세 명입니다.

　　② 엄마는 생일 파티를 알지 못합니다.

　　③ 아빠는 오빠와 함께 케이크를 살 겁니다.

　　④ 딸은 아빠와 함께 생일 선물을 살 겁니다.

57.　(2점)

> (가) 시내 곳곳에 자전거 길이 있어서 안전합니다.
>
> (나) 그런데 요즘에는 자전거를 공원에서만 타지 않습니다.
>
> (다) 저는 지난주 토요일에 공원에 가서 자전거를 탔습니다.
>
> (라) 아버지도 출근하실 때 그 길로 자전거를 타고 가십니다.

① (다)-(나)-(가)-(라)　　　　② (다)-(나)-(라)-(가)

③ (다)-(가)-(라)-(나)　　　　④ (다)-(라)-(나)-(가)

58.　(3점)

> (가) 점심때가 되어 맛있는 칼국수를 먹고 집으로 돌아왔습니다.
>
> (나) 오늘은 우리 아파트 알뜰 시장이 열리는 날입니다.
>
> (다) 시장은 매주 금요일 아침 901동 앞에서 열립니다.
>
> (라) 엄마와 저는 시장에 가서 구경도 하고 과일도 샀습니다.

① (나)-(다)-(라)-(가)　　　　② (나)-(라)-(다)-(가)

③ (나)-(라)-(가)-(다)　　　　④ (나)-(가)-(라)-(다)

지난주 목요일에 우리 가족은 서울 근처 경기도에 있는 성지 리조트에 갔습니다. (㉠) 성지 리조트는 스키장으로 유명합니다. (㉡) 우리가 갔을 때는 주말이 아니라 빈 방이 많았습니다. (㉢) 그래서 우리는 예약한 방보다 더 큰 방을 얻었습니다. (㉣) 방은 스키장 바로 앞에 있어서 전망이 아주 좋았습니다.

59. 다음 문장이 들어갈 곳을 고르십시오. (2점)

사람들도 별로 많지 않았습니다.

① ㉠　　　　② ㉡　　　　③ ㉢　　　　④ ㉣

60. 이 글의 내용과 같은 것을 고르십시오. (3점)
① 성지 리조트는 서울에 있습니다.
② 성지 리조트는 예약이 많은 것으로 유명합니다.
③ 성지 리조트는 주말에는 사람들이 많지 않습니다.
④ 우리 가족은 예약한 방보다 더 큰 방에서 지냈습니다.

※　[61~62] 다음을 읽고 물음에 답하십시오. (각 2점)

> 　겨울이 되면 태화강에는 따뜻한 겨울을 (　　　) 새들이 찾아옵니다. 올해는 작년보다 더 많은 새들이 찾아왔습니다. 수많은 새 중에서 5만 마리쯤이 태화강에서 겨울을 보냅니다. 이렇게 많은 새가 찾아오는 이유는 날씨도 좋고 먹이를 구하기 쉽기 때문입니다.

61.　(　　)에 들어갈 알맞은 말을 고르십시오.
　① 찾기 위해　　　　　　　② 지내기 위해
　③ 구하기 위해　　　　　　④ 날아가기 위해

62.　이 글의 내용과 같은 것을 고르십시오.
　① 태화강은 겨울에 아주 춥습니다.
　② 태화강은 먹이를 구하기 쉬운 곳입니다.
　③ 새들은 태화강에서 가을과 겨울을 보냅니다.
　④ 올해는 태화강에 사백 마리의 새들이 찾아왔습니다.

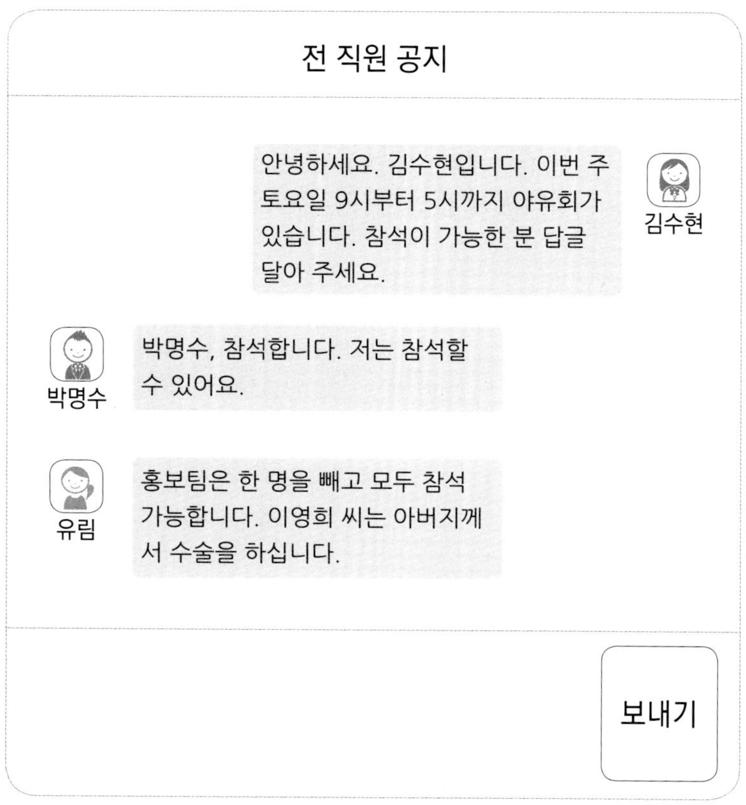

63. 수현 씨는 왜 이 글을 썼습니까? (2점)

① 야유회에 대해 설명하기 위해서

② 야유회의 참석을 알아보기 위해서

③ 야유회의 장소를 알려 주기 위해서

④ 야유회에 가는 방법을 알려 주기 위해서

64. 이 글의 내용과 같은 것을 고르십시오. (3점)

① 박명수 씨는 야유회에 갑니다.

② 홍보팀은 모두 야유회에 갑니다.

③ 야유회는 주말 아침부터 밤까지 합니다.

④ 이영희 씨의 수술은 야유회 날에 있습니다.

> (㉠   ) 사람들의 운동 방법이 다릅니다. 날씨가 따뜻한 봄에는 밖에서 하는 운동을 많이 합니다. 자전거 타기, 걷기, 배드민턴 등 햇빛과 바람을 맞으며 움직임이 큰 운동을 합니다. 반대로 겨울에는 날씨가 추워서 실내에서 운동을 합니다. 그래서 사람들은 헬스클럽에 많이 등록합니다.

65. (㉠)에 들어갈 알맞은 말을 고르십시오. (2점)

    ① 이름에 따라   ② 기구에 따라

    ③ 운동량에 따라   ④ 계절에 따라

66. 이 글의 내용과 같은 것을 고르십시오. (3점)

    ① 사람들은 봄에 자전거를 많이 탑니다.

    ② 배드민턴은 움직임이 작은 운동입니다.

    ③ 사람들은 봄에 헬스클럽에 많이 갑니다.

    ④ 사람들은 겨울에 밖에서 운동을 합니다.

> 　　요즘 학교에서는 선배들이 입은 교복을 후배들에게 물려주는 전통이 생겼습니다. 후배들은 교복을 (　ㄱ　) 사지 않고 물려 입어서 교복비를 절약할 수 있습니다. 또 선배는 후배에게 줄 생각으로 교복을 함부로 입지 않아서 마음가짐도 달라집니다. 우리 아들도 이번에 고등학교에 입학해서, 졸업하는 학교 선배에게 교복을 부탁했습니다. 이번 주 일요일에 교복을 (　ㄴ　).

67.　㉠에 알맞은 것을 고르십시오.
　① 금방　　　　　　　　　② 가끔
　③ 새로　　　　　　　　　④ 벌써

68.　㉡에 알맞은 것을 고르십시오.
　① 받기로 했습니다.　　　　② 받을지 모릅니다.
　③ 받을 모양입니다.　　　　④ 받은 적이 있습니다.

> 작년 설날에 고향에 (㉠) 부모님을 뵈러 갔습니다. 오랜만에 부모님 집에 와서 그런지 평소에 건강한 내가 목감기에 걸려 많이 아팠습니다. 설날이라서 병원이나 약국이 문을 열지 않았습니다. 그때 아버지께서 소금물을 가져 오셨습니다. 소금물로 여러 번 입 안에 넣고 뱉는 것을 반복하니 신기하게도 좋아졌습니다. 약을 전혀 먹지 않았는데 다음 날 목이 아프지 않았습니다.

69. (㉠)에 들어갈 알맞은 말을 고르십시오.

① 계시는 ② 가시는
③ 내려가시는 ④ 돌아오시는

70. 이 글의 내용으로 알 수 있는 것은 무엇입니까?

① 부모님은 설날에 병원에 갈 겁니다.
② 아버지께서는 약국에서 일하십니다.
③ 소금물은 감기를 낫게 할 수 있습니다.
④ 저는 설날에 약국이나 병원에 가는 것이 싫습니다.

제5회
실전모의고사

한국어능력시험 I
(초급)

듣기, 읽기

수험번호(Applicaton No.)		
이름 (Name)	한국어(Korean)	
	영　어(English)	

유 의 사 항
Information

1. 시험 시작 지시가 있을 때까지 문제를 풀지 마십시오.
   Do not open the booklet until you are allowed to start.

2. 접수번호와 이름은 정확하게 적어 주십시오.
   Write your name and application number on the answer sheet.

3. 답안지를 구기거나 훼손하지 마십시오.
   Do not fold the answer sheet; keep it clean.

4. 답안지의 이름, 접수번호 및 정답의 기입은 컴퓨터용 펜을 사용하여 주십시오.
   Use the optical mark reader(OMR) pen only.

5. 정답은 답안지에 정확하게 표시하여 주십시오.
   Mark your answer accurately and clearly on the answer sheet.

   marking example ① ● ③ ④

6. 문제를 읽을 때에는 소리가 나지 않도록 하십시오.
   Keep quiet while answering the questions.

7. 질문이 있을 때에는 손을 들고 감독관이 올 때까지 기다려 주십시오.
   When you have any questions, please raise your hand.

듣기 (1번 ~ 30번)

※　[1~4] 다음을 듣고 〈보기〉와 같이 물음에 맞는 대답을 고르십시오. (각 3점)

보기

가 : 공부를 해요.

나 : ＿＿＿＿＿＿＿＿＿＿＿

❶ 네, 공부를 해요. 　　　　　② 아니요, 공부예요.

③ 네, 공부가 아니에요. 　　　④ 아니요, 공부를 좋아해요.

1.　① 네, 책상이에요. 　　　　　② 네, 책상이 없어요.

　　③ 아니요, 책상이 커요. 　　　④ 아니요, 책상이 많아요.

2.　① 네, 영화예요. 　　　　　　② 네, 영화가 재미있어요.

　　③ 아니요, 영화를 봐요. 　　　④ 아니요, 영화를 좋아해요.

3.　① 선물을 받았어요. 　　　　　② 시계를 받았어요.

　　③ 친구한테서 받았어요. 　　　④ 지난 주말에 받았어요.

4.　① 다섯 시요. 　　　　　　　② 오 층에 있어요.

　　③ 다섯 시간 걸려요. 　　　　④ 오 분 후에 끝나요.

※ [5~6] 다음을 듣고 〈보기〉와 같이 다음 말에 이어지는 것을 고르십시오. (각 3점)

<table>
<tr><td colspan="2" align="center">보기</td></tr>
<tr><td colspan="2">가 : 맛있게 드세요.
나 : ___________________</td></tr>
<tr><td>① 좋겠습니다.</td><td>② 모르겠습니다.</td></tr>
<tr><td>③ 잘 지냈습니다.</td><td>❹ 잘 먹겠습니다.</td></tr>
</table>

5. ① 네, 여기 있습니다.　　　　　② 네, 전화를 합니다.
　　③ 네, 휴대전화가 있습니다.　　④ 네, 여기에서 빌릴 수 있습니다.

6. ① 네, 반갑습니다.　　　　　　② 네, 안녕하세요.
　　③ 네, 잘 지냈어요.　　　　　　④ 네, 안녕히 주무세요.

※ [7~10] 여기는 어디입니까? 〈보기〉와 같이 알맞은 것을 고르십시오. (각 3점)

<table>
<tr><td colspan="4" align="center">보기</td></tr>
<tr><td colspan="4">가 : 어디가 아프세요?
나 : 배가 아파요.</td></tr>
<tr><td>① 가게</td><td>② 빵집</td><td>❸ 병원</td><td>④ 시장</td></tr>
</table>

7. ① 식당　　　　　② 극장　　　　　③ 미용실　　　　　④ 커피숍

8. ① 병원　　　　　② 공원　　　　　③ 도서관　　　　　④ 백화점

9.　① 서점　　　　② 꽃집　　　　③ 영화관　　　　④ 경찰서

10.　① 학교　　　　② 약국　　　　③ 기차역　　　　④ 편의점

※　[11~14] 다음은 무엇에 대해 말하고 있습니까? 〈보기〉와 같이 알맞은 것을 고르십시오.
（각 3점）

11.　① 나라　　　　② 시간　　　　③ 여행　　　　④ 방학

12.　① 날씨　　　　② 직업　　　　③ 주말　　　　④ 약속

13.　① 가족　　　　② 장소　　　　③ 주소　　　　④ 소개

14.　① 선물　　　　② 취미　　　　③ 가격　　　　④ 계획

※ [15~16] 다음 대화를 듣고 알맞은 그림을 고르십시오. (각 3점)

15. ①

②

③

④

16. ①

②

③

④

※   [17~21] 다음을 듣고 〈보기〉와 같이 대화 내용과 같은 것을 고르십시오.

> 남자 : 요즘 한국어를 공부해요?
>
> 여자 : 네, 한국 친구한테서 한국어를 배워요.
>
> ① 남자는 학생입니다.   ② 여자는 학교에 다닙니다.
>
> ③ 남자는 한국어를 가르칩니다.   ❹ 여자는 한국어를 공부합니다.

17.   (3점)

① 남자는 지금 바쁩니다.

② 여자는 지금 차 안에 있습니다.

③ 남자는 극장 앞에서 내릴 겁니다.

④ 여자는 남자에게 부탁하고 있습니다.

18.   (3점)

① 남자는 집들이에 가지 못합니다.

② 여자는 집들이 선물을 안 살 겁니다.

③ 여자는 남자와 같이 꽃집에 갈 겁니다.

④ 남자는 여자와 다른 선물을 사려고 합니다.

19.   (3점)

① 남자는 셔츠를 포장했습니다.

② 남자는 지금 옷 가게에 있습니다.

③ 여자는 신용 카드로 결제했습니다.

④ 여자는 세일 중인 셔츠를 샀습니다.

20. (3점)

　① 남자는 혼자 방을 쓸 겁니다.

　② 여자는 9월 3일에 호텔에 올 겁니다.

　③ 남자는 요청한 날짜에 예약을 하지 못합니다.

　④ 여자는 남자에게 이름과 전화번호를 물었습니다.

21. (4점)

　① 남자는 노트북을 사러 왔습니다.

　② 여자는 디자인이 예쁜 노트북을 찾고 있습니다.

　③ 남자는 휴대하기 편리한 노트북을 추천했습니다.

　④ 여자는 남자가 추천한 노트북이 마음에 안 듭니다.

※　[22~24] 다음을 듣고 대화 내용과 같은 것을 고르십시오. (각 4점)

22.　① 여자는 할인 카드를 만들려고 합니다.

　② 여자는 오늘 십만 원 이상 구매했습니다.

　③ 남자는 물건을 구매한 영수증이 없습니다.

　④ 남자는 5% 할인 쿠폰을 받을 수 있습니다.

23.　① 여자는 영어 강좌를 등록했습니다.

　② 여자는 영어 수업을 들을 예정입니다.

　③ 남자는 퇴근 후에 바로 집으로 갈 겁니다.

　④ 남자는 이번 주 금요일까지 신청서를 작성해야 합니다.

24.　① 여자는 큰 잔으로 주문했습니다.

　② 여자는 커피숍에서 마시고 갈 겁니다.

　③ 남자는 모두 만 오천 원을 내야 합니다.

　④ 남자는 커피와 녹차, 케이크를 주문했습니다.

※　[25~26] 다음을 듣고 물음에 답하십시오. (각 4점)

25. 어떤 이야기를 하고 있는지 고르십시오.
① 경고　　　　　② 예보　　　　　③ 감사　　　　　④ 초대

26. 들은 내용과 같은 것을 고르십시오.
① 내일은 토요일입니다.
② 내일 오전에는 맑겠습니다.
③ 모레까지 비가 내리고 춥겠습니다.
④ 이번 주 주말까지 따뜻하겠습니다.

※　[27~28] 다음을 듣고 물음에 답하십시오. (각 4점)

27. 두 사람이 무엇에 대해 이야기하고 있는지 고르십시오.
① 보고 싶은 영화
② 액션 영화의 장점
③ 좋은 영화 만드는 방법
④ 영화를 보고 난 후 느낌

28. 들은 내용과 같은 것을 고르십시오.
① 여자는 영화가 너무 지루했습니다.
② 남자는 이 영화가 별로 좋지 않았습니다.
③ 남자는 더 좋은 시나리오가 필요하다고 생각합니다.
④ 여자는 액션과 특수 효과가 나오는 영화를 좋아합니다.

※　　[29~30] 다음을 듣고 물음에 답하십시오. (각 4점)

29.　여자는 지금 왜 여기에 왔습니까?
　　① 휴대전화를 사려고
　　② 휴대전화를 고치려고
　　③ 휴대전화를 바꾸려고
　　④ 휴대전화를 찾아가려고

30.　들은 내용과 같은 것을 고르십시오.
　　① 여자는 휴대전화가 고장이 났습니다.
　　② 남자는 한 달 전에 휴대전화를 샀습니다.
　　③ 남자는 휴대전화를 교환하고 싶어 합니다.
　　④ 여자는 내일 휴대전화를 찾으러 올 겁니다.

※　[31~33] 다음은 무엇에 대한 이야기입니까? 〈보기〉와 같이 알맞은 것을 고르십시오.

┌─ 보기 ─┐

덥습니다. 바다에서 수영합니다.

❶ 여름　　　　② 날씨　　　　③ 나이　　　　④ 나라

31.　(2점)

3월, 봄이 왔습니다. 두 달 전은 추운 겨울이었습니다.

① 날짜　　　　② 계절　　　　③ 약속　　　　④ 날씨

32.　(2점)

저는 아침은 꼭 먹습니다. 항상 빵과 우유를 먹습니다.

① 이름　　　　② 요일　　　　③ 식사　　　　④ 가족

33.　(3점)

　민호 씨는 우표 모으는 것을 좋아합니다. 모나카 씨는 동전 모으는 것을 좋아합니다.

① 취미　　　　② 장소　　　　③ 운동　　　　④ 음식

  [34~39] 〈보기〉와 같이 빈칸에 제일 알맞은 것을 고르십시오.

보기

날씨가 좋습니다. (　　　　)이 맑습니다.

① 눈　　　　　　② 밤　　　　　❸ 하늘　　　　　④ 구름

---

34. (2점)

요리 수업은 오후 2시(　　　) 있어요.

① 로　　　　　　② 를　　　　　③ 에　　　　　④ 에서

35. (2점)

한국어 책을 사고 싶습니다. (　　　　)에 갑니다.

① 식당　　　　　② 극장　　　　③ 공항　　　　④ 서점

36. (2점)

지난 주말에 친구들과 여행을 갔습니다. 게임을 하며 재미있게 (　　　　).

① 놀았습니다　　　　　　　　② 먹었습니다
③ 요리했습니다　　　　　　　④ 헤어졌습니다

37. (3점)

내일 기숙사로 들어갑니다. 책이 많아 짐이 아주 (　　　　).

① 가볍습니다　　　　　　　　② 더럽습니다
③ 무겁습니다　　　　　　　　④ 어둡습니다

38. (3점)

> 산에 불이 났습니다. (   ) 119에 전화합시다.

① 가끔 ② 아까 ③ 거의 ④ 빨리

39. (2점)

> 다음 달에 한국으로 유학을 갑니다. 준비를 위해 회사를 (   ).

① 세웠어요 ② 만들었어요
③ 그만뒀어요 ④ 들어갔어요

※ [40~42] 다음을 읽고 맞지 <u>않는</u> 것을 고르십시오.

40. (3점)

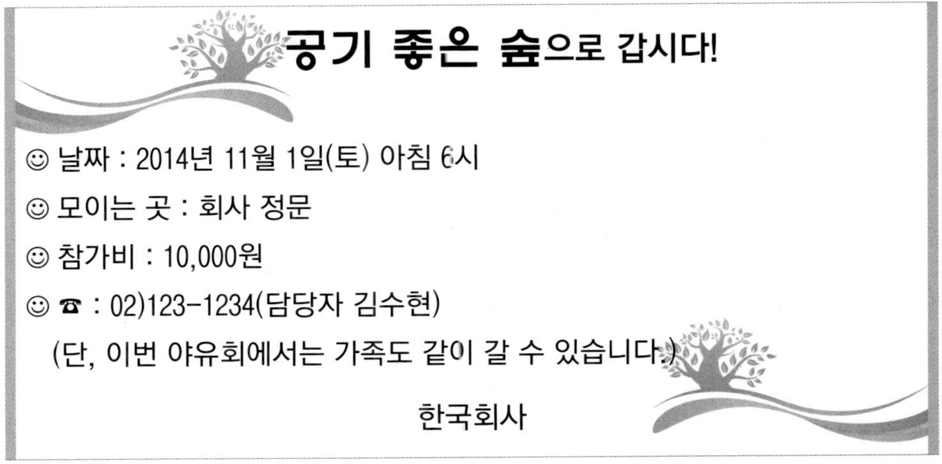

① 회사 앞에서 모입니다.
② 토요일 아침에 출발합니다.
③ 아이들은 같이 갈 수 없습니다.
④ 야유회에 가려면 만 원을 내야 합니다.

41. (3점)

① 점심시간은 한 시간입니다.

② 오후 한 시 삼십 분에 상담이 가능합니다.

③ 매주 토요일에는 상담을 받을 수 없습니다.

④ 오후 여섯 시 이후에는 상담을 받을 수 없습니다.

42. (2점)

① 어른들은 교육을 받을 수 없습니다.

② 오후 아홉 시에 상담 받을 수 있습니다.

③ 일주일에 두 번 교육을 받을 수 있습니다.

④ 수업을 신청할 때 시간은 바꿀 수 있습니다.

※ [43~45] 다음의 내용과 같은 것을 고르십시오. (각 3점)

43.

> 지난 주말 야구장에 갔습니다. 저는 좋아하는 팀의 유니폼을 입고 갔습니다. 형은 좋아하는 선수의 사인공을 받았습니다.

① 지난 주말 야구를 보러 갔습니다.
② 저는 좋아하는 야구장에 갔습니다.
③ 저는 유니폼 입는 것을 좋아합니다.
④ 형은 좋아하는 야구팀의 공을 샀습니다.

44.

> 토요일에 학교 운동회가 있었습니다. 저는 반 대표로 달리기 경기에 나갔습니다. 무척 떨렸지만 열심히 달렸습니다.

① 저는 우리 반 반장입니다.
② 저는 가끔 운동회에 참석합니다.
③ 저는 운동회 날 달리기를 했습니다.
④ 저는 떨려서 잘 달리지 못했습니다.

45.

> 매달 둘째 주 토요일에 한강 공원에 갑니다. 산책하시는 할아버지, 자전거를 타는 아빠와 아들이 있습니다. 또 한강어서는 배를 타는 연인도 있습니다.

① 할아버지는 자전거를 타십니다.
② 아빠와 아들은 배 위에 있습니다.
③ 연인들은 공원에서 산책을 합니다.
④ 한 달에 한 번 토요일에 공원에 갑니다.

※ [46~48] 다음을 읽고 중심 생각을 고르십시오.

46.　(3점)

> 　저는 날씨가 좋으면 공원에 갑니다. 공원에 가서 산책합니다. 친구들과 대화하는 것보다 더 기분이 좋습니다.

① 저는 산책하는 것이 더 좋습니다.
② 저는 대화하는 것이 더 좋습니다.
③ 저는 공원에 가는 것을 좋아합니다.
④ 친구들은 공원에 가는 것을 좋아합니다.

47.　(3점)

> 　아버지는 부산에 직장이 있으셔서 월요일부터 금요일까지는 부산에 계십니다. 주말에만 집에 오십니다. 매일매일 아버지 얼굴을 봤으면 좋겠습니다.

① 저는 부산에 가고 싶습니다.
② 저는 아버지와 같이 살고 싶습니다.
③ 아버지는 주말에 부산에 갈 겁니다.
④ 아버지는 부산 직장에 있고 싶어 합니다.

48.　(2점)

> 　저는 지난주에 운전학원에 등록했습니다. 오늘 처음 운전을 배우러 갔는데 무척 떨려서 실수를 많이 했습니다. 그래서 내일은 좀 더 집중해서 운전할 겁니다.

① 저는 운전을 잘하고 싶습니다.
② 저는 운전이 무서워서 떨립니다.
③ 저는 내일 운전을 배우러 갈 겁니다.
④ 저는 운전학원에 첫 번째로 등록하고 싶습니다.

※　[49~50] 다음을 읽고 물음에 답하십시오. (각 2점)

> 　요즘 (　　㉠　　) 케이크가 인기가 있습니다. 케이크를 만드는 가게에서는 먼저 생일인 손님의 얼굴 사진을 받습니다. 그리고 그 사진을 케이크 맨 위에 놓고 케이크를 만듭니다. 이 케이크를 받은 사람은 정말 특별한 선물이 될 것입니다.

49. (　㉠　)에 들어갈 알맞은 말을 고르십시오.
　① 모양이 큰　　　　　　　　　② 사진과 다른
　③ 사진이 들어간　　　　　　　④ 그림과 비슷한

50. 이 글의 내용과 같은 것을 고르십시오.
　① 여기는 사진을 찍는 곳입니다.
　② 케이크를 만든 후에 사진을 받습니다.
　③ 케이크 안에 사진을 넣고 케이크를 만듭니다.
　④ 요즘 사람들은 자기 사진이 들어간 케이크를 좋아합니다.

※　[51~52] 다음을 읽고 물음에 답하십시오. (각 2점)

저는 소나무 향기가 나는 보리밥을 좋아합니다. 보리밥을 먹을 때 입으로만 먹는 것이 아닙니다. 코로도 먹을 수 있습니다. 맛도 좋고 (　　ㄱ　　) 때문에 건강에도 좋습니다. 그래서 소나무 향기를 맡으면서 보리밥을 먹을 때 기분이 더 좋습니다.

51.　(　ㄱ　)에 들어갈 알맞은 말을 고르십시오.
　① 깨끗하기　　　　　　　　　② 잘 들리기
　③ 소화도 잘 되기　　　　　　④ 좋은 냄새가 나기

52.　무엇에 대한 이야기입니까? 알맞은 것을 고르십시오.
　① 보리밥을 자주 먹는 이유
　② 보리밥을 자주 먹는 방법
　③ 소나무 향기를 맡는 방법
　④ 소나무 향기가 나는 이유

※　[53~54] 다음을 읽고 물음에 답하십시오.

> 　대부분의 도시에는 어린이 도서관이 있습니다. 그런데 요즘 아이들은 게임을 좋아해서 책을 잘 읽지 않습니다. 그래서 부모들은 주말마다 아이들과 함께 어린이 도서관에 갑니다. 그곳에서 다른 아이들과 함께 책을 읽게 합니다. 그러면 저절로 책과 (　㉠　) 놀게 됩니다.

53.　(　㉠　)에 들어갈 알맞은 말을 고르십시오. (2점)
　　① 자면서　　　　　　　　　② 게임하면서
　　③ 친해지면서　　　　　　　④ 이야기하면서

54.　이 글의 내용과 같은 것을 고르십시오. (3점)
　　① 요즘 아이들은 책을 자주 읽습니다.
　　② 부모들은 아이들과 함께 게임을 합니다.
　　③ 요즘 어린이 도서관은 모든 도시에 있습니다.
　　④ 부모들은 매주 주말에 어린이 도서관에 갑니다.

※　[55~56] 다음을 읽고 물음에 답하십시오.

　　사랑하는 우리 딸! 요즘 아빠가 회사 일이 바빠서 우리 딸 얼굴을 못 보고 나와서 많이 슬퍼. 우리 딸도 고등학교 3학년이 되어 많이 힘들지. 힘들고 어렵지만 엄마·아빠가 항상 응원하고 있다. 알고 있지? 오늘 밤은 아빠가 일찍 퇴근해서 우리 딸 얼굴 보고 같이 밥 먹자. (　　　　　) 우리 딸 좋아하는 치킨 꼭 사 가지고 갈게. 오늘도 파이팅!

- 사랑하는 아빠가 -

55.　(　　　　)에 들어갈 알맞은 말을 고르십시오.(2점)

① 그런데　　　　　　　　　② 그리고

③ 그러나　　　　　　　　　④ 그러면

56.　이 글의 내용과 같은 것을 고르십시오. (3점)

① 아빠는 저녁에 치킨을 살 겁니다.

② 아빠는 바빠서 늦게 퇴근할 겁니다.

③ 딸은 아빠가 퇴근할 때 자고 있었습니다.

④ 딸은 너무 바빠서 아빠 얼굴을 못 봅니다.

57. (2점)

> (가) 그런데 요즘은 휴대전화로 모르는 길도 찾을 수 있습니다.
>
> (나) 여행 도중에 가끔 모르는 곳에 가면 길을 몰라서 힘듭니다.
>
> (다) 저는 여행을 좋아해서 일 년에 한두 번은 여행을 갑니다.
>
> (라) 또 근처에 무엇이 있는지 알 수 있어서 여행하기 편합니다.

① (다)-(나)-(가)-(라)　　　　② (다)-(나)-(라)-(가)

③ (다)-(가)-(라)-(나)　　　　④ (다)-(라)-(나)-(가)

58. (3점)

> (가) 아침을 일찍 먹고 여행 가방을 챙겨 버스를 탔습니다.
>
> (나) 오늘은 우리 가족 모두 해외여행을 가는 날입니다.
>
> (다) 그리고 출국 심사를 받고 비행기에 탑승했습니다.
>
> (라) 공항에 도착해서 비행기 표의 좌석을 확인했습니다.

① (나)-(다)-(라)-(가)　　　　② (나)-(라)-(다)-(가)

③ (나)-(라)-(가)-(다)　　　　④ (나)-(가)-(라)-(다)

※ [59~60] 다음을 읽고 물음에 답하십시오.

지난 여름 방학에 제주도 옆에 있는 우도로 여행을 갔습니다. (㉠   )
바닷속을 볼 수 있는 잠수함인 배를 탔습니다. (㉡   ) 그 배는 창문이 모
든 방향으로 되어 있었습니다. (㉢   ) 그리고 창문의 크기도 크고 넓었
습니다. (㉣   ) 그래서 여러 가지 색의 아름다운 물고기를 잘 구경할 수
있었습니다.

59. 다음 문장이 들어갈 곳을 고르십시오. (2점)

왼쪽으로 가면 왼쪽을, 오른쪽으로 가면 오른쪽을 볼 수 있었습니다.

① ㉠　　　　　　② ㉡　　　　　　③ ㉢　　　　　　④ ㉣

60. 이 글의 내용과 같은 것을 고르십시오. (3점)
　① 우도는 제주도에 있습니다.
　② 잠수함에서 바닷속을 잘 볼 수 있습니다.
　③ 잠수함을 타고 우도 옆 제주도로 갔습니다.
　④ 잠수함의 창문은 한 방향으로 만들었습니다.

※ [61~62] 다음을 읽고 물음에 답하십시오. (각 2점)

> 가을이 되면 사람들은 아름다운 단풍을 보려고 산에 갑니다. 숲 속 나무에 작은 다람쥐가 있는데 이들은 도토리나무 열매를 먹고 삽니다. 가끔 등산하는 사람들이 먹을 것을 가지고 다가가면 다람쥐들은 (   ) 가까이 옵니다. 사람들은 가끔 나무에서 떨어진 도토리를 줍는데 겨울이 되면 다람쥐들의 먹이가 부족하기 때문에 많이 가져오지 말아야 합니다.

61. (   )에 들어갈 알맞은 말을 고르십시오.
　　① 자면서　　　　　　　　　　② 다쳐서
　　③ 먹지 않고　　　　　　　　　④ 놀라지 않고

62. 이 글의 내용과 같은 것을 고르십시오.
　　① 사람들은 다람쥐를 보러 산에 갑니다.
　　② 등산하는 사람들은 다람쥐를 좋아합니다.
　　③ 다람쥐들은 사람들이 주는 것을 먹고 삽니다.
　　④ 다람쥐들을 위해 도토리를 많이 가져오면 안 됩니다.

※ [63~64] 다음을 읽고 물음에 답하십시오.

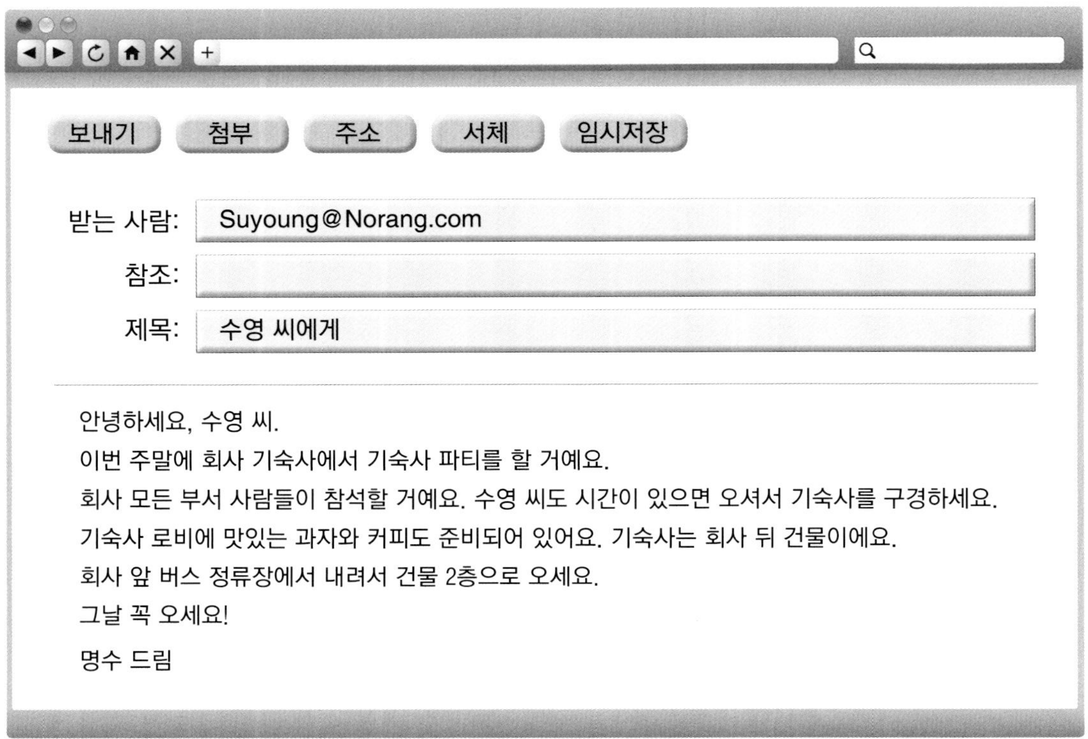

63. 왜 이 글을 썼습니까? (2점)

① 기숙사 파티에 초대하기 위해서

② 기숙사 파티에 온 친구에게 감사해서

③ 기숙사 건물을 친구에게 알려 주기 위해서

④ 기숙사 파티를 하는 장소를 알려 주기 위해서

64. 이 글의 내용과 같은 것을 고르십시오. (3점)

① 기숙사는 회사 앞에 있는 건물입니다.

② 이번 주말에 기숙사를 볼 수 있습니다.

③ 기숙사에 가려면 지하철을 타야 합니다.

④ 마시고 싶은 커피는 직접 가져와야 합니다.

※　　[65~66] 다음을 읽고 물음에 답하십시오.

> 　손과 몸은 어떤 관계일까요? 손이 뜨거우면 몸도 뜨겁고 손이 차가우면 몸도 차갑습니다. 이렇듯 손과 몸은 같이 느낄 수 있습니다. 또 손으로 하는 것은 여러 가지 뜻이 있습니다. 서로 손을 잡고 인사를 하는 것은 서로 친하다는 의미이고 새끼손가락을 걸면 약속을 의미합니다. 박수를 치는 것은 칭찬의 의미입니다. 그래서 친구가 잘했을 때 (　　㉠　　)도 합니다.

65.　(　㉠　)에 들어갈 알맞은 말을 고르십시오. (2점)
　　① 손을 잡기　　　　　　　　② 손을 걸기
　　③ 손이 차갑기　　　　　　　④ 박수를 치기

66.　이 글의 내용과 같은 것을 고르십시오. (3점)
　　① 손을 잡으면 약속하는 것입니다.
　　② 손이 뜨거우면 몸은 차갑습니다.
　　③ 손과 몸이 느끼는 것은 같습니다.
　　④ 칭찬하고 싶을 때 서로 손을 잡습니다.

 [67~68] 다음을 읽고 물음에 답하십시오. (각 3점)

> 요즘 가구의 위치를 바꾸는 사람들이 많습니다. (㉠) 가구를 사지 않고 사용하고 있는 가구를 위치만 바꿔도 방의 분위기를 바꿀 수 있습니다. 방석이나 쿠션으로도 변화를 줄 수 있습니다. 여러분도 이번 봄에 거실에 있는 가구를 한번 (㉡).

67. ㉠에 알맞은 것을 고르십시오.
   ① 먼저   ② 주로
   ③ 새로   ④ 계속

68. ㉡에 알맞은 것을 고르십시오.
   ① 바꿔 보세요.   ② 바꿀 수 있어요.
   ③ 바꾸고 싶어요.   ④ 바꾸기로 했어요.

> 작년 크리스마스에 부모님과 함께 스키장에 놀러 갔습니다. 그런데 스키를 타다가 실수를 해서 넘어졌습니다. 나는 너무 아파서 (㉠   ) 힘들었습니다. 그때 스키장 직원이 한의원에 가서 침을 맞으면 빨리 나을 수 있다고 했습니다. 그래서 부모님과 함께 스키장 근처에 있는 한의원에 가서 침을 맞으니까 신기하게도 약을 먹은 것보다도 더 아프지 않았습니다.

69. (㉠)에 들어갈 알맞은 말을 고르십시오.

① 침을 맞기도   ② 혼자 걷기도

③ 놀러 가기도   ④ 직원을 만나기도

70. 이 글의 내용으로 알 수 있는 것은 무엇입니까?

① 나는 침 맞는 것을 아주 싫어합니다.

② 스키장 직원은 침 맞는 것을 좋아합니다.

③ 침은 약보다 더 빨리 치료할 수 있습니다.

④ 사람들은 스키를 타다가 자주 넘어집니다.

HOT 토픽 I Actual Test 한 권으로 합격하기 for Chinese

초판발행	2014년 6월 9일
초판 4쇄	2020년 3월 23일

저자	한국어 평가 연구소
책임편집	권이준, 양승주
펴낸이	엄태상
콘텐츠 제작	김선웅, 전진우
마케팅	이승욱, 전한나, 왕성석, 노원준
온라인 마케팅	김마선, 김제이, 조인선
경영기획	마정인, 조성근, 최성훈, 정다운, 김다미, 전태준, 오희연
물류	유종선, 정종진, 윤덕현, 양희은, 신승진

펴낸곳	한글파크
주소	서울시 종로구 자하문로 300 시사빌딩
주문 및 교재 문의	1588-1582
팩스	(02)3671-0500
홈페이지	http://www.sisabooks.com
이메일	book_korean@sisadream.com
등록일자	2000년 8월 17일
등록번호	1-2718호

ISBN 978-89-5518-267-5 18710
　　　978-89-5518-194-4 (set)

핫토픽

For Chinese

HOT
TOPIK

改编
TOPIK
I

试题详解

作者
Korean Proficiency Test R&D Center

한글파크

[Actual Test] 한 권으로 합격하기

HOT TOPIK

For Chinese

作者
Korean Proficiency Test R&D Center

改编
TOPIK
I
试题详解

한글파크

HOT 토픽 I Actual Test 한 권으로 합격하기 for Chinese

초판발행	2014년 6월 9일
초판 4쇄	2020년 3월 23일

저자	한국어 평가 연구소
책임편집	권이준, 양승주
펴낸이	엄태상
콘텐츠 제작	김선웅, 전진우
마케팅	이승욱, 전한나, 왕성석, 노원준
온라인 마케팅	김마선, 김제이, 조인선
경영기획	마정인, 조성근, 최성훈, 정다운, 김다미, 전태준, 오희연
물류	유종선, 정종진, 윤덕현, 양희은, 신승진

펴낸곳	한글파크
주소	서울시 종로구 자하문로 300 시사빌딩
주문 및 교재 문의	1588-1582
팩스	(02)3671-0500
홈페이지	http://www.sisabooks.com
이메일	book_korean@sisadream.com
등록일자	2000년 8월 17일
등록번호	1-2718호

ISBN 978-89-5518-267-5 18710
      978-89-5518-194-4 (set)

차례 次序

물 한 모금이 갈증을 씻어 주고, 빵 한 조각이 배고픔을 달래 주듯, 한국어능력시험 I (TOPIK I)을 준비하면서 매우 혼란스럽고 어떻게 공부해야 할지 걱정이 앞설 수험자들에게 이 책이 조금이나마 도움이 되었으면 하는 바람입니다.

한국어능력시험(TOPIK)은 세계 곳곳에서 한국어를 독학으로 공부하고 있거나, 한국 대학에 입학하기 위해 그리고 한국 기업에 취업하기 위해 한국어를 공부하는 학습자에게 본인의 실력을 확인해 주는 중요한 척도가 되는 시험으로 그 중요성이 더욱 높아지고 있습니다.

이 책은 여러분이 걱정하고 궁금해하는 것을 풀어 주기 위해 현재 유형의 TOPIK I을 완전히 분석하여 수험자들이 시험에 쉽게 대비할 수 있게 만든 책입니다. 이 책은 크게 세 부분으로 되어 있습니다. 'TOPIK I의 소개'에서는 시험 체제와 유형을, '문항 분석 및 전략'에서는 준비 전략을 상세히 다루었고 또한 수험자들이 'TOPIK I'을 연습할 수 있게 '실전모의고사 5회' 분과 그에 따른 자세한 해설을 실었습니다.

또한 이전 TOPIK과 비교해 바뀐 TOPIK I을 설명했기 때문에 수험자가 현재 유형의 시험에 대비할 수 있게 해 줄 것입니다. 이 책이 아무쪼록 세계 곳곳에서 TOPIK을 응시하는 수험자와 TOPIK을 강의하는 선생님들에게 도움이 되기를 바랍니다.

책이 나오기까지 부족한 자료를 분석하고 시험 문항을 개발한 '한국어 평가 연구소'의 권미숙, 박명수, 전민주, 전유나, 신보라 연구원에게 심심한 감사의 뜻을 표합니다. 또한 이 책의 출간을 흔쾌히 허락해 주신 한글파크 엄호열 회장님과 이 책이 나오기까지 물심양면으로 많은 도움을 주신 한글파크 편집진 여러분께도 감사의 마음을 전합니다.

한국어 평가 연구소
(Korean Proficiency Test R&D Center)

'以风风人，夏雨雨人'希望本书像灯塔一样能给准备TOPIK的考生们在不知所措的情况下指引前进的方向。

韩国语能力考试(TOPIK)是为了给世界各地的韩国语自学者，准备入韩国大学的入学者，想在韩国企业就职而学习韩国语的学习者，提供测定自己实力的一个重要的尺度的考试。所以，其重要性在日益上升。

本书的目的是为了消除大家对考试的担心，帮助正在准备韩国语能力考试的考生分析现在的TOPIK I的体系，从而很容易的备战考试。本书由三部分构成。'TOPIK I的介绍'中对考试的体系和类型做了介绍，'试题分析和战略'中着重介绍了详细的备战策略。还有就是为了备战'TOPIK I'考试的'实战模拟考试题5套'并且每一科都附有详细的解析。

另外，与以前的TOPIK考试相比较对新改革的TOPIK I作了详细的说明和分析使考生能容易的备战考试。希望本书能给世界各地准备TOPIK的考生和TOPIK教程的老师们提供有利的帮助。

借此机会，对本书不足的材料做了补充，分析和试题开发的'韩国语评价研究所'的權美肅，朴明洙，全敏珠，田侑娜，辛宝拉研究员致以衷心的感谢。为出版本书提供大力支持的한글파크嚴鎬烈会长和한글파크的编辑人员及有关人士致以最真诚的谢意。

韩国语 评价 研究所
(Korea Proficiency Test R&D Center)

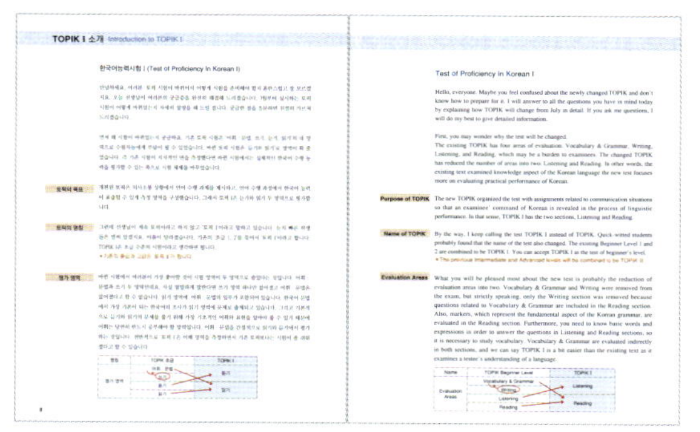

TOPIK I 소개

토픽 시험에 대해 자세히 설명하였다. 실제 수업 현장에서 강의하듯이 이전 토픽과 비교하면서 제시하였다. 또 궁금한 점을 Q&A식으로 설명하여 수험자에게 실제적인 도움을 주고자 하였다.

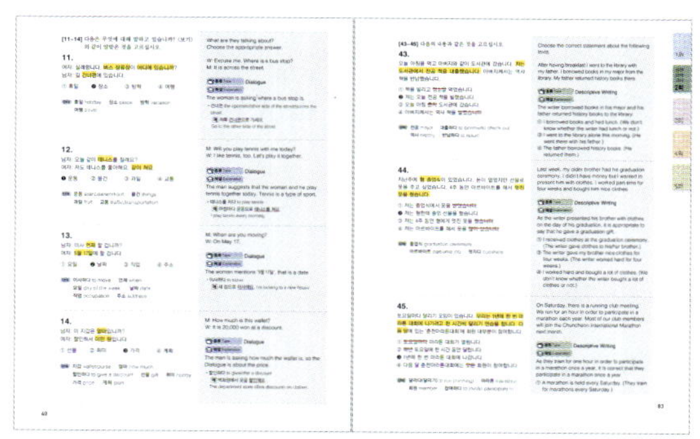

TOPIK I 문항 분석 및 전략

시험의 문항 유형을 설명하였고 이 문항을 준비하기 위한 시험 전략도 제시하였다.

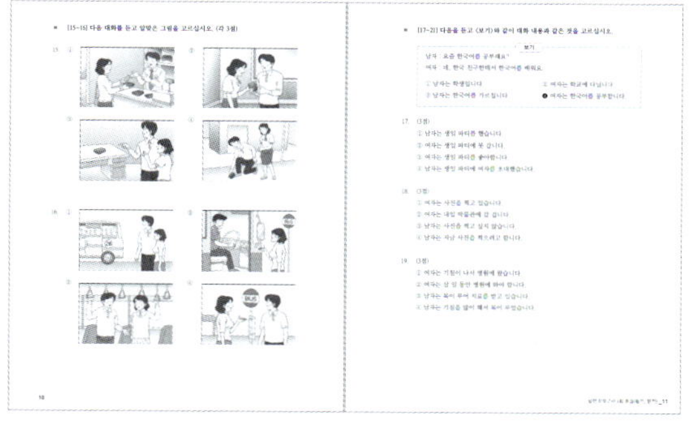

TOPIK I 실전모의고사

TOPIK I을 완벽하게 대비할 수 있도록 실전모의고사 5회분을 수록하였다. 정해진 시간에 문제를 풀면서 준비할 수 있게 하였고 자신만의 전략을 짤 수 있게 하였다.

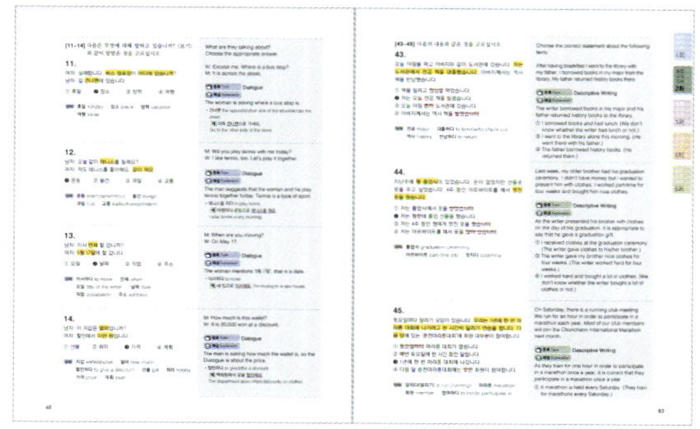

TOPIK I 실전모의고사 해설

실전모의고사 5회분에 대한 자세한 해설을 실제 수업 현장에서 강의하듯이 설명하였다. 문항의 유형을 표기하여 학습자가 문제를 정확하게 파악할 수 있게 하였다. 문법 항목의 경우 자세한 문법 설명과 예문을 추가하여 해설을 통해 문법을 정리할 수 있게 하였다. 읽기와 듣기 텍스트에 문항을 풀 수 있는 핵심 포인트를 표시하여 문제를 푸는 데 도움을 주고자 하였다. 맞는 답에 대한 설명뿐만 아니라 왜 그것이 오답인지 설명을 달았다.

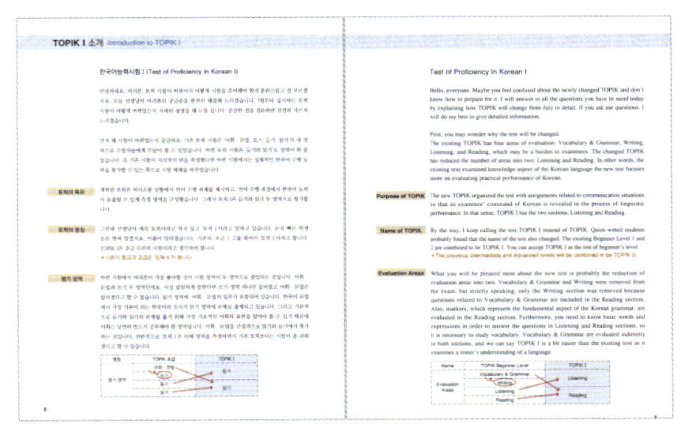

TOPIK Ⅰ 介绍

对于TOPIK考试进行了详细的说明。本书以实际课程的现场讲义为基础采取了和以前的TOPIK做比较的说明方式。对于问题点以Q&A即问答的形式做了说明以便给予考生以实际的帮助。

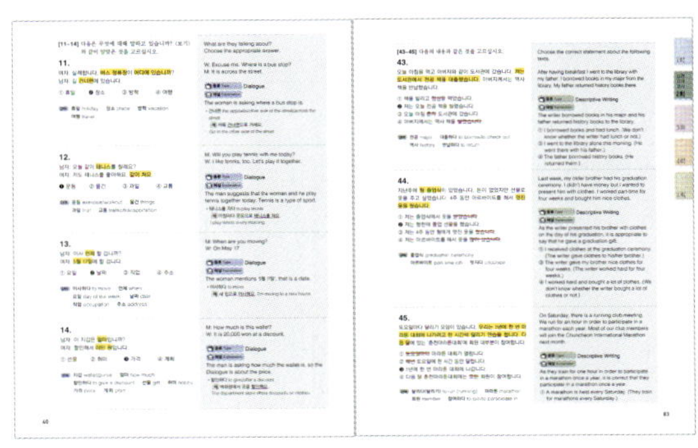

TOPIK Ⅰ 题分析和战略

以考试问题和类型进行了说明。还附有题型的备考战略。

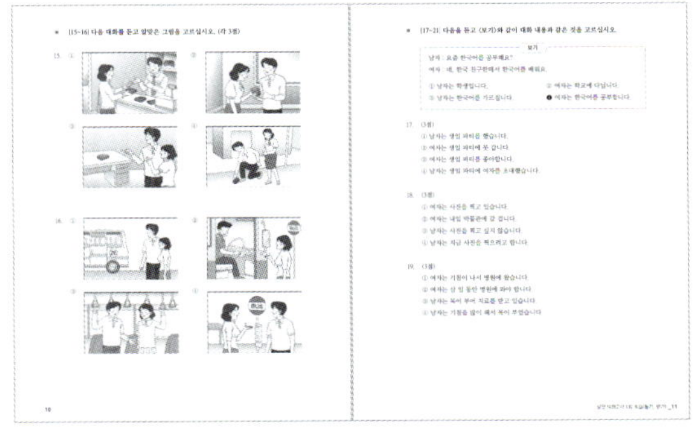

TOPIK Ⅰ 实战模拟

本书收录了为备战TOPIK Ⅰ而准备的5套实战模拟考试题。在规定的时间内答题的同时也能制定属于自己的考试战略。

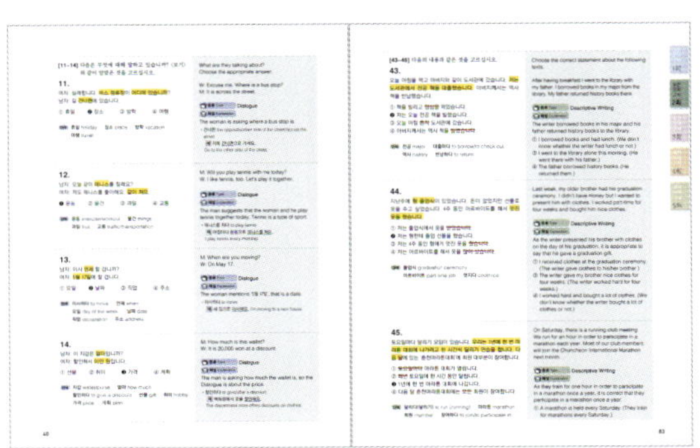

TOPIK Ⅰ 实战模拟提解析

对实战模拟考试的5套题以实际课程的现场讲义的方式作出了详细的解析。对试题的类型做出的标记有利于考生准确的把握题型。对于相关的语法进行详细说明之后通过分析例句的形式达到进一步语法整理的效果。通过对阅读和听力的短文的核心词汇的标注对解题提供了有利帮助。解析中不仅仅对于正确答案作了说明也指出了错误的答案原因和依据。

한국어능력시험 I (**T**est **of** **P**roficiency **in** **K**orean I)

안녕하세요, 여러분. 토픽 시험을 어떻게 준비해야 할지 혼란스럽고 잘 모르겠지요. 오늘 선생님이 여러분의 궁금증을 완전히 해결해 드리겠습니다. 궁금한 점을 질문하면 친절히 가르쳐 드리겠습니다.

먼저 왜 시험이 바뀌었는지 궁금하죠. 이전 토픽 시험은 '어휘 · 문법, 쓰기, 듣기, 읽기'의 네 영역으로 수험자들에게 부담이 될 수 있었습니다. 현재 토픽 시험은 '듣기와 읽기'로 영역이 확 줄었습니다. 즉 이전 시험이 지식적인 면을 측정했다면 현재 시험에서는 실제적인 한국어 수행 능력을 평가할 수 있는 쪽으로 시험 체제를 바꾸었습니다.

토픽의 목표

의사소통 상황에서 언어 수행 과제를 제시하고, 언어 수행 과정에서 한국어 능력이 표출될 수 있게 측정 영역을 구성했습니다. 그래서 토픽 I은 듣기와 읽기 두 영역으로 평가합니다.

토픽의 명칭

'초급 1, 2'를 묶어서 '토픽 I'이라고 합니다. TOPIK I은 초급 수준의 시험이라고 생각하면 됩니다.
＊중급과 고급은 '토픽 II'입니다.

평가 영역

현재 시험의 평가 영역은 어휘 · 문법과 쓰기 두 영역인데요. 사실 엄밀하게 말한다면 쓰기 영역 하나만 없어졌고 어휘 · 문법은 없어졌다고 할 수 없습니다. 읽기 영역에 어휘 · 문법의 일부가 포함되어 있습니다. 한국어 문법에서 가장 기본이 되는 한국어의 조사가 읽기 영역에 문제로 출제되고 있습니다. 그리고 기본적으로 듣기와 읽기의 문제를 풀기 위해 가장 기초적인 어휘와 표현을 알아야 풀 수 있기 때문에 어휘는 당연히 반드시 공부해야 할 영역입니다. 어휘 · 문법을 간접적으로 읽기와 듣기에서 평가하는 것입니다. 전반적으로 '토픽 I'은 이해 영역을 측정하면서 이전 토픽보다는 시험이 좀 쉬워졌다고 할 수 있습니다.

명칭	TOPIK 초급(이전)	TOPIK I(현재)
평가 영역	어휘 · 문법	듣기
	쓰기	
	듣기	읽기
	읽기	

韩国语能力等级考试 Ⅰ (Test of Proficiency in Korean I)

大家好，现在大家一定现在很混乱不知道应该怎样准备考试吧。今天老师为大家解除这个难题。

首先大家一定想知道考试为什么要改革吧。以前的韩国语能力等级考试有'词汇·语法，写作，听力，阅读'四个部分，给考生增加了很重的负担。现在将缩减为'听力和阅读'两个部分。即，如果说现有的考试是为了测试韩国语知识的话，那么现在的考试为了测试在实际生活中韩国语的运用能力，因此对考试的体系做出了调整。

| TOPIK的目标 | 为测试语言沟通中的韩国语能力和在语言沟通中表现出来的韩国语的个人能力两个部分。所以韩国语能力等级考试1将对听力和阅读两部分进行测试。 |

把以前的'初级1, 2'合并称为'TOPIK Ⅰ'，把'TOPIK'看作是初级的考试就可以了。
*中级和高级考试合并称为'TOPIK Ⅱ'。

评价领域

现在的考试事实上按严格意义来讲只有写作这一个部分被缩减掉了，词汇·语法这个部分不能说没有了。因为在阅读里包含着一部分词汇·语法知识。韩国语的助词作为韩国语语法中最基础的知识将会在阅读部分涉及到相关的题．掌握了最基本的单词和短语有助于做听力和阅读题所以词汇也是需要学习的一个很重要的部分。因此，词汇·语法也就自然而然的在解答阅读和听力题的同时被测试。总体来讲'TOPIK Ⅰ'是对理解部分的测试，变得比以前的韩国语能力等级考试容易了。

名称	TOPIK Ⅰ 初级 （以前）	TOPIK Ⅰ （现在）
测试领域	词汇·语法 写作	听力
	听力 阅读	阅读

영역별 문항 수와 배점에 대해 설명하겠습니다.

듣기 30문항, 읽기 40문항으로 총 70문항이 출제됩니다. 이전 시험에는 듣기와 읽기 문항 수가 같았는데 현재 토픽에서는 읽기 영역의 시험 문항이 10문항 더 많습니다.

토픽 I의 듣기 30문항 중 초급 1과 초급 2 문제가 각각 15문항씩 출제됩니다. 초급 1의 15문항은 난이도에 따라 상 6, 중 6, 하 3개가 출제되고, 초급 2의 15문항은 난이도에 따라 상 3, 중 6, 하 6개가 출제됩니다. 문항 수준이 하인 문제는 3점(9X3=27점), 상 수준의 문제는 4점(9X4=36점), 중 수준의 문제는 3점인데 이 중에 중상에 해당하는 문제는 4점을 배점합니다.(2급 수준의 중 문제에서 중상에 해당되는 문제는 4점으로 배점합니다.)

TOPIK I 듣기		문항 수	배점
1급	상	6	
	중	6	50
	하	3	
2급	상	3	
	중	6	50
	하	6	
합계		30	100

문항 수준	배점	
중/하	3점	60점
상	4점	40점
		100점

토픽 I의 읽기 40문항은 초급 1과 초급 2가 각각 20문항씩 출제됩니다. 초급 1의 20문항은 난이도에 따라 상 8, 중 8, 하 4개가 출제되고, 초급 2의 20문항은 난이도에 따라 상 4, 중 8, 하 8개가 출제됩니다. 각 문항의 배점은 20문항은 2점, 나머지 20문항은 3점으로 총 100점이 됩니다. 초급1과 초급2의 난이도 하에 해당하는 12문항과 초급1의 중 8문항이 2점짜리 문제가 되고 초급2의 중은 3점짜리 문항이 됩니다.

TOPIK I 읽기		문항 수	배점	
1급	상	8	3점	
	중	8	2점	50
	하	4	2점	
2급	상	4	3점	
	중	8	3점	50
	하	8	2점	
합계		40	100	

试题数和分值　　下面对每一部分的试题数和分值进行说明。

听力30到题，阅读40道题，总共70道题。以前的考试听力和阅读的题数是相等的，但现在的考试中阅读多了10道题。

'TOPIK I'的听力30道题中初级1和初级2各15道题。初级1的15道题按难易度分为上6道题，中6道题，下6道题。初级2的15道题按难易度分为上3道题，中6道题，下6道题。问题水平有下等难度的是3分（9x3=27），上等难度的是4分（9x4=36），中等难度的是3分，这些问题当中有关中上等难度的是4分。（2级水平的问题当中有关中上等难度的是4分。）

<table>
<tr><td colspan="4" align="center">TOPIK I 听力</td></tr>
<tr><td colspan="2" align="center">问题等级</td><td align="center">题数</td><td align="center">分值</td></tr>
<tr><td rowspan="3" align="center">1级</td><td align="center">上</td><td align="center">6</td><td rowspan="3" align="center">50</td></tr>
<tr><td align="center">中</td><td align="center">6</td></tr>
<tr><td align="center">下</td><td align="center">3</td></tr>
<tr><td rowspan="3" align="center">2级</td><td align="center">上</td><td align="center">3</td><td rowspan="3" align="center">50</td></tr>
<tr><td align="center">中</td><td align="center">6</td></tr>
<tr><td align="center">下</td><td align="center">6</td></tr>
<tr><td colspan="2" align="center">合计</td><td align="center">30</td><td align="center">100</td></tr>
</table>

问题等级	分值	
中/下	3分	60分
上	4分	40分
		100分

TOPIK I的阅读40道题中初级1和初级2各20道题。初级1的20道题按照难易度分为上8道题，中8道题，下4道题。初级2的20道题按照难易度分为上4道题，中8道题，下8道题。每道题的分值是20道题是每题各2分，剩下的20道题每题3分合计100分。初级1和初级2的下等难度的12个问题和初级1的8个问题是2分，初级2的中等难度和初级1和初级2的上等难度是3分。

<table>
<tr><td colspan="5" align="center">TOPIK I 阅读</td></tr>
<tr><td colspan="2" align="center">问题等级</td><td align="center">题数</td><td colspan="2" align="center">分值</td></tr>
<tr><td rowspan="3" align="center">1级</td><td align="center">上</td><td align="center">8</td><td align="center">3分</td><td rowspan="3" align="center">50</td></tr>
<tr><td align="center">中</td><td align="center">8</td><td align="center">2分</td></tr>
<tr><td align="center">下</td><td align="center">4</td><td align="center">2分</td></tr>
<tr><td rowspan="3" align="center">2级</td><td align="center">上</td><td align="center">4</td><td align="center">3分</td><td rowspan="3" align="center">50</td></tr>
<tr><td align="center">中</td><td align="center">8</td><td align="center">3分</td></tr>
<tr><td align="center">下</td><td align="center">8</td><td align="center">2分</td></tr>
<tr><td colspan="2" align="center">合计</td><td align="center">40</td><td colspan="2" align="center">100</td></tr>
</table>

토픽 I의 듣기와 읽기 시험 시간은 '총 100분'으로 1교시로 치러집니다. 듣기 시험을 40분 정도 소요해서 풀고, 읽기 시험을 60분 안에 완료해야 합니다. 아마 시간이 모자라지는 않을 겁니다. 기존 시험보다 시험 시간이 늘어나고 문항 수도 읽기 영역이 10문항이 많아졌기 때문에 집중력이 듣기에 비해 읽기에서 떨어질 수 있습니다. 시험 전에 100분 동안 집중력을 유지하면서 시험을 치룰 수 있게 모의고사 문제로 꼭 연습을 해야 합니다. 읽기 시험에서 시간이 많이 걸리는 수험자들은 꼭 시간 배분 연습을 해야 합니다.

구분	교시	중국 등			한국, 일본			기타 국가			시간 (분)
		입실 시간	시작	종료	입실 시간	시작	종료	입실 시간	시작	종료	
토픽 I	1교시	8:40	09:00	10:40	09:40	10:00	11:40	09:10	09:30	11:10	100

※ 중국 등 : 중국(홍콩 포함), 몽골, 대만, 필리핀, 싱가포르, 브루나이
※ 시험 시간은 현지 시간 기준 / TOPIK I과 TOPIK II 복수 지원 가능

마지막으로 여러분이 토픽 I 시험을 본 후 초급 1인지 초급 2인지 등급 판정이 어떻게 되는지 궁금하시죠. 지금부터 설명해 드리겠습니다.

기존 시험에서는 한 영역의 점수가 낮으면 종합 점수가 높아도 과락이 되었는데 바뀐 시험에서는 종합 점수에 따라 등급이 결정됩니다. 즉 과락 제도가 없어졌습니다.

시험 등급은 획득한 종합 점수를 기준으로 판정되며, 등급별 분할 점수는 다음과 같습니다.

구분	TOPIK I		TOPIK II			
	1급	2급	3급	4급	5급	6급
등급 결정	80점 이상	140점 이상	120점 이상	150점 이상	190점 이상	230점 이상

자, 여기까지 새롭게 바뀌는 토픽에 대해 설명을 드렸습니다. 이제 질문을 받겠습니다. 궁금한 것이 있는 수험생들은 질문해 주세요.

考试时间

TOPIK I的听力和阅读时间总计100分钟，是1课时的题，以前的考试中是两课时的题现在在TOPIK I考试中变成了1课时的题。

听力考试在40分钟内要答完题，阅读在60分钟之内答完题。考试的时间应该不会不够。和原有的考试相比时间加长了，阅读部分比原有的题数多了10道，所以阅读的注意力可能会比听力的注意力有所下降。想要在考试中100分钟集中注意力的话，在考前一定要做模拟题。阅读部分需要更多的时间所以考生一定要考前做时间分配练习。

区分	课时	中国 等			韩国，日本			其他国家			时间（分）
		入场时间	开始	结束	入场时间	开始	结束	入场时间	开始	结束	
TOPIK I	1课时	8:40	09:00	10:40	09:40	10:00	11:40	09:10	09:30	11:10	100

※ 中国 等 ：中国(包含香港)，蒙古，台湾，菲律宾，新加坡，文莱
※ 考试时间以当地时间为准 / TOPIK I和 TOPIK II可同时申请。

等级判定

最后，大家肯定很想知道TOPIK I考完之后，怎么判定是初级1还是初级2吧。下面就给大家说明一下。
在原有的考试中，如果有一个部分的分数较低，即使总分数高也会不及格的，但是改革之后的考试会根据总成绩判定等级的。即，原有的不及格的制度被取消了。
考试的等级按总成绩来判断，分级的分数如下。

区分	TOPIK I		TOPIK II			
	1级	2级	3级	4级	5级	6级
分级	80分以上	140分以上	120分以上	150分以上	190分以上	230分以上

好了，对新考试的说明到此为止。下面是提问时间。想提问的考生请提问吧。

Q. 토픽 I의 유효 기간은 어떻게 되나요?

A. 토픽 I의 유효 기간은 이전 토픽과 같습니다. 결과 발표일로부터 2년 간 유효합니다.

Q. 어휘 · 문법 공부는 어떻게 하면 되나요? 하지 않아도 되나요?

A. 선생님이 앞에서도 설명했지만 어휘 · 문법 공부는 꼭 해야 합니다. 토픽 I의 듣기와 읽기 시험 점수를 잘 받기 위해서도 기본적인 어휘 · 문법을 알아야 풀 수 있습니다. 어휘 · 문법은 모든 외국어의 기본이라고 할 수 있습니다. 시험 영역에서 빠졌을 뿐이지 읽기 영역에 나온다고 했습니다. 꾸준히 어휘 · 문법을 공부하고 단어는 외워야 합니다. 그냥 단어를 많이 알아야지 생각하고 무작정 외우지 마시고 용법을 잘 공부해야 합니다.

단어의 의미와 형태 · 통사적 제약이 무엇인지, 다른 단어와의 관계는 어떻게 되는지를 알아야지 그 단어를 완전히 안다고 할 수 있습니다. 꼭 예문으로 만들어서 말해 보고 써 보세요.

Q. 읽기 시험 볼 때 시간이 부족해요. 어떻게 연습하면 되나요?

A. 읽기 시험을 볼 때 시간이 부족하다면 읽기 속도가 떨어진다고 할 수 있습니다. 초급은 글이 길지 않기 때문에 평소에 속도를 내서 읽기 연습을 해야 합니다. 모르는 단어가 나오더라고 사전을 찾지 말고 전체 글을 한 번에 쭉 읽어 보세요. 처음에는 한 번에 처음부터 끝까지 다 읽는다 생각하고 읽기 연습을 하세요. 소리 내어 읽어도 좋습니다. 그러다가 어느 정도 익숙해지면 묵독으로 넘어 가세요. 눈으로 읽으면 훨씬 집중이 잘됩니다. 모의고사 문제를 이용해서 연습해 보세요. 그리고 내가 한 텍스트를 읽을 때 시간이 얼마나 걸리는지 측정해 보는 것도 좋습니다.

자, 더 이상의 질문이 없습니까? 그럼, 마무리하겠습니다. 토픽 시험에 너무 두려워하지 마세요. 이전 토픽과 많이 바뀐 것은 없습니다. 시간과 문항 수가 달라졌을 뿐입니다.

여러분에게는 토픽 시험에 익숙해지는 것이 급선무입니다. 길어진 시간에 집중을 유지하는 것도 필요합니다. 이 책의 모의고사 5회분으로 시간과 문항에 익숙해지도록 연습해 보세요. 열심히 연습한다면 좋은 성적이 여러분을 기다리고 있을 거예요.

다들 쉽게 하는 말이지만, 포기하지 말고 최선을 다합시다. 파이팅!

토픽 척척 박사

Q. TOPIK I的有效期是多久?

A. TOPIK I的有效期和以前的考试的有效期一样。从公布成绩起2年时间有效。

Q. 词汇·语法应该怎样学习? 不学习不行吗?

A. 老师在前面已经提到了，词汇·语法一定要学习。只有基础的词汇·语法掌握了，才能有助于听力和阅读取得优异的成绩。可以说词汇·语法是外语的根本。新考试中只不过是没单独考这一部分，但是在阅读题中会出现。一定要一步一个脚印的坚持学习词汇·语法，背单词。不要只是一味的想着背单词或者漫无目的的记单词，一定要掌握单词的用法。

只有知道了单词的意义和形态通史的特征是什么，和别的单词之间有着怎样的关系才算真正的掌握了这个单词。一定要造例句，然后念一下写一下。

Q. 在阅读考试中时间不够。应该怎样去练习?

A. 在阅读考试中时间不够的话证明阅读的速度不够。初级水平的句子不长所以平时应该多练习提高阅读速度。如果文中出现不会的单词不要急于查字典，一定先把整段文字先读一遍。第一遍的时候从开头读到尾，当作阅读练习。出声读也很不错。然后差不多读熟了之后就进入默读阶段。用眼睛看得话会更集中注意力。然后多做模拟题。还有就是测量一下自己阅读文章用了多少时间比较好。

好了，没有问题了吧？ 对于韩国语能力考试大家不要恐惧，和以前的考试不会相差太多。只是时间和问题的数量发生了变化而已。

对于大家来讲，适应韩国语能力考试是当务之急。在长时间里保持注意力的集中是首要的。通过这本书中的5套模拟题的练习，相信大家能熟悉新考试的题型，适应考试时间。只要努力就会成功！希望大家充满信心，不要放弃，尽自己最大的努力，加油！！

TOPIK 百事通

듣기 (1번 ~ 30번)

[1~4] 다음을 듣고 〈보기〉와 같이 물음에 맞는 대답을 고르십시오. (각 3점)

〈보기〉

가: 공부를 해요?

나: ___________________________

❶ 네, 공부를 해요.　　　　② 아니요, 공부예요.

③ 네, 공부가 아니에요.　　④ 아니요, 공부를 좋아해요

1.

남자: 저것이 책상이에요?

여자: ___________________________

① 네, 책상이에요.　　　　② 네, 책상이 없어요.

③ 아니요, 책상이 커요.　　④ 아니요, 책상이 많아요.

2.

여자: 영화가 재미있어요?

남자: ___________________________

① 네, 영화예요.　　　　　② 네, 영화가 재미있어요.

③ 아니요, 영화를 봐요.　　④ 아니요, 영화를 좋아해요.

3.

여자: 무슨 선물을 받았어요?

남자: ___________________________

① 선물을 받았어요.　　　　② 시계를 받았어요.

③ 친구한테 받았어요.　　④ 지난 주말에 받았어요.

4.

남자: 영화가 몇 시에 시작해요?

여자: ___________________________

① 다섯 시요.　　　　　　② 오 층에 있어요.

③ 다섯 시간 걸려요.　　④ 오 분 후에 끝나요.

TOPIK I的听力问题共有30道题。大约40分钟要解答30道题。听力读2遍。

是找出‘关于问题正确的答案’的题。

问题问是都是初级1的水平所涉及到的基础问题。理解好问题看看是否能找出正确答案。

1和2的问题是用‘예/아니요’回答的问题，可以看出‘예’后面是肯定形式‘아니요’后面是否定形式。

第3题是有‘누가(谁), 언제(什么时候), 어디서(哪), 무엇을(什么), 왜(为什么), 어떻게(怎么样)’的‘의문사(疑问词)’的问题。找到疑问词所对应的答案即可。

第四题是가격(价格), 날짜(日期), 시간(时间)等和数相关的问题和과거(过去), 미래(未来)等时态的问题。

[5~6] 다음을 듣고 〈보기〉와 같이 다음 말에 이어지는 것을 고르십시오. (각 3점)

〈보기〉

가: 맛있게 드세요.
나: ___________________________

① 좋겠습니다.　　　　　　② 모르겠습니다.
③ 잘 지냈습니다.　　　　　❹ 잘 먹겠습니다.

5.

여자: 휴대전화 좀 빌려 주실래요?
남자: ___________________________

① 네, 여기 있습니다.　　　　② 네, 전화를 합니다.
③ 네, 휴대전화가 있습니다.　④ 네, 여기에서 빌릴 수 있습니다.

6.

남자: 좋은 꿈꾸고 잘 자요.
여자: ___________________________

① 네, 반갑습니다.　　　　　② 네, 안녕하세요.
③ 네, 잘 지냈어요.　　　　 ④ 네, 안녕히 주무세요.

[7~10] 여기는 어디입니까? 〈보기〉와 같이 알맞은 것을 고르십시오.(각 3점)

〈보기〉

가: 어디가 아프세요?
나: 배가 아파요.

① 가게　　　② 빵집　　　❸ 병원　　　④ 시장

7.

남자: 어떻게 해 드릴까요?
여자: 요즘 유행하는 스타일로 잘라 주세요.

① 식당　　　　　　　② 극장
③ 미용실　　　　　　④ 커피숍

找'和前文连接的话'的问题。

男人和女人的对话后面连接的话，即完成对话的题，特定的情况的定型对话模式。

第五题是日常生活中经常出现的对话。电话中'여보세요(喂)'接下来，确认场所，通话的对象在不在，请通话的对象接听的请求，打错电话得时候等等。

第六题是关于正确场合的问候表述，即关于韩国习惯性的问候的题。
让我们一起来学习在正确的场合使用恭敬和郑重的话语来问候吧。

分析'对话场所'的问题

以和日常生活相关的场所为背景的对话，找出能分析场所的词汇，把它作为提示语来找到正确的答案。

장소(场所)
병원(医院), 약국(药店), 가게(商店), 슈퍼마켓(超市), 백화점(百货店), 편의점(便利店), 식당(食堂), 서점(书店), 미용실(美发店), 은행(银行), 우체국(邮局), 극장(剧场), 영화관(电影院), 박물관(博物馆), 학교(学校)/교실(教室)等。

8.

여자: 오랜만에 운동하니까 정말 힘드네요.
남자: 여기 의자에서 잠시 쉴까요?

① 병원　　　② 공원　　　③ 도서관　　　④ 백화점

9.

여자: 조금 전에 지갑을 주웠어요.
남자: 어디에서 주웠습니까?

① 서점　　　② 꽃집　　　③ 영화관　　　④ 경찰서

10.

여자: 서울역으로 가는 표 한 장 주세요.
남자: 네, 만 오천 원입니다.

① 학교　　　② 약국　　　③ 기차역　　　④ 편의점

[11~14] 다음은 무엇에 대해 말하고 있습니까? 〈보기〉와 같이 알
맞은 것을 고르십시오. (각 3점)

> 〈보기〉
> 가: 누구예요?
> 나: 이 사람은 누나이고, 이 사람은 동생이에요.
> ❶ 가족　　② 이름　　③ 고향　　④ 소포

11.

여자: 마이클 씨는 어디에서 왔습니까?
남자: 저는 미국에서 왔습니다.

① 나라　　　② 시간　　　③ 여행　　　④ 방학

12.

남자: 일요일에 보통 무엇을 해요?
여자: 집안일도 하고 토요일에는 여행도 가끔 갑니다.

① 날씨　　　② 직업　　　③ 주말　　　④ 약속

分析'话题'的问题。

分析男人和女人是关于什么的谈话，找到对话中出现的能体现话题的词汇和表现即可。例如像例子中的上义词，或是上义概念的词。

例子）上义词-下义词
　　　家族-哥哥，弟弟，妈妈

13.

남자: 처음 뵙겠습니다. 김민수입니다.
여자: 만나서 반갑습니다.

① 가족　　　　② 장소　　　　③ 주소　　　　④ 소개

14.

여자: 내일 동생 생일이라서 전자사전을 샀어요.
남자: 동생이 정말 좋아하겠네요.

① 선물　　　　② 취미　　　　③ 가격　　　　④ 계획

[15~16] 다음 대화를 듣고 알맞은 그림을 고르십시오. (각 3점)

15.

남자: 이 액자 어디에 둘까요?
여자: 저기 책꽂이 왼쪽에 놓아 주세요.

① 　　② 

③ 　　④ 

16.

여자: 바지가 좀 길어서요. 여기까지만 줄여 주세요.
남자: 네, 3일 후에 찾으러 오세요.

① 
　　② 

③ 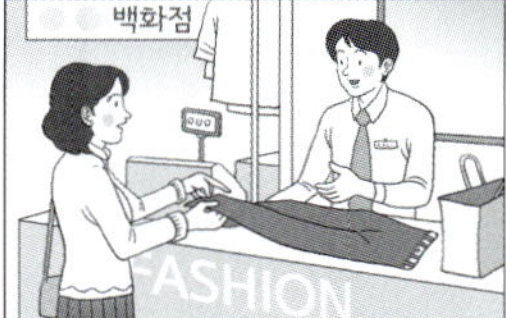
　　④ 

'找出和对话相符的图片' 的问题

听男人和女人对话，分析出对话的场所，说的内容，然后找到与此相符的图片即可。

对话中已出现了核心词汇，认真听即可找到正确的图片。

[17~21] 다음을 듣고 〈보기〉와 같이 대화 내용과 같은 것을 고르십시오.

〈보기〉

남자 : 요즘 한국어를 공부해요?

여자 : 네. 한국 친구한테서 한국어를 배워요.

① 남자는 학생입니다.
② 여자는 학교에 다닙니다.
③ 남자는 한국어를 가르칩니다.
❹ 여자는 한국어를 공부합니다.

17. (3점)

여자: 바쁘지 않으면 극장 앞에서 내려 주시겠어요?

남자: 그럼요. 같은 방향이니까 어서 타세요.

① 남자는 지금 바쁩니다.
② 여자는 지금 차 안에 있습니다.
③ 남자는 극장 앞에서 내릴 겁니다.
④ 여자는 남자에게 부탁하고 있습니다.

18. (3점)

남자: 주말에 미나 씨 집들이에 가려고 하는데 무슨 선물이 좋을까요?

여자: 미나 씨는 꽃을 좋아하니까 꽃을 사 가는 게 어때요?

남자: 제 생각에도 그게 좋겠네요. 그럼 내일 5시에 집 앞으로 갈게요. 같이 꽃집에 가요.

① 남자는 집들이에 가지 못합니다.
② 여자는 집들이 선물을 안 살 겁니다.
③ 여자는 남자와 같이 꽃집에 갈 겁니다.
④ 남자는 여자와 다른 선물을 사려고 합니다.

19. (3점)

여자: 손님, 이만 오천 원입니다. 이 셔츠는 포장해 드릴까요?

남자: 아니요. 괜찮습니다. 제가 입을 거예요. 여기 카드로 결제해 주세요.

여자: 죄송하지만 이 셔츠는 세일 상품이라서 신용 카드로 결제하실 수 없습니다.

남자: 그럼 현금으로 낼게요. 여기 있습니다.

① 남자는 셔츠를 포장했습니다.
② 남자는 지금 옷가게에 있습니다.
③ 여자는 신용 카드로 결제했습니다.
④ 여자는 세일 중인 셔츠를 샀습니다.

选择和对话内容一致的问题。

从这开始是与初级2水平相关的问题

理解男人和女人的对话。选择4个选项中与对话内容一致的答案，对话次数从1次 1.5次 2次 到3次，对话渐渐变长。

一般以提问的形式开始，问的是关于什么的问题，怎么回答的问题，好好分析的话就能找到正确答案。一定要分清在男人和女人的对话中谁问谁答。

20. (3점)

남자: 제주 호텔입니다. 무엇을 도와드릴까요?

여자: 안녕하세요. 방을 하나 예약하고 싶어서 왔는데요. 9월 3일부터 6일까지요.

남자: 네, 예약 가능한 방이 있습니다. 몇 분이 오십니까?

여자: 저 혼자 쓸 거예요.

남자: 성함하고 전화번호를 알려 주시면 손님께서 요청하신 날짜에 예약해 드리겠습니다.

여자: 제 이름은 김나영이고, 전화번호는 010-1234-5678입니다.

① 남자는 혼자 방을 쓸 겁니다.
② 여자는 9월 3일에 호텔에 올 겁니다.
③ 남자는 요청한 날짜에 예약을 하지 못합니다.
④ 여자는 남자에게 이름과 전화번호를 물었습니다.

21. (4점)

여자: 노트북을 사려고 왔는데요. 요즘 어떤 노트북이 잘 팔려요?

남자: 이 상품이 잘 나가요. 디자인도 예쁘고 색상도 다양해서 여성 분들에게 인기가 많아요.

여자: 그런데 좀 무겁네요. 전 휴대하기 편리한 노트북을 찾고 있어요.

남자: 가벼운 노트북은 가격이 좀 비싼데 괜찮으세요?

여자: 네, 괜찮아요.

남자: 그럼 잠시만 기다리세요. 보여 드릴게요.

① 남자는 노트북을 사러 왔습니다.
② 여자는 디자인이 예쁜 노트북을 찾고 있습니다.
③ 남자는 휴대하기 편리한 노트북을 추천했습니다.
④ 여자는 남자가 추천한 노트북이 마음에 안 듭니다.

[22~24] 다음을 듣고 대화 내용과 같은 것을 고르십시오.
　　　　(각 4점)

22.

남자: 안녕하세요. 할인 카드를 만들러 왔습니다.
여자: 여기에 이름과 주소 그리고 전화번호를 적어 주세요. 일주일 안
　　에 십만 원 이상 구매하신 영수증을 가져오시면 5% 할인 쿠폰을
　　드립니다.
남자: 오늘 십만 원 이상 샀는데 오늘은 안 되나요? 지금 영수증 드릴
　　게요.
여자: 가능합니다. 영수증을 주세요. 카드와 할인 쿠폰도 드리겠습니다.

① 여자는 할인 카드를 만들려고 합니다.
② 여자는 오늘 십만 원 이상 구매했습니다.
③ 남자는 물건을 구매한 영수증이 없습니다.
④ 남자는 5% 할인 쿠폰을 받을 수 있습니다.

23.

남자: 저녁에 시간이 좀 있어서 영어 강좌를 등록했어요.
여자: 그래요? 저도 관심이 있어 생각하고 있었어요. 아직 신청은 안
　　했지만요.
남자: 수강하려면 서두르세요. 등록 마감일은 이번 주 금요일까지예요.
여자: 그럼 퇴근 후에 바로 집에 가서 신청서를 작성해야겠어요.

① 여자는 영어 강좌를 등록했습니다.
② 여자는 영어 수업을 들을 예정입니다.
③ 남자는 퇴근 후에 바로 집으로 갈 겁니다.
④ 남자는 이번 주 금요일까지 신청서를 작성해야 합니다.

24.

여자: 안녕하세요. 커피 한 잔하고 녹차 한 잔 주세요. 그리고 치즈 케
　　이크도 하나 주세요.
남자: 커피와 녹차는 어떤 사이즈로 드릴까요? 작은 잔, 중간 잔 그리
　　고 큰 잔이 있습니다.
여자: 중간 잔으로 주세요. 아니요, 잠깐만요. 큰 잔으로 주세요. 그리
　　고 가져갈 거니까 포장해 주세요.
남자: 알겠습니다. 모두 만 오천 원입니다.

① 여자는 큰 잔으로 주문했습니다.
② 여자는 커피숍에서 마시고 갈 겁니다.
③ 남자는 모두 만 오천 원을 내야 합니다.
④ 남자는 커피와 녹차, 케이크를 주문했습니다.

[25~26] 다음을 듣고 물음에 답하십시오. (각 4점)

> 여자: 날씨입니다. 금요일인 내일은 오전부터 많은 비가 내리겠습니다. 밖에 나가실 때 우산을 꼭 준비하시기 바랍니다. 기온도 많이 내려가서 춥겠습니다. 따뜻한 옷으로 입고 나가시는 것이 좋겠습니다. 비는 모레까지 계속되고 이번 주 주말부터 점차 따뜻해지겠습니다.

25. 어떤 이야기를 하고 있는지 고르십시오.

① 경고   ② 예보   ③ 감사   ④ 초대

26. 들은 내용과 같은 것을 고르십시오.

① 내일은 토요일입니다.
② 내일 오전에는 맑겠습니다.
③ 모레까지 비가 내리고 춥겠습니다.
④ 이번 주 주말까지 따뜻하겠습니다.

选择'正确的答案'的问题

听1段录音要解答2个小问题，先要弄清每个问题问的是什么比较好，先读一遍问题然后听录音解答问题。录音不是对话是一个人的独白。

选择'话题'的题，在公共场所播放的广播，'안내(介绍), 부탁(拜托)/당부(可否), 인사(问候)'等内容。

选出'对话内容一致'的选项
听对话，选择和对话内容一致的选项。

[27~28] 다음을 듣고 물음에 답하십시오. (각 4점)

> 남자: 오늘 본 영화 어땠어요?
> 여자: 전 솔직히 말하면 별로였어요. 내용이 너무 예측 가능하고 보는 동안 지루해서 계속 졸았어요.
> 남자: 그래요? 저는 재미있었어요. 배우들의 액션 연기도 훌륭하고 특수 효과도 놀라웠어요.
> 여자: 글쎄요. 제 생각에는 특수 효과보다는 영화 시나리오에 좀 더 집중을 해서 만들었으면 더 좋은 영화가 만들어졌을 것 같아요.

选择'问题的正确答案'。

听1段录音要解答2个小问题，先要弄清每个问题问的是什么比较好，先读一遍问题然后听录音解答问题。录音中的对话交换2次。

27. 두 사람이 무엇에 대해 이야기하고 있는지 고르십시오.

① 보고 싶은 영화
② 액션 영화의 장점
③ 좋은 영화 만드는 방법
④ 영화를 보고 난 후 느낌

'话题的选择'

28. 들은 내용과 같은 것을 고르십시오.

① 여자는 영화가 너무 지루했습니다.
② 남자는 이 영화가 별로 좋지 않았습니다.
③ 남자는 더 좋은 시나리오가 필요하다고 생각합니다.
④ 여자는 액션과 특수 효과가 나오는 영화를 좋아합니다.

选择'和对话内容一致'的选项

[29~30] 다음을 듣고 물음에 답하십시오. (각 4점)

> 여자: 얼마 전에 휴대전화를 샀는데 휴대전화가 자꾸 꺼져요. 새 것으로 교환하고 싶어요.
>
> 남자: 휴대전화를 언제 구매하셨습니까?
>
> 여자: 한 달 전에요.
>
> 남자: 잠시만 기다리세요. 휴대전화를 확인해 보고 문제가 있으면 새 것으로 교환해 드릴게요.
>
> 여자: 네, 알겠습니다.
>
> (수리하는 소리)
>
> 남자: 고객님, 많이 기다리셨습니다. 새것으로 교환해 드리겠습니다. 여기 있습니다.

29. 여자는 지금 왜 여기에 왔습니까?

① 휴대전화를 사려고
② 휴대전화를 고치려고
③ 휴대전화를 바꾸려고
④ 휴대전화를 찾아가려고

30. 들은 내용과 같은 것을 고르십시오.

① 여자는 휴대전화가 고장이 났습니다.
② 남자는 한 달 전에 휴대전화를 샀습니다.
③ 남자는 휴대전화를 교환하고 싶어 합니다.
④ 여자는 내일 휴대전화를 찾으러 올 겁니다.

읽기 (31번 ~ 70번)

[31~33] 다음은 무엇에 대한 이야기입니까? 〈보기〉와 같이 알맞은 것을 고르십시오.

〈보기〉

덥습니다. 바다에서 수영합니다.

❶ 여름   ② 날씨   ③ 나이   ④ 나라

---

31. (2점)

3월, 봄이 왔습니다. 두 달 전은 추운 겨울이었습니다.

① 날짜   ② 계절   ③ 약속   ④ 날씨

32. (2점)

저는 아침은 꼭 먹습니다. 항상 빵과 우유를 먹습니다.

① 이름   ② 요일   ③ 식사   ④ 가족

33. (3점)

민호 씨는 우표 모으는 것을 좋아합니다. 모나카 씨는 동전 모으는 것을 좋아합니다.

① 취미   ② 장소   ③ 운동   ④ 음식

[34~39] 〈보기〉와 같이 빈칸에 제일 알맞은 것을 고르십시오.

〈보기〉

날씨가 좋습니다. (   )이 맑습니다.

① 눈   ② 밤   ❸하늘   ④ 구름

---

34. (2점)

요리 수업은 오후 2시(   ) 있어요.

① 로   ② 를   ③ 에   ④ 에서

TOPIK I的阅读有40道题，在60分钟的时间里解答40到题。

‘分析主题’的问题
选择两个句子谈论关于什么的问题。以句子中出现的名词 动词为中心分析其关系即可。

‘词汇·语法’的问题
包含词汇和语法的问题。选择能填入文章的名词，动词，形容词，副词，连语，等的词汇问题和选择助词的语法问题。

35. (2점)

한국어책을 사고 싶습니다. (   )에 갑니다.

① 식당　　　　② 극장　　　　③ 공항　　　　④ 서점

36. (2점)

지난 주말에 친구들과 여행을 갔습니다.
게임을 하며 재미있게 (　　　　　).

① 놀았습니다　　　　　　② 먹었습니다
③ 요리했습니다　　　　　④ 헤어졌습니다

37. (3점)

내일 기숙사로 들어갑니다. 책이 많아 짐이 아주 (　　　　　).

① 가볍습니다　　　　　　② 더럽습니다
③ 무겁습니다　　　　　　④ 어둡습니다

38. (3점)

산에 불이 났습니다. (　　) 119에 전화합시다.

① 가끔　　　　② 아까　　　　③ 거의　　　　④ 빨리

39. (2점)

다음달에 한국으로 유학을 갑니다. 준비를 위해 회사를 (　　　　　).

① 세웠어요　　　　　　② 만들었어요
③ 그만뒀어요　　　　　④ 들어갔어요

[40~42] 다음을 읽고 맞지 않는 것을 고르십시오.

40. (3점)

공기 좋은 숲으로 갑시다!

- 날짜: 2014년 11월 1일(토) 아침 6시
- 모이는 곳: 회사 정문
- 참가비: 10,000원
- ☎: 02)123-1234(담당자 김수현)
  (단, 이번 야유회에서는 가족도 같이 갈 수 있습니다.)
  한국회사

① 회사 앞에서 모입니다.
② 토요일 아침에 출발합니다.
③ 아이들은 같이 갈 수 없습니다.
④ 야유회에 가려면 만 원을 내야 합니다.

41. (3점)

당신의 아름다움을 위해 언제든지 환영합니다!
사전 상담 필수

- 요일: 월요일 ~ 금요일
- 시간: 오전 9시 30분 ~ 18시(점심시간 13시 ~ 14시)
- 예약 전화: 02) 234-4567
(※ 예약하지 않으면 오래 기다릴 수 있습니다.)

① 점심시간은 한 시간입니다.
② 오후 한 시 삼십 분에 상담이 가능합니다.
③ 매주 토요일에는 상담을 받을 수 없습니다.
④ 오후 여섯 시 이후에는 상담을 받을 수 없습니다.

42. (2점)

리듬과 꿈을 만드는 학원
리듬과 꿈을 만드는 곳, 깨끗한 환경,
능력 있는 선생님이 함께 하는 곳!

- 대상: 초등학생 ~ 고등학생
- 수업: 주 2회 2시간 (시간은 조정 가능)
- 교육 상담: 02)867-4568(9:30~20:00)
- 친구와 함께 등록할 때는 할인해 줍니다.
  베토벤 음악학원

① 어른들은 교육을 받을 수 없습니다.
② 오후 아홉 시에 상담 받을 수 있습니다.
③ 일주일에 두 번 교육을 받을 수 있습니다.
④ 수업을 신청할 때 시간은 바꿀 수 있습니다.

分析'内容'的问题
选择和原文不符的选项的题
광고(广告)，전단지(传单)，안내지(介绍)，정보지(情报)，차림표(菜单)等文本，作为日常生活经常可以见到的文本，选项里含有着重要的信息。读原文之前，内容的选项和原文做比较解答比较省时间。

[43~45] 다음의 내용과 같은 것을 고르십시오. (각 3점)

43.

지난 주말 야구장에 갔습니다. 저는 좋아하는 팀의 유니폼을 입고 갔습니다. 형은 좋아하는 선수의 사인공을 받았습니다.

① 지난 주말 야구를 보러 갔습니다.
② 저는 좋아하는 야구장에 갔습니다.
③ 저는 유니폼 입는 것을 좋아합니다.
④ 형은 좋아하는 야구팀의 공을 샀습니다.

44.

토요일에 학교 운동회가 있었습니다. 저는 반 대표로 달리기 경기에 나갔습니다. 무척 떨렸지만 열심히 달렸습니다.

① 저는 우리 반 반장입니다.
② 저는 가끔 운동회에 참석합니다.
③ 저는 운동회 날 달리기를 했습니다.
④ 저는 떨려서 잘 달리지 못했습니다.

45.

매달 둘째 주 토요일에 한강 공원에 갑니다. 산책하시는 할아버지, 자전거를 타는 아빠와 아들이 있습니다. 또 한강에서는 배를 타는 연인도 있습니다.

① 할아버지는 자전거를 타십니다.
② 아빠와 아들은 배 위에 있습니다.
③ 연인들은 공원에서 산책을 합니다.
④ 한 달에 한 번 토요일에 공원에 갑니다.

[46~48] 다음을 읽고 중심 생각을 고르십시오.

46. (3점)

저는 날씨가 좋으면 공원에 갑니다. 공원에 가서 산책합니다. 친구들과 대화하는 것보다 더 기분이 좋습니다.

① 저는 산책하는 것이 더 좋습니다.
② 저는 대화하는 것이 더 좋습니다.
③ 저는 공원에 가는 것을 좋아합니다.
④ 친구들은 공원에 가는 것을 좋아합니다.

47. (3점)

아버지는 부산에 직장이 있으셔서 월요일부터 금요일까지는 부산에 계십니다. 주말에만 집에 오십니다. 매일매일 아버지 얼굴을 봤으면 좋겠습니다.

① 저는 부산에 가고 싶습니다.
② 저는 아버지와 같이 살고 싶습니다.
③ 아버지는 주말에 부산에 갈 겁니다.
④ 아버지는 부산 직장에 있고 싶어 합니다.

48. (2점)

저는 지난주에 운전학원에 등록했습니다. 오늘 처음 운전을 배우러 갔는데 무척 떨려서 실수를 많이 했습니다. 그래서 내일은 좀 더 집중해서 운전할 겁니다.

① 저는 운전을 잘 하고 싶습니다.
② 저는 운전이 무서워서 떨립니다.
③ 저는 내일 운전을 배우러 갈 겁니다.
④ 저는 운전학원에 첫 번째로 등록하고 싶습니다.

[49~50] 다음을 읽고 물음에 답하십시오. (각 2점)

요즘 (㉠) 케이크가 인기가 있습니다. 케이크를 만드는 가게에서는 먼저 생일인 손님의 얼굴 사진을 받습니다. 그리고 그 사진을 케이크 맨 위에 놓고 케이크를 만듭니다. 이 케이크를 받은 사람은 정말 특별한 선물이 될 것입니다.

49. (㉠)에 들어갈 알맞은 말을 고르십시오.

① 모양이 큰　　　　② 사진과 다른
③ 사진이 들어간　　④ 그림과 비슷한

50. 이 글의 내용과 같은 것을 고르십시오.

① 여기는 사진을 찍는 곳이다.
② 케이크를 만든 후에 사진을 받습니다.
③ 케이크 안에 사진을 넣고 케이크를 만듭니다.
④ 요즘 사람들은 자기 사진이 들어간 케이크를 좋아합니다.

选择'问题的正确答案'
1段叙述文有2个问题。

先要确认问题问的什么，边看选项边解答问题比较好。

'选择正确的话'填入括号
选择能连接文章的句子的题，所以先要把握文章的内容才能解答。

'把握内容'

[51~52] 다음을 읽고 물음에 답하십시오. (각 2점)

> 저는 소나무 향기가 나는 보리밥을 좋아합니다. 보리밥을 먹을
> 때 입으로만 먹는 것이 아닙니다. 코로도 먹을 수 있습니다. 맛도
> 좋고 (㉠) 때문에 건강에도 좋습니다. 그래서 소나무 향기를
> 맡으면서 보리밥을 먹을 때 기분이 더 좋습니다.

51. (㉠)에 들어갈 알맞은 말을 고르십시오.

① 깨끗하기 　　　　　　　② 잘 들리기
③ 소화도 잘 되기 　　　　④ 좋은 냄새가 나기

52. 무엇에 대한 이야기입니까? 알맞은 것을 고르십시오.

① 보리밥을 자주 먹는 이유 　　② 보리밥을 자주 먹는 방법
③ 소나무 향기를 맡는 방법 　　④ 소나무 향기가 나는 이유

[53~54] 다음을 읽고 물음에 답하십시오.

> 대부분의 도시에는 어린이 도서관이 있습니다. 그런데 요즘 아
> 이들은 게임을 좋아해서 책을 잘 읽지 않습니다. 그래서 부모
> 들은 주말마다 아이들과 함께 어린이 도서관에 갑니다. 그곳에
> 서 다른 아이들과 함께 책을 읽게 합니다. 그러면 저절로 책과
> (㉠) 놀게 됩니다.

53. (㉠)에 알맞은 말을 고르십시오. (2점)

① 자면서 　　　　　　　　② 게임하면서
③ 친해지면서 　　　　　　④ 이야기하면서

54. 이 글의 내용과 같은 것을 고르십시오. (3점)

① 요즘 아이들은 책을 자주 읽습니다.
② 부모들은 아이들과 함께 게임을 합니다.
③ 요즘 어린이 도서관은 모든 도시에 있습니다.
④ 부모들은 매주 주말에 어린이 도서관에 갑니다.

[55~56] 다음을 읽고 물음에 답하십시오.

> 사랑하는 우리 딸! 요즘 아빠가 회사 일이 바빠서 우리 딸 얼굴을 못 보고 나와서 많이 슬퍼. 우리 딸도 고등학교 3학년이 되어 많이 힘들지. 힘들고 어렵지만 엄마·아빠가 항상 응원하고 있다. 알고 있지? 오늘 밤은 아빠가 일찍 퇴근해서 우리 딸 얼굴 보고 같이 밥 먹자. (   ) 우리 딸 좋아하는 치킨 꼭 사 가지고 갈게. 오늘도 파이팅!
>
> – 사랑하는 아빠가 –

选择'问题的正确答案'

便条或是信的形式，包含2个问题。

55. (   )에 들어갈 알맞은 말을 고르십시오. (2점)

① 그런데   ② 그리고   ③ 그러나   ④ 그러면

'选择正确的话'填入括号。
어휘(词汇) – 접속부사(连接副词)

56. 이 글의 내용과 같은 것을 고르십시오. (3점)

① 아빠는 저녁에 치킨을 살 것입니다.
② 아빠는 바빠서 늦게 퇴근할 겁니다.
③ 딸은 아빠가 퇴근할 때 자고 있었습니다.
④ 딸은 너무 바빠서 아빠 얼굴을 못 봅니다.

了解连接副词。
'分析内容'

[57~58] 다음을 순서대로 맞게 나열한 것을 고르십시오.

'按顺序排列句子'的题.

57. (2점)

> (가) 그런데 요즘은 휴대전화로 모르는 길도 찾을 수 있습니다.
> (나) 여행 도중에 가끔 모르는 곳에 가면 길을 몰라서 힘듭니다.
> (다) 저는 여행을 좋아해서 일 년에 한 두 번은 여행을 갑니다.
> (라) 또 근처에 무엇이 있는지 알 수 있어서 여행하기 편합니다.

① (다)-(나)-(가)-(라)   ② (다)-(나)-(라)-(가)
③ (다)-(가)-(라)-(나)   ④ (다)-(라)-(나)-(가)

有4个句子，是按照内容的顺序排列的问题。各个句子前面出现的话语标记和连词副词都是提示语。
选项中第一个句子是固定的所以第二个句子开始排列顺序。

58. (2점)

> (가) 아침을 일찍 먹고 여행 가방을 챙겨 버스를 탔습니다.
> (나) 오늘은 우리 가족 모두 해외여행을 가는 날입니다.
> (다) 그리고 출국 심사를 받고 비행기에 탑승했습니다.
> (라) 공항에 도착해서 비행기 표의 좌석을 확인했습니다.

① (나)-(다)-(라)-(가)   ② (나)-(라)-(다)-(가)
③ (나)-(라)-(가)-(다)   ④ (나)-(가)-(라)-(다)

[59~60] 다음을 읽고 물음에 답하십시오.

> 지난 여름 방학에 제주도 옆에 있는 우도로 여행을 갔습니다.
> (㉠) 우도에서 바다 속을 볼 수 있는 잠수함인 배를 탔습니다.
> (㉡) 그 배는 창문이 모든 방향으로 되어 있었습니다. (㉢)
> 그리고 창문의 크기도 크고 넓었습니다. (㉣) 그래서 여러 가
> 지 색의 아름다운 물고기를 잘 구경할 수 있었습니다.

59. 다음 문장이 들어갈 곳을 고르십시오. (2점)

> 왼쪽으로 가면 왼쪽을, 오른쪽으로 가면 오른쪽을 볼 수 있었습
> 니다.

① ㉠　　　　② ㉡　　　　③ ㉢　　　　④ ㉣

60. 이 글의 내용과 같은 것을 고르십시오. (3점)

① 우도는 제주도에 있습니다.
② 잠수함에서 바다 속을 잘 볼 수 있습니다
③ 잠수함을 타고 우도 옆 제주도로 갔습니다.
④ 잠수함의 창문은 한 방향으로 만들었습니다.

[61~62] 다음을 읽고 물음에 답하십시오. (각 2점)

> 가을이 되면 사람들은 아름다운 단풍을 보려고 산에 갑니다. 숲
> 속 나무에 작은 다람쥐가 있는데 이들은 도토리나무 열매를 먹고
> 삽니다. 가끔 등산하는 사람들이 먹을 것을 가지고 다가가면 다
> 람쥐들은 (　　　) 가까이 옵니다. 사람들은 가끔 나무에서 떨어
> 진 도토리를 줍는데 겨울이 되면 다람쥐들의 먹이가 부족하기 때
> 문에 많이 가져오지 말아야 합니다.

61. (　　)에 들어갈 알맞은 말을 고르십시오.

① 자면서　　　② 다쳐서　　　③ 먹지 않고　　　④ 놀라지 않고

62. 이 글의 내용과 같은 것을 고르십시오.

① 사람들은 다람쥐를 보러 산에 갑니다.
② 등산하는 사람들은 다람쥐를 좋아합니다.
③ 다람쥐들은 사람들이 주는 것을 먹고 삽니다.
④ 다람쥐들을 위해 도토리를 많이 가져오면 안 됩니다.

[63~64] 다음을 읽고 물음에 답하십시오.

안녕하세요, 수영 씨.
이번 주말에 회사 기숙사에서 기숙사 파티를 할 거예요.
회사 모든 부서 사람들이 참석할 거예요. 수영 씨도 시간기 있으면 오셔서 기숙사를 구경하세요.
기숙사 로비에 맛있는 과자와 커피도 준비되어 있어요. 기 숙사는 회사 뒤 건물에요. 회사 앞 버스 정류장에서 내려서 건둘 2층으로 오세요. 그날 꼭 오세요!

명수 드림

63. 왜 이 글을 썼습니까? (2점)

① 기숙사 파티에 초대하기 위해서
② 기숙사 파티에 온 친구에게 감사해서
③ 기숙사 건물을 친구에게 알려 주기 위해서
④ 기숙사 파티를 하는 장소를 알려 주기 위해서

64. 이 글의 내용과 같은 것을 고르십시오. (3점)

① 기숙사는 회사 앞에 있는 건물입니다.
② 이번 주말에 기숙사를 볼 수 있습니다.
③ 기숙사에 가려면 지하철을 타야 합니다.
④ 마시고 싶은 커피는 직접 가져와야 합니다.

[65~66] 다음을 읽고 물음에 답하십시오.

손과 몸은 어떤 관계일까요? 손이 뜨거우면 몸도 뜨겁고 손이 차가우면 몸도 차갑습니다. 이렇듯 손과 몸은 같이 느낄 수 있습니다. 또 손으로 하는 것은 여러 가지 뜻이 있습니다. 서로 손을 잡고 인사를 하는 것은 서로 친하다는 의미이고 새끼손가락을 걸면 약속을 의미합니다. 박수를 치는 것은 칭찬의 의미입니다. 그래서 친구가 잘했을 때 (㉠)도 합니다.

65. (㉠)에 들어갈 알맞은 말을 고르십시오. (2점)

① 손을 잡기　② 손을 걸기　③ 손이 차갑기　④ 박수를 치기

66. 이 글의 내용과 같은 것을 고르십시오. (3점)

① 손을 잡으면 약속하는 것입니다.
② 손이 뜨거우면 몸은 차갑습니다.
③ 손과 몸이 느끼는 것은 같습니다.
④ 칭찬하고 싶을 때 서로 손을 잡습니다.

选择'问题的正确答案'

以邮件的形式写的信，包含2个问题。

'分析文章的目的'

为什么写信，分析信的内容找到文章的目的的问题

'分析内容'

选择'问题的正确答案'

'选择正确的选项填入括号'

'分析内容'

[67~68] 다음을 읽고 물음에 답하십시오. (각 3점)

> 요즘 가구의 위치를 바꾸는 사람들이 많습니다. (㉠) 가구를 사지 않고 사용하고 있는 가구를 위치만 바꿔도 방의 분위기를 바꿀 수 있습니다. 방석이나 쿠션으로도 변화를 줄 수 있습니다. 여러분도 이번 봄에 거실에 있는 가구를 한번 (㉡).

67. ㉠에 알맞은 것을 고르십시오.

① 먼저   ② 주로   ③ 새로   ④ 계속

68. ㉡에 알맞은 것을 고르십시오.

① 바꿔 보세요.   ② 바꿀 수 있어요.
③ 바꾸고 싶어요.   ④ 바꾸기로 했어요.

[69~70] 다음을 읽고 물음에 답하십시오. (각 3점)

> 작년 크리스마스에 부모님과 함께 스키장에 놀러 갔습니다. 그런데 스키를 타다가 실수를 해서 넘어졌습니다. 나는 너무 아파서 (㉠) 힘들었습니다. 그때 스키장 직원이 한의원에 가서 침을 맞으면 빨리 나을 수 있다고 했습니다. 그래서 부모님과 함께 스키장 근처에 있는 한의원에 가서 침을 맞으니까 신기하게도 약을 먹은 것보다도 더 아프지 않았습니다.

69. (㉠)에 들어갈 알맞은 말을 고르십시오.

① 침을 맞기도   ② 혼자 걷기도
③ 놀러 가기도   ④ 직원을 만나기도

70. 이 글의 내용으로 알 수 있는 것은 무엇입니까?

① 나는 침 맞는 것을 아주 싫어합니다.
② 스키장 직원은 침 맞는 것을 좋아합니다.
③ 침은 약보다 더 빨리 치료할 수 있습니다.
④ 사람들은 스키를 타다가 자주 넘어집니다.

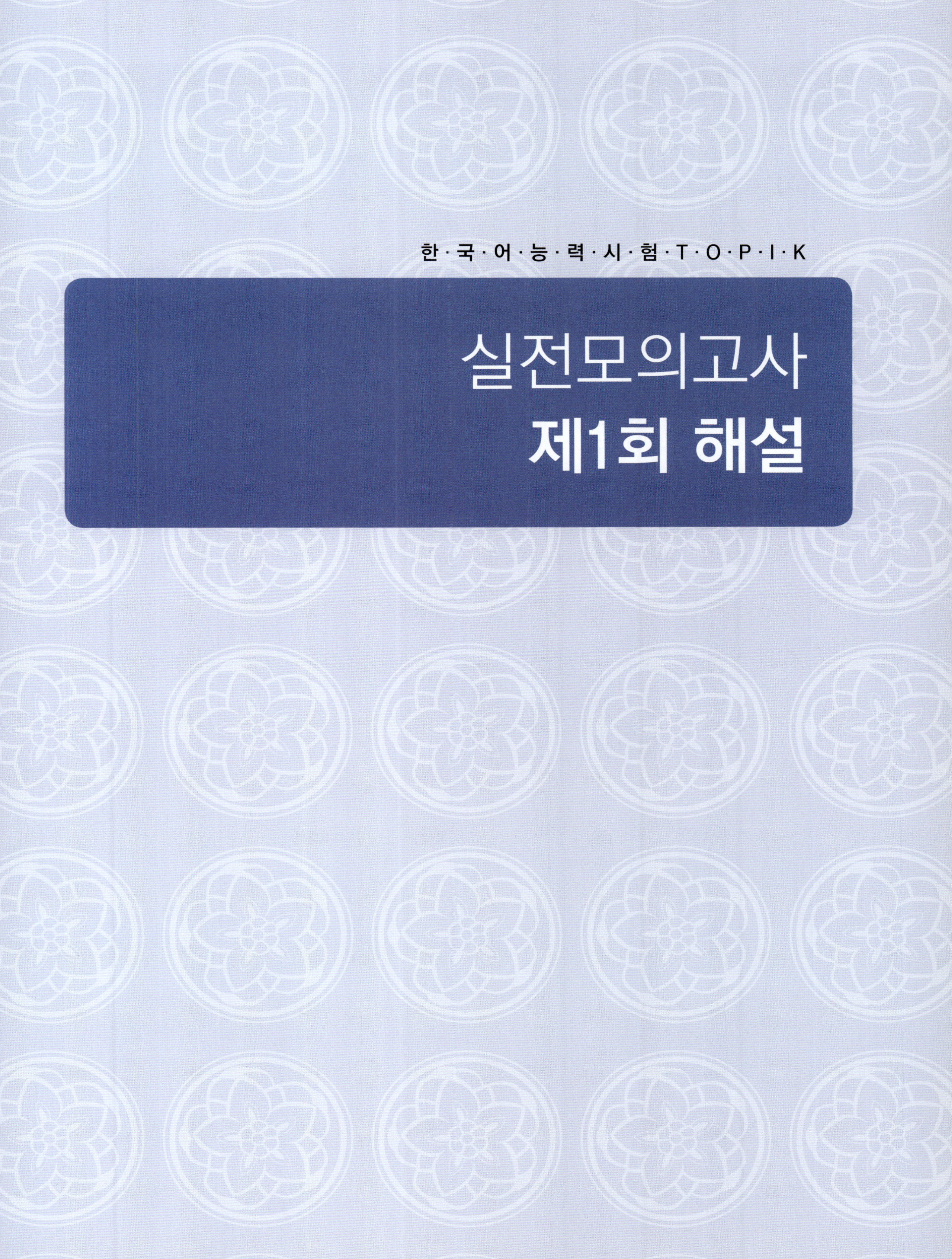

실전모의고사
제1회 해설

듣기 听力

1. ①	**2.** ②	**3.** ④	**4.** ③	**5.** ①	**6.** ①	**7.** ③	**8.** ②	**9.** ①	**10.** ③
11. ②	**12.** ①	**13.** ②	**14.** ③	**15.** ③	**16.** ②	**17.** ④	**18.** ④	**19.** ①	**20.** ①
21. ②	**22.** ③	**23.** ②	**24.** ④	**25.** ③	**26.** ④	**27.** ②	**28.** ②	**29.** ①	**30.** ④

읽기 阅读

31. ②	**32.** ③	**33.** ④	**34.** ③	**35.** ④	**36.** ③	**37.** ④	**38.** ①	**39.** ①	**40.** ②
41. ①	**42.** ①	**43.** ④	**44.** ②	**45.** ②	**46.** ③	**47.** ②	**48.** ①	**49.** ③	**50.** ②
51. ①	**52.** ②	**53.** ④	**54.** ③	**55.** ④	**56.** ②	**57.** ②	**58.** ②	**59.** ③	**60.** ④
61. ④	**62.** ③	**63.** ①	**64.** ①	**65.** ④	**66.** ②	**67.** ③	**68.** ②	**69.** ④	**70.** ①

듣기 (1번 ~ 30번)

[1~4] 다음을 듣고 〈보기〉와 같이 물음에 맞는 대답을 고르십시오.

听录音，参照所给的例子选择正确的答案。

男：这是面包吗?

1.

남자: 이것이 빵이에요?

여자: ___________

❶ 네, 빵이에요.　　　② 네, 빵이 없어요.
③ 아니요, 빵을 사요.　④ 아니요, 빵이 좋아요.

단어 이것 这个　없다 没有　사다 买　좋다 好

> 종류 类型 对话
> 해설 解析

用'N이/가 N이에요?'提问的情况，如果答案是肯定的形式用'네, N이에요'，如果答案是否定的形式用'아니요, N이/가 아니에요'回答。

② 对'빵이 없어요?(没有面包吗?)'的回答。
③ 对'(빵이 아닌 다른 것을) 사요?[买~(除了面包以外的其他东西)吗?]'的回答。
④ 对'빵이 싫어요?(不喜欢面包吗?)'的回答。

2.

여자: 가방이 비싸요?

남자: ___________

① 네, 가방이에요.　　❷ 네, 가방이 비싸요.
③ 아니요, 가방이 많아요.　④ 아니요, 가방이 있어요.

단어 비싸다 贵　많다 多

女：包贵吗?

> 종류 类型 对话
> 해설 解析

包贵的话'네, 가방이 비싸요(是的，包贵。)'；如果不贵的话，用'贵'的反义词 '아니요, 가방이 싸요.(不，包便宜。)'来回答。

① 对'이것이 가방이에요?(这是包吗?)'的回答。
③ 对'가방이 없어요? 또는 가방이 적어요?(没有包吗? 或者, 包少吗?)'的回答。
④ 对'가방이 없어요?(没有包吗?)'的回答。

3.

여자: 어디에서 공부했어요?

남자: ___________

① 어제 공부했어요.　　② 한국어를 공부했어요.
③ 친구하고 공부했어요.　❹ 도서관에서 공부했어요.

단어 공부하다 学习　어제 昨天　도서관 图书馆

女：在哪学习了?

> 종류 类型 对话
> 해설 解析

'어디'是问场所的疑问代词，因比应该选择包含场所的答案。

① 对'무엇을 공부했어요?(学习什么了?)'的回答。
② 对'언제 공부했어요?(什么时候学习了?)'的回答。
③ 对'누구하고 공부했어요?(和谁一起学习了?)'的回答。

4.

남자: 여동생이 몇 살이에요?

여자: ___________

① 아주 예뻐요.　　② 제 여동생이에요.

男：妹妹几岁了?

> 종류 类型 对话
> 해설 解析

找出回答年龄的答案。

❸ 열아홉 살이에요.　　　　④ 사진에서 봤어요.

　단어　여동생 妹妹　　예쁘다 漂亮　　사진 照片　　보다 看

① 对'여동생이 어때요?(妹妹怎么样?)'的回答。
② 对'이 사람이 누구예요?(这个人是谁?)'的回答。
④ 对'(여동생을) 어디에서 봤어요?[在哪里见过(妹妹)?]'的
　回答。

听录音，参照所给的例子选择正确的答案。

女：那里是医院吗?

[5~6] 다음을 듣고 〈보기〉와 같이 다음 말에 이어지는
　　　　 것을 고르십시오.

5.

여자: 저기가 병원입니까?

남자: _______________

❶ 네, 병원입니다.
② 네, 병원에 갑니다.
③ 아니요, 병원이 있습니다.
④ 아니요, 병원에서 일합니다.

　단어　저기 那里　　병원 医院　　가다 去　　일하다 工作

　종류 类型　对话

　해설 解析

用'-ㅂ/입니까?'提问的情况，如果答案是肯定的，用
'네，-ㅂ/입니다'回答；如果是否定的，则用'아니요，-
이/가 아닙니다'来回答。
② 对'병원에 갑니까?(去医院吗?)'的回答。
③ 对'(저기에) 병원이 없습니까?[(那里)没有医院吗?]'的
　回答。
④ 对'(병원이 아닌 다른 장소)에서 일합니까?[在~(不是医
　院的别的场所)工作吗?]'的回答。

6.

남자: 미안합니다.

여자: _______________

❶ 괜찮습니다.　　　　② 안녕하세요.
③ 고맙습니다.　　　　④ 반갑습니다.

　단어　미안하다 对不起　　괜찮다 没关系　　고맙다 谢谢
　　　　반갑다 高兴

男：对不起。

　종류 类型　对话

　해설 解析

关于道歉时的对话。
② 对'안녕하세요?(您好。)'的回答。
③ 关于谢谢的表达。
④ 对'처음 뵙겠습니다(初次见面。)'的回答。

[7~10] 여기는 어디입니까? 〈보기〉와 같이 알맞은 것을
　　　　　고르십시오.

7.

여자: 무슨 일로 오셨어요?

남자: 편지를 보내러 왔어요.

① 식당　　② 학교　　❸ 우체국　　④ 편의점

　단어　편지 信　　식당 食堂　　학교 学校　　우체국 邮局
　　　　편의점 便利店

这里是哪儿? 参照所给的例子，选择正确的答案。

女：您有什么事？
男：我来寄信。

　종류 类型　对话

　해설 解析

寄信的地方是邮局。

• 편지 信
　예　우체국에서 편지를 보내요. 在邮局寄信。

8.

남자: 통장을 만들고 싶어요.

男：我想办一张存折。
女：请在这里写上姓名和住址。

　종류 类型　对话

여자: 여기에 이름과 주소를 쓰세요.
① 꽃집　　❷ 은행　　③ 박물관　　④ 영화관

단어 통장 存折　꽃집 花店　은행 银行　박물관 博物馆
영화관 电影院

해설 解析
办理存折的地方是银行。
- 통장 存折
[예] 은행에서 통장을 만들어요. 在银行办理存折。

9.

여자: 요즘 어떤 책이 인기가 많아요?
남자: 이쪽으로 오세요.

❶ 서점　　② 극장　　③ 커피숍　　④ 미용실

단어 서점 书店　극장 剧场，电影院　커피숍 咖啡店
미용실 美发店

女：最近哪本书受欢迎？
男：请这边来。

종류 类型 对话
해설 解析
女人来到书店问职员人气高的书是哪本。
- 인기가 많다 有人气
[예] 외국 사람들에게 인기가 많아요.
在外国人当中很有人气。

10.

남자: 이 옷 다른 색으로 바꾸고 싶어요.
여자: 네. 어떤 색으로 드릴까요?

① 공항　　② 약국　　❸ 백화점　　④ 도서관

단어 공항 机场　약국 药店　백화점 百货商场

男：这件衣服我想换别的颜色。
女：好的，请问换什么颜色？

종류 类型 对话
해설 解析
男子想把买的衣服换成另外一种颜色，所以向百货商场的职员询问的。
- 바꾸다 换
[예] 다른 것으로 바꿔 주세요. 请给我换个别的。

[11~14] 다음은 무엇에 대해 말하고 있습니까? 〈보기〉
와 같이 알맞은 것을 고르십시오.

11.

여자: 실례합니다. 버스 정류장이 어디에 있습니까?
남자: 길 건너편에 있습니다.

① 휴일　　❷ 장소　　③ 방학　　④ 여행

단어 버스 정류장 公交车站　건너편 对面　휴일 休息日
장소 场所　방학 放假　여행 旅行

下面的对话在谈论什么？参照所给的例子，选择正确的答案。
女：打扰一下，请问公交车站在哪儿？
男：在马路对面。

종류 类型 对话
해설 解析
女人问男人公交车站在哪。
- 건너편 对面
[예] 저쪽 건너편으로 가세요. 请去对面。

12.

남자: 오늘 같이 테니스를 칠래요?
여자: 저도 테니스를 좋아해요. 같이 쳐요.

❶ 운동　　② 물건　　③ 과일　　④ 교통

단어 테니스를 치다 打网球　운동 运动　물건 东西

男：今天一起打网球好吗？
女：我也喜欢打网球。一起打吧。

종류 类型 对话
해설 解析
男人问女人今天一起打网球怎么样。网球是一种运动项目。
- 테니스를 치다 打网球
[예] 아침마다 운동으로 테니스를 쳐요. 每天早上打网球。

과일 水果   교통 交通

13.

남자: 이사 언제 할 겁니까?
여자: 5월 17일에 할 겁니다.

① 요일   ❷ 날짜   ③ 직업   ④ 주소

단어 이사하다 搬家   언제 什么时候   요일 星期
날짜 日期   직업 职业   주소 地址

男：什么时候搬家？
女：5月17号搬家。

종류 类型　对话

해설 解析

女人回答说'5月17号'，即在说日期。

• 이사하다 搬家
예 새 집으로 이사해요. 搬新家。

14.

남자: 이 지갑은 얼마입니까?
여자: 할인해서 이만 원입니다.

① 선물   ② 취미   ❸ 가격   ④ 계획

단어 지갑 钱包   얼마 多少   할인하다 打折   선물 礼物
취미 兴趣，爱好   가격 价格   계획 计划

男：这个钱包多少钱？
女：折后价2万元。

종류 类型　对话

해설 解析

男人在问钱包的价钱。

• 할인하다 打折
예 백화점에서 옷을 할인해요. 百货商场的衣服在打折。

[15~16] 다음 대화를 듣고 알맞은 그림을 고르십시오.

15.

여자: 제 지갑 봤어요?
남자: 저기 책상 위에 있어요.

①    ② 

❸    ④ 

단어 지갑 钱包

听录音，选择与对话相符的图片

女：看见我的钱包了吗？
男：在那边桌子上。

종류 类型　对话

해설 解析

女人问男人有没有看见自己钱包的场面。

① 女人在百货商店买钱包的图片。
② 男人和女人在房间里一起看钱包的图片。
④ 男人捡起掉在路上的钱包，女人站在他旁边交谈的
　 图片。

16.

여자: 아저씨, 이 버스 한국대학교로 가요?
남자: 네, 갑니다. 빨리 타세요.

①    ❷ 

女：叔叔，这公交车去韩国大学吗？
男：是的，去。快上车吧。

종류 类型　对话

해설 解析

女人问公交车司机是不是去韩国大学的公交车的场面。

• 타다 乘坐
예 버스를 타요. 乘坐公交车。

① 看着过去的公交车，男人和女人谈话的图片。
③ 公交车里男人和女人交谈的图片。
④ 在公交车站女人正在问男人的图片。

단어 타다 乘坐

[17~21] 다음을 듣고 〈보기〉와 같이 대화 내용과 같은 것을 고르십시오.

听录音，参照所给的例子，选择与对话内容相符的答案。

男：明天能来参加我的生日聚会吗？
女：当然了。非常感谢你邀请我参加生日聚会。

17.

남자: 내일 제 생일 파티에 올 수 있어요?
여자: 그럼요. 생일 파티에 초대해 줘서 고마워요.

① 남자는 생일 파티를 했습니다.
② 여자는 생일 파티에 못 갑니다.
③ 여자는 생일 파티를 좋아합니다.
❹ 남자는 생일 파티에 여자를 초대했습니다.

단어 생일 파티 生日聚会　　초대하다 邀请

종류 类型　对话

해설 解析

男人邀请女人参加自己的生日聚会。

① 男人举办了生日聚会(男人正在邀请女人参加生日聚会，因此生日聚会还没举行)。
② 女人不能去男人的生日聚会(对于男人的提问女人作了肯定的回答)。
③ 女人喜欢生日聚会(在男人和女人的对话中没有出现女人喜欢生日聚会的内容)。

18.

여자: 실례합니다. 박물관에서는 사진을 찍으실 수 없습니다.
남자: 아 그래요? 제가 잘 몰랐습니다. 죄송합니다.
여자: 눈으로만 봐 주세요.

① 여자는 사진을 찍고 있습니다.
② 여자는 내일 박물관에 갈 겁니다.
③ 남자는 사진을 찍고 싶지 않습니다.
❹ 남자는 지금 사진을 찍으려고 합니다.

단어 실례합니다 打扰了，不好意思
　　　　사진을 찍다 拍照，照相。

女：不好意思打扰了，博物馆里禁止拍照。
男：啊，是嘛？我不知道。对不起。
女：只能观赏。

종류 类型　对话

해설 解析

通过在博物馆里女人说不能拍照这一点能推测出男人在博物馆观看过程中想照相。

① 女人正在拍照(男人正在拍照)。
② 女人明天去博物馆(男人已经来到了博物馆的情景)。
③ 男人不想拍照片(男人在观览中拍照片的情景)。

19.

여자: 어제부터 열이 나고 기침이 심해서 잠을 잘 못 잤어요.
남자: 자, '아' 해 보세요. 목이 많이 부었군요.
여자: 기침을 많이 해서 그런 것 같아요.
남자: 우선 삼 일 동안 약을 먹고 계속 심하면 다시 오세요.

❶ 여자는 기침이 나서 병원에 왔습니다.
② 여자는 삼일 동안 병원에 와야 합니다.
③ 남자는 목이 부어 치료를 받고 있습니다.
④ 남자는 기침을 많이 해서 목이 부었습니다.

女：从昨天开始又发烧又咳嗽厉害，没能睡好觉。
男：来，张开嘴，a，嗓子肿了。
女：可能是咳嗽得很厉害才这样的。
男：先吃三天的药，如果还是继续加重的话再来。

종류 类型　对话

해설 解析

因为咳嗽严重没睡好觉这句话可以看出女人是因为咳嗽厉害去的医院。

② 女人必须三天全去医院(需要吃三天的药)。
③ 男人嗓子肿了正在接受治疗(女人嗓子肿了在医院接受治疗)。

단어 열이 나다 发烧　　기침이 심하다 咳嗽厉害
목이 붓다 嗓子肿　　약을 먹다 吃药

④ 男人咳嗽太严重所以嗓子肿了(女人咳嗽太严重所以嗓子肿了)。

20.

남자: 한국 여행사입니다. 어떻게 오셨습니까?
여자: 이번 주 토요일에 중국으로 가는 비행기 표를 예약하려고 하는데요.
남자: 몇 장 예약해 드릴까요?
여자: 두 장이요. 혹시 창문 옆 자리로 가능할까요?
남자: 네, 잠시만요. 죄송하지만 창문 옆 자리는 한 자리밖에 없습니다. 다른 자리로 예약해 드릴까요?
여자: 음, 아니요. 생각해 보고 다시 올게요.

❶ 남자는 여행사 직원입니다.
② 여자는 비행기 표를 예약했습니다.
③ 남자는 창문 옆 자리를 예약하려고 합니다.
④ 여자는 전화로 비행기 표를 알아보고 있습니다.

단어 예약하다 预订　　장 张　　자리 座位

男：这里是韩国旅行社，请问有什么需要？
女：我想预订这周六去中国的机票。
男：请问您订几张？
女：两张。可以预订靠窗户的座位吗？
男：好的，请稍等。实在抱歉，靠窗户的座位只剩下一个了。给您预订别的座位行吗？
女：嗯，不用了，我想想之后再来吧。

종류 类型　对话

해설 解析

女人为订飞机票来到了旅行社的情景。可以看出是女顾客和旅行社男职员的对话。

② 女人订了机票(女人没订票，只说了想想之后再来)。
③ 男人想预订靠窗户的位子(女人想预订窗户的位子)。
④ 女人在给旅行社打电话询问飞机票的事情(通过男人 '请问有什么需要?'这句话可以看出女人亲自去了旅行社询问飞机票的事情)。

21.

남자: 안녕하세요. 서비스센터입니다.
여자: 한 달 전에 라디오를 샀는데 소리가 안 나요.
남자: 죄송합니다. 언제부터 소리가 안 났습니까?
여자: 지난주요. 새것으로 바꾸고 싶어요.
남자: 고객님, 죄송합니다. 택배로 새 라디오를 보내 드리겠습니다.
여자: 네, 감사합니다.

① 여자는 두 달 전에 라디오를 샀습니다.
❷ 여자는 새 라디오를 다시 받을 겁니다.
③ 여자의 라디오는 어제 고장이 났습니다.
④ 여자는 직접 라디오를 찾으러 가야 합니다.

단어 서비스센터 服务中心　　택배 快递　　바꾸다 换
보내 드리다 配送

男：您好。这里是服务中心。
女：一个月之前我在这里买的收音机不出声音了。
男：对不起，请问什么时候开始不出声音的？
女：上周。我想换一个新的。
男：客人，对不起。我们用快递给你配送新的收音机。
女：好的，谢谢。

종류 类型　对话

해설 解析

男人是服务中心职员，女人是想要换新收音机的人。

① 女人两个月前买了收音机(女人一个月前买了收音机)。
③ 女人买的收音机昨天出了故障(通过'上周开始收音机不出声音了'这句话可以看出收音机是上周出了故障)。
④ 女人得亲自去拿收音机(通过男人说下周给配送收音机来看女人不用直接去取收音机)。

[22~24] 다음을 듣고 대화 내용과 같은 것을 고르십시오.

22.

남자: 도서 대출증을 만들고 싶어서 왔는데요.
여자: 아, 그러세요? 대출증을 만들려면 사진이 있어야 하는데 혹시 사진 가지고 오셨어요?

听录音，选择和对话内容相符的答案。

男：我想办一张借书证。
女：噢，是么？想要办借书证的话得有照片，带照片了吗？
男：没有，没有照片的话现在就不能办了吗？
女：是的。下次来的时候，照片2张和身份证或者学生证一定要带来。

남자: 아니요. 사진이 없는데 그럼 지금 만들 수 없나요?
여자: 네. 다음에 오실 때 사진 두 장과 신분증 또는 학생증을 꼭 가지고 오세요.

① ~~여자~~는 대출증을 ~~만들었습니다~~.
② ~~여자~~는 사진을 ~~가지고~~ 있습니다.
❸ 신분증이 없으면 대출증을 만들 수 없습니다.
④ 대출증을 만들려면 ~~사진 한 장~~이 필요합니다.

| 단어 | 대출증 借书证　　신분증 身份证　　학생증 学生证 |

📁 종류 类型　对话
🎓 해설 解析

男人想办借书证，来到了图书馆，但是没带照片借书证没能办理的情景。
① 女人办了借书证(女人是图书馆的职员)。
② 女人带来了照片(男人没带照片)。
④ 办借书证需要一张照片(需要2张照片)。

23.

남자: 실례합니다. 광고를 보고 왔는데요. 이 수영장에서 일하고 싶어서요.
여자: 네. 지금 수영 강사와 수영장을 청소할 사람을 찾고 있습니다.
남자: 저는 2년 전에 수영 강사로 일한 적이 있습니다. 오늘 신청서를 작성해도 됩니까?
여자: 네, 그럼 지금 신청서를 작성하시고 면접은 내일 보겠습니다.

① 남자는 ~~작년~~에 수영 강사였습니다.
❷ 남자는 수영장에서 일하기를 원합니다.
③ 수영 강사 경험이 있으면 ~~바로 일할 수 있습니다~~.
④ 남자는 수영장을 ~~청소하는~~ 일을 하고 싶어 합니다.

| 단어 | 광고　广告　　수영 강사 游泳教练　　신청서 申请书
작성하다 （填）写　　면접　面试 |

男：打扰了，我是看了广告来的。我想在这个游泳馆工作。
女：好，现在正在招游泳教练和游泳馆清扫人员。
男：我两年前做过游泳教练。今天能提交申请书吗？
女：好的，那么现在填写申请书，明天来参加面试。

📁 종류 类型　对话
🎓 해설 解析

男人在游泳馆求职。
① 男人去年是游泳教练(两年前做过游泳教练)。
③ 有游泳教练经验的话马上就能上班(填写申请书之后还要面试)。
④ 男人想应聘游泳馆清洁人员(想做游泳教练)。

24.

남자: 여보세요. 한국 호텔입니다. 무엇을 도와 드릴까요?
여자: 안녕하세요? 일주일 전에 예약한 김나영인데요. 예약을 취소하려고요.
남자: 네, 잠시만 기다리세요. 손님, 죄송하지만 예약한 날로부터 삼일 전에 취소하시면 취소 수수료를 내셔야 합니다.
여자: 네, 알고 있습니다.

① 여자는 ~~삼 일 전에~~ 예약을 했습니다.
② 여자는 ~~호텔에 가서~~ 예약하고 있습니다.
③ 여자는 추가로 돈을 ~~내지 않아도 됩니다~~.
❹ 여자는 예약을 취소하려고 전화했습니다.

| 단어 | 여보세요 喂　　예약을 취소하다 取消预定
수수료 手续费 |

男：喂，这里是韩国宾馆。您需要什么帮助？
女：您好，我是一周前预订了的金娜英。我想取消预订。
男：好的，请稍等。对不起，在预定日的三天前要取消的话需要交手续费。
女：好的，我知道。

📁 종류 类型　对话
🎓 해설 解析

女人正在打电话取消预订的宾馆。因为是在预约日的三天前取消所以需要付手续费。
① 女人三天前预约了(女人一周前预约了)。
② 女人去了宾馆正在预约(通过男人说'喂'可以看出女人打电话取消预约)。
③ 女人不需要付取消预订的手续费(女人需要付取消预订的手续费)。

[25~26] 다음을 듣고 물음에 답하십시오.

여자: 10살 여자 아이를 찾습니다. 이름은 김미나입니다. 흰색 티셔츠와 노란색 치마를 입고 있으며 키가 크고 머리가 아주 깁니다. 가방을 메고 있습니다. 이 아이를 보신 분은 1층 미아보호소로 와 주세요. 감사합니다.

> **단어** 안내방송 广播向导　　입다 穿
> 미아보호소 迷路儿童保护所

25. 어떤 이야기를 하고 있는지 고르십시오.

① 감사　　② 인사　　**❸** 안내　　④ 초대

> **단어** 감사 感谢　　인사 问候　　안내 向导　　초대 招待

听录音回答问题。

女：正在找10岁的儿童。名字是金美娜。穿着白色的T恤衫和黄色的裙子，高个子长头发。背着书包，看到这个儿童的话，请送到1层迷路儿童保护所。谢谢。

选择听到的内容。

> **종류** 类型　广播向导
> **해설** 解析

找10岁遗失女孩的广播。

---

26. 들은 내용과 같은 것을 고르십시오.

① 아이를 이미 ~~찾았습니다.~~
② 아이는 가방을 들고 있습니다.
③ 아이는 키가 크고 머리가 ~~짧습니다.~~
❹ 아이를 찾으면 1층으로 가야 합니다.

> **단어** 이미 已经

选择和听到的内容一致的一项。

> **종류** 类型　广播向导
> **해설** 解析

找到孩子的话一定要去1层迷路儿童保护所。

① 孩子已经找到了(现在是正在找孩子的情况)。
② 孩子拎着书包(孩子背着书包)。
③ 孩子高个短头发(孩子长头发)。

[27~28] 다음을 듣고 물음에 답하십시오.

남자: 내일부터 방학인데 나영 씨는 뭐 할 거예요?
여자: 저는 제주도를 아직 못 가 봐서 제주도에 가고 싶어요. 가서 맛있는 귤도 먹고 유명한 산도 보고 싶어요. 철수 씨는요?
남자: 저는 지난 방학 때 제주도에 갔다 왔어요. 그래서 이번에는 부산에 다녀올 생각이에요. 부산 바다에서 수영도 하고 친구들과 재미있는 시간을 보내고 싶어요.
여자: 그럼 제주도의 유명한 관광지 좀 소개해 주세요. 이번 방학이 너무 기대돼요.

> **단어** 제주도 济州岛　　귤 橘子　　부산 釜山　　관광지 观光地
> 기대되다 期待

27. 두 사람이 무엇에 대해 이야기하고 있는지 고르십시오.

① 방학에 한 일　　　　**❷** 방학에 할 계획
③ 방학에 해야 하는 일　　④ 방학을 잘 보내는 방법

> **단어** 계획 计划　　방학을 보내다 度过假期

听录音回答问题。

男：明天就开始放假了，娜英要做什么?
女：我还没去过济州岛所以想去济州岛，想到那儿尝尝济州岛的橘子，爬爬有名的山。哲秀你呢?
男：我上个假期去过济州岛了，所以这个假期有去釜山的想法。在釜山的海边游泳，还能和朋友一起度过愉快的时光。
女：那给我介绍一下济州岛有名的观光地吧。这个假期很令人期待啊。

请选择两个人谈话的有关内容。

> **종류** 类型　对话
> **해설** 解析

男人和女人正在互相询问假期要做什么，要去哪儿。

28. 들은 내용과 같은 것을 고르십시오.

① 남자는 부산에 갔다 왔습니다.
❷ 여자는 방학을 기대하고 있습니다.
③ 여자는 제주도에 가 본 적이 있습니다.
④ 남자는 방학에 재미있는 시간을 보냈습니다.

[단어] 기대하다 期待

选择和听到内容相符的答案。

[종류 类型] 对话

[해설 解析]
女人说很期待这个假期。

① 男人去过釜山了(男人去过济州岛了)。
③ 女人去过济州岛(女人说没去过济州岛)。
④ 男人说度过了一个愉快的假期(这个假期将会过得很
愉快)。

[29~30] 다음을 듣고 물음에 답하십시오.

남자: 이 소포를 미국으로 보내려고 하는데요.
여자: 네, 혹시 소포 안에 깨지는 물건이 들어 있나요?
남자: 아니요. 없습니다.
여자: 여기에 받으시는 분 주소와 성함을 정확하게 적어 주
세요.
남자: 네, 알겠습니다. 소포는 언제쯤 도착할까요?
여자: 보통 일주일이면 도착하는데 추석 연휴라서 2~3일
정도 늦게 도착할 수 있습니다. 물건이 도착하면 문
자로 확인하실 수 있습니다.

[단어] 소포 包裹　깨지다 碎　성함 姓名　연휴 长假
문자로 확인하다 用短信确认

29. 남자는 지금 왜 여기에 왔습니까?

❶ 소포를 부치려고　　　② 소포를 찾으려고
③ 소포를 바꾸려고　　　④ 소포를 확인하려고

听录音回答问题。

男：这个包裹寄往美国。
女：好的。包裹里有易碎的东西吗？
男：不，没有。
女：在这里准确地填写收件人的住址和姓名。
男：好的，知道了。包裹什么时候能到？
女：一般1周能到，但是因为中秋休假会延迟2到3
天。物品到达的话用短信可以确认。

男的为什么会来这里？

[종류 类型] 对话

[해설 解析]
男人来这想把包裹寄往美国。'보내다(奇)'和'부치다(邮
寄)'是一个意思。

· 부치다　寄
　[예] 편지를 부쳐요(=편지를 보내요.) 寄信(=寄信)。

---

30. 들은 내용과 같은 것을 고르십시오.

① 소포는 일주일 뒤에 도착합니다.
② 소포를 찾으려면 주소를 알아야 합니다.
③ 소포가 도착했는지 직접 확인해야 합니다.
❹ 소포에는 유리로 된 물건이 들어 있지 않습니다.

选择和听到内容相符的答案。

[종류 类型] 对话

[해설 解析]
男人说包裹里没装易碎的物品所以包裹里没有玻璃
制品。

① 包裹一周以后到(说因中秋长假会延迟2到3天)。
② 想拿包裹的话必须知道住址(想寄包裹的话需要写
住址)。
③ 包裹到没到达需要亲自去确认(用短信的方式可以
确认)。

읽기 (31번 ~ 70번)

[31~33] 다음은 무엇에 대한 이야기입니까? 〈보기〉와 같이 알맞은 것을 고르십시오.

下面是关于什么内容的对话？参照所给的例子，选择正确的答案。

上午学习料理。下午学习韩国语。

31.

오전에 요리를 배웁니다. 오후에 한국어를 배웁니다.

① 날씨　　❷ 수업　　③ 장소　　④ 날짜

단어 오전/오후 上午/下午　　요리 料理　　배우다 学习

종류 类型 陈述句

해설 解析

'수업'主要是学生在学校学习什么的意思。这里的'배우다(学习)'是重要的单词。

① 날씨 天气 : 맑다, 흐리다, 비가 오다(내리다), 눈이 오다(내리다)(晴朗，阴，下雨，下雪)等单词
③ 장소 场所 : 공원, 공항, 도서관, 학교, 커피숍(公园，机场，图书馆，学校，咖啡厅）等
④ 날짜 日期 : 0월 0일. ex) 오늘은 2월 7일이다.(今天是2月7日。)

32.

오늘은 동생이 졸업합니다. 저는 꽃을 줄 겁니다.

① 취미　　② 직업　　❸ 선물　　④ 시간

단어 동생 弟弟, 妹妹　　졸업하다 毕业　　꽃을 주다 送花

今天弟弟/妹妹毕业。我将会送花。

종류 类型 陈述句

해설 解析

为了庆祝毕业而送的花叫做'毕业礼物'。所以'礼物'是正确答案。

① 취미 兴趣 : 독서, 등산, 운동, 수영, 요리(阅读，登山，运动，游泳，做料理）等
② 직업 职业 : 회사원, 요리사, 경찰관, 미용사(公司职员，料理师，警察，理发师）等
④ 시간 时间 : 1시 , 12시, 5분, 10분, 2시 30분(1点，12点，5分，10分，2点30分）等

33.

오늘은 일요일입니다. 그래서 민호 씨는 회사에 안 갑니다.

① 운동　　② 약속　　③ 여행　　❹ 휴일

단어 요일/일요일 星期/周日　　회사 公司

今天是周日。所以民浩不用去公司。

종류 类型 陈述句

해설 解析

周日不上班。今天休息。一般休息的日子叫'휴일'(公休日）。

예 일요일, 명절(설날, 추석), 기념일(5.5-어린이날, 10.9-한글날, 12.25-크리스마스)

① 운동 运动 : 축구, 농구, 야구, 수영 等
② 약속 约定 : 친구와 만날 시간과 장소를 정해요. 친구와 약속해요. 和朋友约定见面的时间和地点。和朋友约定。
③ 여행 旅游 : 올여름에 친구들과 제주도로 여행을 갈 겁니다. 今年暑假我要和朋友一起去济州岛旅游。

[34~39] 〈보기〉와 같이 빈칸에 제일 알맞은 것을 고르십시오.

参照所给的例子，选择正确的答案填空。

34.

머리(　　) 좋아요.

① 와　　　② 를　　　**❸ 가**　　　④ 에

단어 머리가 좋다(=똑똑하다) 头脑聪明

어휘·문법
① 와/과: 用来表示若干个事物或者人的时候使用的助词。
　예 저는 빵과 과자를 좋아합니다. 我喜欢面包和点心。
　예 저는 사과와 배를 좋아합니다. 我喜欢苹果和梨。
② 을/를: 宾语助词。
　예 영철 씨는 한국 음악을 듣습니다. 英哲听韩国音乐。
　예 오늘 저녁에 영화를 볼 겁니다. 今天晚上去看电影。
④ 에: 表示场所位置，时间的副词格助词。
　예 민수 씨가 학교에 갑니다. 民秀去学校。
　예 저는 보통 아침 7시에 일어납니다. 我一般早上7点起床。

头脑聪明。

종류 类型 陈述句　**해설** 解析

'머리(头脑)'是句子的主语，所以主格助词'이/가'是正确答案。

35.

편지를 보냅니다. (　　)에 갑니다.

① 약국　　② 공항　　③ 소방서　　**❹ 우체국**

단어 편지를 보내다 寄信

어휘·문법
① 약국 药店
　예 약국에서 약을 삽니다. 在药店买药。
② 공항 机场
　예 비행기를 타러 공항에 갑니다. 去机场坐飞机。
③ 소방서 消防局
　예 아파트에 불이 나면 소방서에 전화를 해야 합니다.
　　公寓起火的话应该给消防局打电话。

要寄信。去(　　)。

종류 类型 陈述句
해설 解析
寄信和寄包裹的地方是'우체국(邮局)'。

36.

어제 도서관에 가서 책을 빌렸습니다. 재미있게 (　　).

① 썼습니다　② 갔습니다　**❸ 읽었습니다**　④ 지냈습니다

단어 도서관 图书馆　　책을 빌리다 借书

어휘·문법
① 쓰다 写
　예 어제 친구의 공책에 글을 썼습니다.
　　昨天在朋友的笔记本上写字了。
② 가다 去
　예 저는 지난주에 해외에 갔습니다. 我上周去了国外。
④ 지내다 度过
　예 어제 친구와 함께 즐겁게 지냈습니다.
　　昨天和朋友一起愉快地度过了。

昨天去图书馆借书了。很有意思地(　　)。

종류 类型 陈述句
해설 解析
书应该和动词'읽다(读)'联系在一起。借完书之后应该
有意思地读了。

37.

방이 (　　). 그래서 불을 켰습니다.

① 좋습니다　　　　　　② 덥습니다
③ 넓습니다　　　　　　❹ 어둡습니다

단어　그래서 所以　불을 켜다 开灯

어휘 · 문법
① 좋다 喜欢
　예 저는 한국이 좋습니다. 我喜欢韩国。
② 덥다 热
　예 한국의 여름은 덥습니다. 韩国的夏天很热。
③ 넓다 宽
　예 기숙사 방이 넓습니다. 宿舍的房间很宽敞。

房间(　　)。所以开灯了。

种类 类型 陈述句

解说 解析

从意思上来分析开灯的原因。

38.

늦게 가면 제시간에 도착할 수 없습니다. (　) 출발합시다.

❶ 일찍　　② 천천히　　③ 이따가　　④ 나중에

단어　늦다 晚, 迟　도착하다 到达　출발하다 出发

어휘 · 문법
② 천천히 慢慢地
　예 너무 빨라요. 천천히 가세요. 太快了。慢点走吧。
③ 이따가 一会儿
　예 지금은 수업을 하고 있습니다. 조금 이따가 수업 후에 만납시다.
　　现在正在上课。一会儿下课后见吧。
④ 나중에 过一段时间
　예 지금 해외에 있습니다. 나중에 한국에 가서 제가 전화하겠습니다. 我现在在国外。过一段时间我回到韩国之后给你打电话。

晚点去的话，在预定的时间内到达不了。(　)出发吧。

种类 类型 陈述句

解说 解析

括号前面的句子说晚点去的话在预定的时间内到达不了。所以是早点出发的意思。

39.

물건이 안 팔려요. 그래서 가격을 (　　　).

❶ 내렸어요　　　　　　② 올렸어요
③ 높였어요　　　　　　④ 인상했어요

단어　물건 东西　팔리다 卖的被动式　가격 价格

어휘 · 문법　合成词(collocation)
② 값을 올리다 涨价
　예 옷값을 올렸어요. 衣服涨价了。
③ 가격을 높이다 提价
　예 가격을 높였어요. 提价了。
④ 물가를 인상하다 物价上涨
　예 물가를 인상했어요. 物价上涨了。

东西卖不动。所以价格(　　)。

种类 类型 陈述句

解说 解析

价格下调的原因在第一句中已经给出了—东西卖不动，如果东西便宜点儿的话买的人就会多。所以降价了。

[40~42] 다음을 읽고 맞지 <u>않는</u> 것을 고르십시오.

40.

2014년 한국대 가족 캠프!
– 눈과 함께하는 가족 사랑 –

1. 기　　간 : 2014년 2월 25일(화) ~ 2월 27일(목)(2박 3일)
2. 출발 장소 : 한국대학교 정문 앞
3. 대　　상 : 한국대학교 교수·직원 가족
4. 참 가 비 : 만 원

① 가족 사랑 캠프는 겨울에 갑니다.
❷ 이번 캠프는 주말에 이틀 동안 합니다.
③ 캠프에 참가하려면 만 원이 필요합니다.
④ 한국대학교에서 일하는 사람은 참석할 수 있습니다.

단어 캠프 野营　　2박 3일 3天2夜　　정문 正门
　　　교수 教授　　직원 职员

读下面文章，选择与原文不符的答案。

2014年 韩国大学 家族 野营
– 和雪一起享受家人的爱–

时间 ：2014年2月25日(周二)~2月27日(周四)(3天2夜)
出发地点 ：韩国大学 正门前
对象 ：韩国大学 教授·职员家属
参加费 ：1万元

种类 类型　案内文

解说 解析

野营活动从周二到周四进行三天。

① '和雪一起'。表明是冬天。
③ 会费是1万元所以想参加野营的话需要交1万元。
④ 参加的对象是教职工。职员指的是在韩国大学工作
　 的人。

41.

먹는 약
이지영(여, 7세) 님께
하루 3회 4일분
아침, 점심, 저녁 식사 후

한국병원

❶ 삼 일 동안 약을 먹습니다.
② 여자아이가 약을 먹습니다.
③ 하루에 세 번 약을 먹습니다.
④ 밥을 먹은 후에 약을 먹습니다.

단어 회 回　　일분 日量　　식사 후 饭后

食用药
李智英(女，7岁)
一天3回4天的量
早上，中午，晚上饭后食用
韩国医院

种类 类型　处方

解说 解析

处方中的'4일분'是'4天的量'的意思。所以'삼일 동안(吃
三天)'的选项是错误的。

② 女孩(0)：李智英(女，7岁)
③ 一天三次(0)：하루 3회　一天3回
④ 吃完饭之后(0)：아침, 점심, 저녁 식사 후

42.

이번 주말 날씨		
요일	토요일	일요일
날씨	☀	☁ / ☂
지역 서울	1℃	−5℃
부산	10℃	1℃

❶ 일요일은 부산이 더 춥습니다.
② 토요일은 서울이 더 춥습니다.

这周周末天气		
星期	周六	周日
天气	☀	☁ / ☂
地区 首尔	1℃	−5℃
釜山	10℃	1℃

种类 类型　图表

解说 解析

上文图表示关于天气的内容，图表里的符号是表示天
气的符号。图表里，周日'首尔 −5℃，釜山 1℃'可

③ 이번 주 토요일은 맑을 겁니다.
④ 이번 주 일요일은 비가 올 겁니다.

단어 날씨 天气   지역 地域

어휘·문법 关于天气的符号

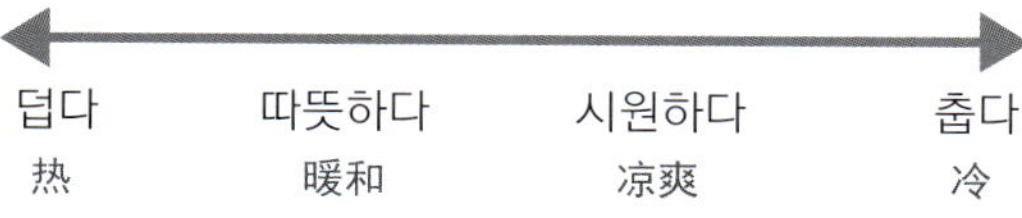

☀ 맑다 晴   ☁ 흐리다 阴
🌧 비가 오다(내리다) 下雨   🌨 눈이 오다(내리다) 下雪

덥다   따뜻하다   시원하다   춥다
热   暖和   凉爽   冷

以看出首尔比釜山冷。所以'일요일은 부산이 더 춥습니다(周日釜山更冷。)'是错误的选项。

• 덥다 热   따뜻하다 暖和
  시원하다 凉爽   춥다 冷

② 周六：首尔 1℃，釜山 10℃ ➡ 서울이 더 춥습니다
   (首尔更冷。) (○)
③ 周六：☀ ➡ 날씨가 맑을 겁니다(天气晴。) (○)
④ 周日：☁/🌧 ➡ 일요일은 흐리고 비가 올 겁니다.
   (周日天气阴将会下雨。) (○)

[43~45] 다음의 내용과 같은 것을 고르십시오.

43.

오늘은 친구 생일입니다. 저는 아침을 먹고 선물을 샀습니다. 그리고 커피숍에서 친구한테 가방을 선물했습니다.

① 오늘은 제 생일입니다.
② 친구를 만나고 아침을 먹었습니다.
③ 저는 친구한테서 가방을 받았습니다.
❹ 저는 커피숍에서 생일 선물을 줬습니다.

단어 생일 生日   선물하다 送礼物

选择与内容相符的答案。

今天是朋友的生日。我吃完早饭就去买礼物。然后在咖啡店把买的包作为礼物送给了朋友。

种류 类型 叙述文
해설 解析

今天是朋友的生日。在咖啡店见了朋友。然后在咖啡店把包作为礼物送给了朋友，所以④和本文内容是一致的。

① 今天是我的生日(朋友的生日)。
② 见了朋友然后吃了早饭(吃了早饭然后见了朋友)。
③ 我从朋友那收到了包(送了包)。

44.

지난주에 외국인 장기 자랑이 있었습니다. 저는 노래를 잘 못하지만 참가하고 싶었습니다. 그래서 한 달 동안 열심히 연습해서 노래를 불렀습니다.

① 저는 노래 부르기를 좋아합니다.
❷ 저는 장기 자랑에서 노래를 했습니다.
③ 저는 열심히 연습해서 노래를 잘합니다.
④ 저는 한 달 동안 장기 자랑에 가지 않았습니다.

단어 지난주 上周   외국인 外国人   장기 자랑 才艺表演

上周有外国人才艺表演。我虽然歌唱得不好但是很想参加。所以苦练了一个月，表演了唱歌。

种류 类型 叙述文
해설 解析

上周举办了才艺表演。为了参加这个才艺表演，努力地练习了一个月的唱歌，然后表演了。

① 我喜欢唱歌(本文中没有出现喜欢唱歌的内容)。
③ 我努力地练习，歌唱得很好(本文中出现了努力地练习的内容，但是没有歌唱得很好的内容)。
④ 我一个月没有去才艺表演(我练习了一个月，参加了才艺表演)。

45.

저는 일요일마다 독서 모임에 나갑니다. 우리 모임에서는 매주 책을 읽고 한 달에 한 번 글을 씁니다. 이번 주 토요일에는 회원들이 쓴 글을 전시할 겁니다.

① 이번 토요일에도 책을 읽을 겁니다.
❷ 매주 모임에 나가서 책을 읽습니다.
③ 한 달에 한 번 글 전시회가 있습니다.
④ 일요일마다 글을 쓰러 모임에 나갑니다.

我每周日都参加阅读聚会。在每周的聚会上读书，每个月一次写作。这周六将会展示会员们写的文章。

种류 类型 叙述文
해설 解析

我每个周日都参加读书聚会活动。'일요일마다'和'매주 일요일에'意思相同，'독서 모임(读书聚会)'是指'阅读的小组活动'，所以每周参加聚会读书是正确的内容。

① 这个周六也读书(不是周六是周日)。

단어 독서 모임 读书(聚)会　　회원 会员　　전시하다 展示

③ 每个月有一次作品展示会(每个月有一次写作，只在
　这个周六将进行作品展示会)。
④ 每个周日为了写作去参加聚会(每个周日参加的是读
　书聚会。读书聚会是为了读书去的)。

[46~48] 다음을 읽고 중심 생각을 고르십시오.

读下面文章选择中心思想。

46.

저는 스트레스를 받으면 노래방에 갑니다. 노래를 부를 때
큰 소리로 부릅니다. 그러면 기분이 아주 좋아집니다.

① 저는 매일 노래를 부르고 싶습니다.
② 저는 기분이 좋을 때 노래를 부릅니다.
❸ 저는 스트레스를 받으면 노래로 풉니다.
④ 저는 스트레스를 받기 전에 노래방에 갑니다.

我有压力的时候就去练歌房。唱歌的时候大声地唱。
那样的话心情就会变好。

종류 类型　叙述文

해설 解析

有压力的话去练歌房唱歌心情就会变好。所以文章的
中心思想是当有压力的时候唱歌就会解除压力。

단어 스트레스를 받다 有压力　　노래방 练歌房，歌厅
노래를 부르다 唱歌

47.

우리 어머니는 거의 집에 없으십니다. 월요일부터 금요일까
지는 가게에 가십니다. 주말에는 양로원에 가서 자원봉사를
하십니다. 저는 어머니와 함께 시간을 보내고 싶습니다.

① 우리 어머니는 주말에 쉽니다.
❷ 우리 어머니는 바쁘게 사십니다.
③ 저는 가게에서 시간을 많이 보냅니다.
④ 저는 주말에 어머니와 함께 있습니다.

我的妈妈几乎不在家。周一到周五去店里。周末去养
老院做志愿者。我特别想和妈妈共度时光。

종류 类型　叙述文

해설 解析

妈妈周一到周五去店里工作，周末去养老院做志愿者。
几乎不在家。所以文章的中心思想是想说妈妈非常忙。

단어 거의 几乎　　양로원 养老院　　자원봉사 志愿者活动
시간을 보내다 度过时光

48.

저는 어제 백화점에 갔습니다. 이곳저곳을 구경한 후 해외
여행을 가려고 가방을 샀습니다. 그런데 가방의 색깔이 마
음에 들지 않았습니다.

❶ 저는 어제 산 가방이 좋지 않습니다.
② 저는 백화점 가는 것을 좋아합니다.
③ 저는 어제 해외 여행사를 구경했습니다.
④ 저는 여행 장소가 마음에 들지 않습니다.

我昨天去了百货商场。四处转了转后，因为想要去海
外旅行，买了一个包。但是包的颜色不是特别满意。

종류 类型　叙述文

해설 解析

在百货商场，想去海外旅行所以买了一个包但是颜色
不满意。所以本文的中心思想是在百货商场买的包的
颜色不满意。

단어 백화점 百货商场　　마음에 들다 满意

[49~50] 다음을 읽고 물음에 답하십시오.	阅读并回答问题。

<table>
<tr><td>

[49~50] 다음을 읽고 물음에 답하십시오.

요즘 (㉠) '인형 박물관'이 인기가 많습니다. 그곳에는 옛날 인형이 많이 있습니다. 또 요즘 유명한 사람을 그대로 만든 인형도 있습니다. 특히 전통 옷을 입은 세계 여러 나라의 인형을 볼 수 있습니다. 어른들은 그곳에서 아이들과 함께 인형을 직접 만들 수 있습니다.

단어 인기가 많다 人气旺　　인형 人型, 木偶
　　　전통 옷 传统服装

49. (㉠)에 들어갈 알맞은 말을 고르십시오.

① 인형을 만드는　　　② 박물관 근처에 있는
❸ 인형을 전시하는　　　④ 옛날 인형을 줄 수 있는

</td><td>

阅读并回答问题。

最近(㉠)'人型博物馆'很有人气。在这里有很多古代的人型。而且最近还有名人的人型模样。特别是还能看到穿着传统服装的世界各个国家的人型。在这里大人们和小孩们也能一起制作人型。

选择填入(㉠)里的正确答案。

종류 类型　叙述文

해설 解析

括号后面的句子是'인형 박물관(人型博物馆)'很有人气因此去博物馆的人很多。一般来讲，博物馆是展示物品供人们观赏的地方。所以正确答案是'인형을 전시하는(展示人型的)'。

</td></tr>
<tr><td>

50. 이 글의 내용과 같은 것을 고르십시오.

① 요즘 인형 박물관이 ~~많이 있습니다~~.
❷ 이 박물관에서 인형을 만들 수 있습니다.
③ ~~어른들만~~ 이 박물관에 들어갈 수 있습니다.
④ 박물관에 가면 ~~옛날 인형만~~ 볼 수 있습니다.

</td><td>

选择与文章内容相符的答案。

종류 类型　叙述文

해설 解析

文章最后一句说在这里大人和小孩能一起制作人型，因此在这个博物馆可以制作人型。

① 最近人型博物馆很多(不是人型博物馆多是人型博物馆人气高)。
③ 只有大人才能进这个博物馆(文中说大人和小孩能一起制作人型所以小孩也能进博物馆)。
④ 进博物馆的话只能观赏到古代的人型(也有最近的人型所以古代的人型和最近的人型能一起观赏)。

</td></tr>
<tr><td>

[51~52] 다음을 읽고 물음에 답하십시오.

저는 나쁜 습관이 있습니다. 의자에 바르게 앉지 못합니다. 그래서 어제 병원에 갔는데 의사 선생님이 여러 가지 (㉠)에 대해 가르쳐 주셨습니다. 눈은 정면을 바라보고 등은 똑바로 폅니다. 그리고 두 손은 자연스럽게 무릎 위에 얹습니다. 오늘부터 나쁜 습관을 열심히 고치겠습니다.

단어 습관 习惯　　바르다 端正　　정면 正面, 前方
　　　똑바로 直　　자연스럽게 自然地

51. (㉠)에 들어갈 알맞은 말을 고르십시오.

❶ 바른 자세　　　② 운동 자세
③ 면접 자세　　　④ 나쁜 습관

</td><td>

阅读下文并回答问题。

我有个不好的习惯。在椅子上不能端正地坐着。所以昨天去了医院，医生教了我很多(㉠)。眼睛正视前方，后背挺直。双手自然地放在膝盖上。从今天开始我要努力改掉不好的习惯。

选择正确答案填入(㉠)里。

종류 类型　叙述文

해설 解析

括号前面的内容是讲在椅子上不能端正地坐着的不好的习惯。然后括号后面的内容是正确的坐姿方法。所以括号里应填的内容是'바른 자세(正确姿势)'。

</td></tr>
<tr><td>

52. 무엇에 대한 이야기입니까? 알맞은 것을 고르십시오.

① 의자에 자주 앉는 이유
❷ 의자에 바르게 앉는 방법

</td><td>

这是一篇关于什么的文章？选择正确的答案。

종류 类型　叙述文

</td></tr>
</table>

③ 의자를 바르게 고치는 방법
④ 의자에 앉는 습관이 나쁜 이유

해설 解析
笔者有不能端正地坐在椅子上的坏习惯。因此医院的
医生教了两种正确的坐姿方法。所以本文的主题是'의
자에 바르게 앉는 방법(正确的坐姿方法)'。

[53~54] 다음을 읽고 물음에 답하십시오.

다이어트에 좋은 방법이 있습니다. 매일 같은 시간에 운동을 하는 것입니다. 하지만 바쁜 현대 생활에서는 운동할 시간이 없어서 다이어트하기가 쉽지 않습니다. 그래서 요즘 사람들은 짧은 시간에 (㉠) '걷기'를 많이 합니다.

단어 다이어트하다 减肥　방법 方法　매일 每天
짧다 短

阅读并回答问题。

有一种减肥的好方法。那就是每天在同一时间做运动。但是在忙碌的现代社会里，因为没有时间运动所以不容易减肥。因此最近人们经常使用在短时间内（ ）'步行'的方法。

选择填入（㉠）里的正确答案。

53. (㉠)에 들어갈 알맞은 말을 고르십시오.

① 많이 달리는　　　　② 빨리 살을 빼는
③ 움직이지 않는　　　**❹ 쉽게 할 수 있는**

종류 类型　叙述文
해설 解析
括号前面的内容写的是减肥很不容易。括号后面的内容是'걷기(步行)'是常用的方法。因此括号内应填写的内容是在短时间内'쉽게 할 수 있는(很容易的)'。

---

54. 이 글의 내용과 같은 것을 고르십시오.

① 운동은 함께 해야 합니다.
② 매일 운동하는 것은 쉽습니다.
❸ 현대인이 많이 하는 것은 걷기입니다.
④ 현대인은 다이어트할 시간이 많습니다.

选择和文章内容一致的选项。

종류 类型　叙述文
해설 解析
文章的最后说'걷기(步行)'是最近人们最常用的方法。最近的人们指的是'현대인(现代人)'因此答案是现代人经常做的运动是步行。
① 运动要一起做(本文没有相关内容)。
② 每天做运动很容易(没有时间运动所以不容易)。
④ 现代人减肥的时间很多[最近的人们(现代人)因为忙没有时间减肥]。

[55~56] 다음을 읽고 물음에 답하십시오.

동건 씨, 오늘 저녁에 동아리 모임이 있어서 회원들 대부분이 우리 집에 올 거예요. 동건 씨도 시간이 있으면 오세요. 오늘 저녁 간식은 제가 만들 과자와 빵이에요. 재료는 다 준비했으니까 동건 씨는 그냥 오세요. 학교 앞 버스 정류장에서 전화하세요. ( ) 제가 직접 버스 정류장으로 나갈게요.

– 민호 –

단어 동아리 모임 社团聚会　간식 零食　재료 食材
준비하다 准备　그냥 就那样

阅读下面内容，回答问题。

东健，今天晚上有社团聚会，大部分社团的会员将会来我家。东健你有时间的话也来吧。今天晚上的零食是我要做的小点心和面包。材料都买好了，你直接来就行了。到了学校前的公交车站给我打电话。（ ）我去公交车站接你。

– 民浩 –

选择填入（㉠）里的正确答案。

종류 类型　便条
해설 解析
括号前面的内容是后面内容发生的'前提或假设'因此'그러면'是正确答案。
· 그래서: 前句表示后句的理由和原因的时候使用。
　예 배가 아픕니다. 그래서 병원에 갑니다.
　　 肚子疼。所以去医院。

55. ( )에 들어갈 알맞은 말을 고르십시오.

① 그래서　　② 그리고　　③ 그러나　　**❹ 그러면**

• 그리고: 前句和后句是并列关系的时候使用。
　[예] 공부를 합니다. 그리고 운동을 합니다.
　　　 学习。并且做运动。
• 그러나: 前句和后句是转折关系的时候使用。
　[예] TOPIK 공부를 열심히 했습니다. 그러나 시험 점수가
　　안 좋습니다. 努力学习TOPIK了。可是考试分数不高。

---

56. 이 글의 내용과 같은 것을 고르십시오.

① 동건이 직접 간식을 만들 겁니다.
❷ 민호가 간식 재료를 다 준비했습니다.
③ 동건은 오늘 저녁에 회원들을 초대했습니다.
④ 민호는 정류장에서 동건에게 전화할 겁니다.

选择和文章内容一致的选项。

[종류 类型] 叙述文

[해설 解析]

民浩在便条中说他已经买好了材料。这句话在文章的中间位置。

① 东健要亲自做零食(是民浩要做)。
③ 东健今天晚上邀请了社团的会员(这个便条是民浩写的，所以是民浩邀请了社团的会员)。
④ 民浩将在车站给东健打电话(这个便条是民浩写的，所以将在车站打电话的人是东健)。

[57~58] 다음을 순서대로 맞게 나열한 것을 고르십시오.

57.

(가) 남자와 여자는 여러 가지 다른 특징이 있다.
(나) 먼저 남자는 한 가지 일에 집중을 잘한다.
(다) 그리고 많은 단어를 사용해 말하는 것도 여자이다.
(라) 하지만 여자는 여러 가지 일을 동시에 할 수 있다.

① (가)-(나)-(다)-(라)　　　❷ (가)-(나)-(라)-(다)
③ (가)-(다)-(라)-(나)　　　④ (가)-(라)-(나)-(다)

[단어] 특징 特征　　먼저 首先　　집중하다 集中　　단어 单词
　　　동시에 同时

选择排列顺序正确的选项。

(가) 男人和女人有很多不一样的特征。
(나) 首先男人对于一件事的注意力很集中。
(다) 而且使用许多词汇说话的也是女人。
(라) 但是女人可以同时做很多件事情。

[종류 类型] 叙述文

[해설 解析]

(가)是固定的。→ (나)通过'首先'这个词可以看出应该放在(가)的后面 → (다)(라)都是女人的特征。但是通过(다)句中使用的'-도'可以看出(다)是女人的一个特征说完之后的另一个特征。并且(라)是(나)给出的与男人特征相对立的女人的特征。因此(나)之后是(라)，最后是(다)。本文的顺序是(가) → (나) → (라) → (다)。

58.

(가) 그래서 요즘 건강이 많이 좋아졌습니다.
(나) 제가 사는 집은 지하철역 근처에 있습니다.
(다) 저는 지하철역에서 집까지 걸어서 갑니다.
(라) 걸어서 20분, 버스로는 5분 걸립니다.

① (나)-(다)-(라)-(가)　　　❷ (나)-(라)-(다)-(가)
③ (나)-(라)-(가)-(다)　　　④ (나)-(가)-(라)-(다)

[단어] 건강 健康　　좋아지다 变好　　근처 附近　　걸리다 花费

(가) 所以最近变得健康了。
(나) 我家住在地铁站附近。
(다) 我从地铁站走回家。
(라) 走的话20分钟，乘公交车的话需要5分钟。

[종류 类型] 叙述文

[해설 解析]

(나)是固定的。→ (다)和(라)中(다)说的是从地铁站怎么回家，(라)说的是家在地铁站附近，走的话需要20分钟，乘坐公交车的话需要5分钟。因此，按照时间顺序应该(라)在前面。→ 然后，笔者走着回家所以(가)身体变好了。所以(나)之后是(라)，然后是(다)，最后是(가)。(나) → (라) → (다) → (가)是正确答案。

[59~60] 다음을 읽고 물음에 답하십시오.

사고가 났을 때 사람들은 보통 경찰서 전화번호인 112에 전화를 합니다. (㉠) 그런데 가끔 아이들이 장난으로 112에 전화를 합니다. (㉡) 그리고 어떤 사람은 술을 먹고 112에 전화해서 끊지 않습니다. (㉢) 또 내가 사고가 났을 때도 도움을 받을 수 없습니다. (㉣) 그래서 필요할 때만 112에 전화해야 합니다.

단어 사고가 나다 出事故   경찰서 警察局   가끔 偶尔
장난으로 恶作剧   끊다 挂断

59. 다음 문장이 들어갈 곳을 고르십시오.
그러면 도움이 꼭 필요한 사람이 도움을 받을 수 없습니다.
① ㉠   ② ㉡   ❸ ㉢   ④ ㉣

60. 이 글의 내용과 같은 것을 고르십시오.
① 아이들은 경찰서에서 가끔 장난합니다.
② 아이들은 경찰서 전화번호를 잘 모릅니다.
③ 술을 마신 사람은 112에 전화를 안 합니다.
❹ 도움이 필요할 때만 112에 전화를 해야 합니다.

阅读并回答问题。

出事故的时候，人们经常给112警察局打电话。(㉠) 但是偶尔小孩恶作剧给112打电话。(㉡)而且有的人喝醉酒了给112打电话不挂断。(㉢)还有我出事故的时候也得不到帮助。(㉣)所以一定要在特别需要帮助的情况下给112打电话。

选择下面句子在文章中合适的位置的选项。

那样的话，真正需要帮助的人得不到帮助。

种류 类型 叙述文
해설 解析

㉢前面的句子在讲给112打恶作剧电话或者喝醉酒了不挂电话的话，需要帮助的人得不到帮助。再有㉢后面的句子有'또'和'得不到帮助'的原因所以㉢选项的位置也应该是得不到帮助的句子。

选择与文章内容一致的选项。

종류 类型 叙述文
해설 解析

文章最后一句说给112打电话的时候一定要在需要帮助的时候打，所以一定要在需要帮助的时候给112打电话的选项是正确的。
① 小孩偶尔在警察局淘气(小孩偶尔搞恶作剧给警察局打电话)。
② 小孩子不知道警察局的电话号码(知道电话号码才能打恶作剧电话)。
③ 喝酒的人不给112打电话(不是不打是打了不挂)。

[61~62] 다음을 읽고 물음에 답하십시오.

가을이 되면 내장산에는 단풍 구경을 온 등산객들이 아주 많습니다. 경치가 매우 아름다워서 사람들은 주로 가을에 많이 옵니다. 산의 (   ) 단풍의 색이 다릅니다. 산 아래에서 정상으로 올라갈수록 온도의 차이로 색이 달라집니다. 올해도 단풍이 아름답게 들어서 많은 사람이 찾아올 예정입니다.

단어 단풍 枫叶   아름답다 美丽   경치 景致   주로 主要

61. ( )에 들어갈 알맞은 말을 고르십시오.
① 날씨에 따라   ② 계절에 따라
③ 장소에 따라   ❹ 높이에 따라

62. 이 글의 내용과 같은 것을 고르십시오.

阅读并回答问题。

到了秋天，去内藏山看枫叶的登山客很多。景色非常美所以很多人秋天的时候去。山的(   )枫叶的颜色不同。从山脚到山顶因为温度的差异颜色会发生变化。今年枫叶也非常的漂亮，许多人打算去看。

选择正确答案填入(   )里。

종류 类型 叙述文
해설 解析

括号后面的内容是从山脚到山顶因为温度的差异颜色会发生变化。所以括号里的内容是'높이에 따라(随着高度的不同)'。

① 가을에 나뭇잎의 변화로 ~~등산할 수 없습니다~~.
② 가을에는 산이 ~~등산객의 옷 때문에~~ 아름답습니다.
❸ 가을에는 산의 나뭇잎이 여러 가지 색으로 바뀝니다.
④ 가을이 되면 단풍을 보는 ~~사람들이~~ 매우 아름답습니다.

선택与文章内容一致的选项。

종류 类型　叙述文

해설 解析

枫叶在秋天的时候把山变成红色，黄色。因此山上的树叶会变成很多种颜色的选项是正确的。
① 因为秋天树叶的变化不能登山(文中说去登山的人很多)。
② 秋天的山因为登山客人的衣服所以很漂亮(是因为枫叶所以山漂亮)。
④ 到了秋天看枫叶的人们很美丽(不是看枫叶的人美丽，是枫叶很美丽)。

[63~64] 다음을 읽고 물음에 답하십시오.

회장님, 오늘 워크숍에 초대해 주셔서 감사합니다.
이번 워크숍은 제가 관심 있는 프로그램이 많아서 아주 좋았습니다.
워크숍이 끝난 후 바로 인사를 드리려고 했습니다. 그런데 제가 또 다른 약속이 있어서 빨리 나왔습니다. 그래서 다음 달에 제가 직접 총동문회 사무실로 찾아 뵙겠습니다. 그럼, 안녕히 계세요.

이동건 드림

단어　워크숍(workshop) 研讨会　　관심 关心
　　　프로그램 项目　　약속이 있다 有约定　　총동문회 校友会

63. 동건 씨는 왜 이 글을 썼습니까?

❶ 워크숍 초대에 감사해서
② 워크숍에 오신 회원들에게 감사해서
③ 회장님을 워크숍에 초대하고 싶어서
④ 회장님과 만날 또 다른 약속이 있어서

阅读并回答问题。

会长，谢谢您邀请我参加研讨会。
这次的研讨会有很多我关心的项目，非常好。
本想研讨会结束之后向您问候一下，但是我因为有别的约定所以很快就出来了。下个月我亲自去校友会办公室拜访您。再见。

李东健　呈上

东健为什么写了这段话？

종류 类型　邮件

해설 解析

文章的目的主要在文章的前面或者后面提到。邮件的话通常在文章的前面写理由。这封邮件以'워크숍에 초대해 줘서 고맙다(非常感谢邀请参加研讨会)'的问候语开头。所以'워크숍 초대에 감사해서(感谢研讨会的邀请)'的选项是正确的。

---

64. 이 글의 내용과 같은 것을 고르십시오.

❶ 이번 워크숍에는 여러 가지 프로그램이 있었습니다.
② 총동문회는 ~~다음 주~~에 다시 워크숍을 하려고 합니다.
③ ~~회원들은~~ 이번 워크숍 프로그램에 관심이 많았습니다.
④ 동건 씨는 워크숍 ~~시작 전에~~ 회장님을 만나고 싶었습니다.

选择与文章内容一致的选项。

종류 类型　邮件

해설 解析

文中说有许多关心的项目就意味着这次研讨会的项目很多所以'这次研讨会的项目很多'选项是正确的。
② 总校友会下周还要举行研讨会(东健下个月亲自去总校友会办公室)。
③ 会员们对这次研讨会的很多项目非常关心(不是会员而是李东健关心的项目很多)。
④ 东健在研讨会开始之前非常想见会长(在研讨会结束之后想见会长但是有别的约定没能见面)。

[65~66] 다음을 읽고 물음에 답하십시오.

우리 몸은 외부에서 들어온 나쁜 물질에 강하게 저항하며 건강을 유지하려고 합니다. 이러한 활동을 면역이라고 합니다. 침은 (㉠) 해 줍니다. 눈물은 먼지를 씻어 주고 속눈썹은 먼지를 막아 눈을 보호합니다. 그리고 땀은 피부를 보호합니다. 이외에도 우리 몸에는 여러 가지 면역 기관이 있습니다.

단어 외부 外部   물질 物质   저항하다 抵制
유지하다 维护   면역 기관 免疫器官

65. (㉠)에 들어갈 알맞은 말을 고르십시오.

① 눈을 뜨겁게　　　　② 귀를 따뜻하게
③ 두 손을 차갑게　　　❹ 입 안을 깨끗하게

阅读并回答问题。
我们的身体抵制外部进来的不好的物质，来维护健康。这种活动叫免疫。唾液能使（　）。眼泪能洗走灰尘，睫毛能挡住灰尘来保护眼睛。还有汗能保护皮肤。除此之外，我们的身体还有很多种免疫器官。

选择正确答案填入(㉠)里。

종류 类型 叙述文
해설 解析
括号前面的句子说的是免疫的内容。接着罗列了免疫的种类'唾液，眼泪，睫毛，汗'的特征。而且因为'침'(唾液)能保护嘴，所以选项'입 안을 깨끗하게(使嘴干净)'是正确答案。

66. 이 글의 내용과 같은 것을 고르십시오.

① 건강은 나쁜 물질에 강하게 저항하는 것입니다.
❷ 눈에 먼지가 들어가면 눈물이 나서 씻어 냅니다.
③ 우리 몸은 내부에서 나가는 물질도 저항합니다.
④ 우리 몸에서 면역 기관은 침, 눈물, 땀만 있습니다.

选择与文章内容一致的选项。

종류 类型 叙述文
해설 解析
灰尘进到眼里的话. 眼泪把灰尘带走, 起到保护眼睛的作用。所以选项②是正确的。
① 健康是抵制不好的物质(不是健康是免疫)。
③ 我们的身体抵制从体内排出的物质(抵制来自外部的不好的物质)。
④ 我们身体的免疫器官只有唾液，眼泪，汗(除此之外还有很多免疫器官)。

[67~68] 다음을 읽고 물음에 답하십시오.

저는 매일 오후에 도서관에 다닙니다. 도서관에는 여러 가지 좋은 시설이 (㉠) 있습니다. 일 층에는 컴퓨터실과 복사실이 있습니다. 이 층에는 학생 휴게실이 있습니다. 그리고 삼 층에는 열람실과 멀티미디어실이 있습니다. 저는 앞으로도 계속 도서관을 (㉡).

단어 시설 设施   복사실 复印室   휴게실 休息室
열람실 阅览室   멀티미디어실 多媒体室

67. ㉠어 알맞은 것을 고르십시오.

① 조금　　② 거의　　❸ 많이　　④ 전혀

阅读并回答问题。
我每天下午去图书馆。在图书馆有各种各样好的设施（ ㉠ ）。1层有电脑室和复印室。2层有学生休息室。然后3层有阅览室和多媒体教室。我以后也会继续（ ㉡ ）图书馆。

选择符合㉠的选项。

종류 类型 叙述文
해설 解析
图书馆有各式各样好的设施，括号后面的内容分别介绍了1层，2层，3层的设施，所以 ㉠位置应该填写体现图书馆的设施有多少的副词'많이(多)'。
① 조금 一点儿
예 저는 사탕이 조금 있습니다. 我有一点糖。
② 거의 几乎
예 집에 거의 다 왔어요. 差不多到家了。
④ 전혀 完全, 根本(后面常接否定形式)
예 수현이는 술을 전혀 못 마십니다. 秀岩完全不喝酒。

68. ㉡에 알맞은 것을 고르십시오.

① 이용했습니다　　　❷ 이용할 것입니다
③ 이용하고 있습니다　　④ 이용하여도 됩니다

选择符合㉡的选项。

종류 类型　叙述文

해설 解析

括号前面的核心语是'앞으로(以后)'这个词。'앞으로(以后)'表示将来。②选项'-을/ㄹ 것이다'是表示将来的语法，所以是正确答案。

③ -고 있다：表示动作正在进行。
　예 수현이가 노래를 부르고 있습니다. 秀岩正在唱歌。
④ -아도/어도/여도 되다：表示允许，许可。
　예 이 옷 한번 입어 봐도 돼요?
　　我可以试穿一下这件衣服吗?

[69~70] 다음을 읽고 물음에 답하십시오.

8시에 일어난 나는 늦어서 급하게 세수하였다. 어머니가 차려 준 아침을 먹은 후 물을 계속 틀고 이를 닦았다. 오늘 (　㉠　) 수업 시간표를 확인한 후 준비물 때문에 늦게 집에서 나왔다. 그래서 걸어서 5분인 학교까지 아버지의 차를 타고 갔다. 학교 수업을 마치고 집으로 돌아와서 컴퓨터 게임을 했다. 그런데 친구가 불러서 컴퓨터를 끄지 않고 그냥 축구하러 갔다.

단어 머리를 감다 洗头　　틀다 开　마치다 完成
　　부르다 叫

阅读并回答问题。

8点起床的我因为起晚了，匆忙地洗漱了。吃完妈妈为我准备的早饭之后一直开着水刷了牙。今天(㉠)课表确认后因为准备东西，从家里出来晚了。所以坐着爸爸的车来到了走路只需要5分钟的学校。放学之后回到了家开始打游戏。但是因为朋友叫我，我开着电脑就跑去踢球了。

选择符合㉠的选项。

종류 类型　随笔

해설 解析

从括号前面的内容来看，我是在做去学校的准备. 括号后面的内容的核心词是'수업 시간표(课表)'所以应该选择与'上课'最相近的单词即㉠的'배울(将要学习的)'。

69. (　㉠　)에 들어갈 알맞은 말을 고르십시오.

① 만들　　② 보낼　　③ 만질　　❹ 배울

---

70. 이 글의 내용으로 알 수 있는 것은 무엇입니까?

❶ 나는 오늘 자원을 많이 낭비했습니다.
② 우리 어머니는 음식을 잘 만드십니다.
③ 나는 오늘 ~~시간~~을 많이 사용했습니다.
④ 우리 아버지는 ~~자주~~ 차를 태워 주십니다.

通过这篇文章我们可以知道什么?

종류 类型　随笔

해설 解析

理解整体内容之后来推测文章的意思，以核心词汇为中心推测出笔者的意图。有'水龙头'和'汽车'，'电脑'等资源，'水龙头'一直开着，很近的距离坐了'汽车'浪费了汽油，而且由于一直开着'电脑'导致电资源的浪费。所以本文的意图是想说资源浪费问题。

② 我的妈妈饭做得好(我妈妈饭做得好但不是本文的主旨)。
③ 我今天用了很多时间(今天一天做了许多事，没有浪费时间)。
④ 我爸爸经常开车送我(爸爸不是经常开车送我，只是今天上课晚了才送的我)。

실전모의고사
제2회 해설

듣기 听力

1. ①	**2.** ④	**3.** ③	**4.** ③	**5.** ④	**6.** ①	**7.** ③	**8.** ②	**9.** ①	**10.** ②
11. ④	**12.** ③	**13.** ②	**14.** ③	**15.** ③	**16.** ①	**17.** ④	**18.** ④	**19.** ④	**20.** ③
21. ②	**22.** ①	**23.** ③	**24.** ②	**25.** ①	**26.** ①	**27.** ②	**28.** ②	**29.** ③	**30.** ②

읽기 阅读

31. ①	**32.** ②	**33.** ①	**34.** ③	**35.** ④	**36.** ②	**37.** ②	**38.** ②	**39.** ③	**40.** ④
41. ④	**42.** ③	**43.** ②	**44.** ②	**45.** ③	**46.** ②	**47.** ①	**48.** ④	**49.** ④	**50.** ①
51. ②	**52.** ③	**53.** ②	**54.** ③	**55.** ①	**56.** ③	**57.** ④	**58.** ③	**59.** ③	**60.** ②
61. ①	**62.** ①	**63.** ④	**64.** ②	**65.** ④	**66.** ④	**67.** ①	**68.** ③	**69.** ①	**70.** ③

듣기 (1번 ~ 30번)

[1~4] 다음을 듣고 〈보기〉와 같이 물음에 맞는 대답을 고르십시오.

1.

남자: 이 사람이 친구예요?
여자: ________________

❶ 네, 친구예요.　　　② 네, 친구가 없어요.
③ 아니요, 친구가 많아요.　④ 아니요, 친구를 만나요.

단어 친구 朋友　없다 没有　많다 多　만나다 见面

听录音，参照所给的例句选择正确的答案。

男：这个人是(你的)朋友吗?

종류 类型 对话
해설 解析

用'N예요?'提问的情况，如果答案是肯定的，则用'네, N예요'，如果答案是否定的，则用'아니요, N이/가 아니에요'回答。

② 对于'친구가 없어요?(没有朋友吗?)'的回答。
③ 对于'친구가 없어요?(没有朋友吗?)'或者'친구가 적어요?(朋友少吗?)'的回答。
④ 不是对'만나다(见面) 动词的回答，而是对其他动词的回答。　**예** 밥을 먹어요? 吃饭了吗?

2.

여자: 집이 멀어요?
남자: ________________

① 네, 집이에요.　　　② 네, 집이 커요.
③ 아니요, 집이 좁아요.　❹ 아니요, 집이 가까워요.

단어 멀다 远　크다 大　좁다 窄　가깝다 近

女：(你)家远吗?

종류 类型 对话
해설 解析

如果家远的话则回答'네, 멀어요(是的，远)。'；如果家不远的话，则用'远'的反义词'아니요, 집이 가까워요[不，(我)家很近]。'来回答。

① 对'집이에요?(是家吗?)'的回答。
② 对'집이 커요?(家大吗?)'的回答。
③ 对'집이 넓어요?(家宽敞吗?)'的回答。

3.

여자: 어제 저녁에 뭐 먹었어요?
남자: ________________

① 어제 먹었어요.　　　② 혼자 먹었어요.
❸ 비빔밥을 먹었어요.　④ 식당에서 먹었어요.

단어 저녁 晚上, 傍晚　먹다 吃　혼자 独自　비빔밥 拌饭　식당 餐厅

女：昨天晚上吃什么了?

종류 类型 对话
해설 解析

选择对于晚上吃什么的答案。

① 对'언제 먹었어요?(什么时候吃了?)'的回答。
② 对'누구하고 먹었어요?(和谁一起吃了?)'的回答。
③ 对'어디에서 먹었어요?(在哪里吃了?)'的回答。

4.

남자: 오늘이 무슨 요일이에요?
여자: ________________

男：今天是星期几?

종류 类型 对话

① 세 시예요.　　　　　② 십삼 일이에요.
❸ 수요일이에요.　　　　④ 삼만 원이에요.

단어 오늘 今天　　시(時) 时, 点　　일(日) 日, 天
요일 星期　　원 元（货币单位）

选择对于询问星期的答案。

① 对'몇 시예요?(几点了?)'的回答。
② 对'오늘이 며칠이에요?(今天是几号?)'的回答。
③ 对'얼마예요?(多少钱呢?)'的回答。

[5~6] 다음을 듣고 〈보기〉와 같이 다음 말에 이어지는
　　　　것을 고르십시오.

听下面录音，参照所给的例子选择正确的答案。

女：把窗户关一下，好吗？

5.

여자: 창문 좀 닫아 주시겠어요?
남자: ______________________

① 네, 축하합니다.　　　② 네, 부탁합니다.
③ 네, 감사합니다.　　　❹ 네, 알겠습니다.

男人正在请求女人关一下窗户。

① 祝贺时的表达。
② 对'창문을 닫아드릴까요?(需要帮您关窗户吗?)'的回答。
③ 表示感谢的话。

단어 닫다 关　　축하하다 祝贺　　부탁하다 拜托
감사하다 谢谢

6.

남자: 선물 고마워요.
여자: ______________________

❶ 아니에요. ② 잘했어요.　③ 감사해요.　④ 미안해요.

男：谢谢你的礼物。

 对话

选择当他人表示感谢时如何回答的选项。

② 当称赞人时说的话。
③ 表示感谢时说的话。
④ 道歉时说的话。

단어 고맙다 谢谢　　잘하다 做得好　　감사하다 感谢
미안하다 对不起

[7~10] 여기는 어디입니까? 〈보기〉와 같이 알맞은 것을
　　　　고르십시오.

这里是哪里？参照所给的例子，选择正确答案。

女：请给我一杯咖啡，两杯绿茶。
男：这里，给您。

7.

여자: 커피 한 잔하고 녹차 두 잔 주세요.
남자: 여기 있습니다.

① 서점　　② 은행　　❸ 커피숍　　④ 여행사

 对话

可以点咖啡和绿茶的地方是咖啡厅。

단어 커피 咖啡　　녹차 绿茶　　잔 杯　　서점 书店
은행 银行　　커피숍 咖啡厅　　여행사 旅行社

8.

남자: 2시 50분 표 두 장 주세요.
여자: 네, 여기 있습니다.

男：请给我两张2点50分的票。
女：好的，给您。

 对话

① 공원   ❷ 극장   ③ 편의점   ④ 백화점

단어 표 票   공원 公园   극장 电影院, 剧场
편의점 便利店   백화점 百货商场

해설 解析
可以购买(电影)票的地方是电影院。

9.

남자: 곧 출발이에요. 여행 잘 다녀오세요.
여자: 고마워요. 잘 다녀올게요.

❶ 공항   ② 학교   ③ 경찰서   ④ 미술관

단어 출발 出发   공항 机场   학교 学校   경찰서 警察房
미술관 美术馆

男：马上出发了。祝您旅行愉快。
女：谢谢。我会的。

종류 类型   对话

해설 解析
男人正在对女人说旅途愉快。

• 다녀오다(去某个地方后) 回来
예 여행 잘 다녀오세요.
好好旅游回来(即 "祝您旅行愉快" 的意思)。

10.

남자: 112쪽부터 128쪽까지 풀어 오세요.
여자: 네, 알겠습니다.

① 꽃집   ❷ 교실   ③ 미용실   ④ 영화관

단어 꽃집 花店   교실 教室   미용실 美发店
영화관 电影院

男：把从112页到128页的题做完后过来。
女：好的，知道了。

종류 类型   对话

해설 解析
老师在给学生布置作业。

• 풀다 解答, 解决
예 시험 문제를 풀어요. 解答试题。

[11~14] 다음은 무엇에 대해 말하고 있습니까? 〈보기〉
와 같이 알맞은 것을 고르십시오.

11.

여자: 사과를 살까요?
남자: 저는 사과 안 좋아해요. 포도를 먹고 싶어요.

① 동물   ② 운동   ③ 직업   ❹ 과일

단어 사과 苹果   포도 葡萄   동물 动物   운동 运动
직업 职业   과일 水果

下面是关于什么的对话？参照所给的例子选择正确答案。

女：买苹果吗？
男：我不喜欢苹果。我想吃葡萄。

종류 类型   对话

해설 解析
'사과(苹果)'와 '포도(葡萄)'是水果的一种。

12.

여자: 저는 영화 보는 것을 좋아해요. 민수 씨는요?
남자: 저는 수영을 좋아해요. 그래서 수영장에 자주 가요.

① 건강   ② 방학   ❸ 취미   ④ 음식

단어 영화 보다 看电影   수영 游泳   수영장 游泳场
자주 经常   건강 健康   방학 假期   취미 兴趣
음식 食物

女：我喜欢看电影。旻秀，你呢？
男：我喜欢游泳。所以经常去游泳场。

종류 类型   对话

해설 解析
两人在聊彼此喜欢的东西，即感兴趣的事。

13.

남자: 1시까지 이 일을 끝내면 됩니까?
여자: 아니요. 9시까지 이메일로 보내세요.

① 날짜　　❷ 시간　　③ 주말　　④ 취미

단어　끝내다 完成，结束　　날짜 日期　　시간 时间
　　　주말 周末　　취미 兴趣

男：只要在1点钟之前完成这件事就行吗？
女：不是。截至9点之前用邮件发给我。

종류 类型　对话
해설 解析
两人正在谈截至几点之前必须要完成事情。

· 끝내다 完成
예 일을 끝내요. 完成事情。

14.

여자: 밖에 비가 와요?
남자: 네, 비가 오니까 우산을 가지고 가세요.

① 채소　　② 여행　　❸ 날씨　　④ 계절

단어　채소 蔬菜　　여행 旅行　　날씨 天气　　계절 季节

女：外面在下雨吗？
男：是的，在下雨，(你)把雨伞带上。

종류 类型　对话
해설 解析
下雨，则可以知道是在谈天气。

· 비가 오다 下雨
예 밖에 비가 와요. 外面下雨了。

[15~16] 다음 대화를 듣고 알맞은 그림을 고르십시오.

听录音，选择与对话内容相符的图片。

15.

여자: 이 액자는 어디에 걸까요?
남자: 저기 책상 옆이 좋겠어요.

① 　② 

❸ 　④ 

단어　액자 相框，画框　　걸다 挂

女：把这个画框挂哪里呢？
男：挂那边桌子的旁边吧。

종류 类型
해설 解析
女人拿着画框，在问男人把画框放哪里的场面。

· 걸다 挂
예 액자를 벽에 걸어요. 把画框挂在墙上。

① 在美术馆里男人和女人正在欣赏画像的场景。
② 男人和女人坐在椅子上一边看着镶着框的画像一边
　聊天的场景。
④ 在百货商场里女人是商场职员，男人正在买画框的
　场景。

16.

남자: 태권도를 배우려고 하는데 어디로 가면 되나요?
여자: 아, 네. 여기에서 등록하시면 됩니다.

❶ 　② 

男：我想学跆拳道，可以去哪学呢？
女：啊，好的。在这里注册就可以了。

종류 类型　对话
해설 解析
男人打算学跆拳道，在跆拳道场注册的情景。

· 등록하다 注册，登记
예 운동을 하려고 헬스장을 등록해요.
　想做运动(所以)去健身馆注册。

② 男人和女人在跆拳道场上一边看着别人打跆拳道一边对话的场景。
③ 跆拳道场上男人一边正在穿跆拳道服，一边和女人聊天的场景。
④ 许多人在跆拳道场上打跆拳道的场景。

단어 태권도 跆拳道　배우다 学习　등록하다 注册，登记

[17~21] 다음을 듣고 〈보기〉와 같이 대화 내용과 같은 것을 고르십시오.

听录音，参照所给例子，选择与对话内容相符的答案。

男：我有两张音乐会的票，这周六一起去吗？
女：对不起。这周我要去探望生病的朋友，所以去不了。

17.

남자: 음악회 표가 두 장 있는데 이번 주 토요일에 같이 갈까요?

여자: 미안해요. 이번 주는 친구 병문안을 가야 해서 못 가요.

① 남자는 혼자 음악회에 가려고 합니다.
② 여자는 친구와 음악회를 다녀왔습니다.
③ 남자는 여자와 음악회를 갈 수 있습니다.
❹ 여자는 이번 주에 친구 병문안을 갑니다.

단어 음악회 音乐会　병문안 探病

종류 类型　对话

해설 解析

对于男人说一起去听音乐会的提议，女人因要去探望生病的朋友所以说去不了。

① 男人打算一个人去听音乐会(男人正在跟女人提议一起去听音乐会)。
② 女人和朋友一起已经从音乐会回来了(女人对于男人的这周六一起去的提议回答说去不了)。
③ 男人和女人可以一起去音乐会(女人因为探病不能去音乐会了)。

18.

남자: 실례합니다. 미술관 앞에서 내리려고 하는데 몇 정거장 더 가야 해요?

여자: 미술관은 바로 다음 정류장이라 지금 벨을 눌러야 해요.
남자: 네, 감사합니다.

① 남자는 미술관을 지나쳤습니다.
② 여자는 미술관에 가려고 합니다.
③ 여자는 다음 정류장에서 내립니다.
❹ 남자는 미술관에 가는 버스를 탔습니다.

단어 정거장 车站　정류장 公交车站　누르다 按，摁
지나치다 　(经)过，(错)过

男：不好意思打扰了。我想在美术馆前边下车，请问还要坐几站吗？
女：美术馆就在下一站，现在按下车铃吧。
男：好的，谢谢。

종류 类型　对话

해설 解析

从女人说的'美术馆就在下一站'这句话可以推测，男人乘坐了去美术馆的公交车。

• 버스를 타다 乘坐公交车
• 버스에서 내리다 从公交车上下来，下车

① 男人坐过了美术馆(美术馆在下一站)。
② 女人打算要去美术馆(男人要去美术馆)。
③ 女人在下一站下车(男人在下一站下车)。

19.

여자: 민수 씨, 무슨 고민 있어요?

남자: 요즘 다이어트를 하려고 운동을 하고 있는데 살이 안 빠져서요.

여자: 매일 운동을 해요? 다이어트는 꾸준히 운동을 하는 것이 중요해요.

남자: 그렇군요. 앞으로는 더 열심히 운동을 해야겠어요.

女：旻秀，有什么烦恼吗？
男：最近为了减肥一直在做运动，但还是没有瘦下来。
女：每天运动吗？减肥的话坚持运动很重要。
男：那是。今后应该更努力地运动了。

종류 类型　对话

해설 解析

男人正在向女人征求关于如何减肥的建议。

① ~~여자~~는 ~~꾸준히~~ 운동을 합니다.
② ~~여자~~의 고민은 다이어트입니다.
③ 남자는 다이어트를 해서 ~~살이 빠졌습니다~~.
❹ 남자는 살을 빼려고 운동을 하고 있습니다.

단어 고민 烦恼，苦恼　　살이 빠지다 瘦了　　운동하다 做运动

- 다이어트　减肥，节食
  예 살을 빼려고 다이어트를 해요. 为了瘦下来节食减肥。
- 꾸준히　坚持地
  예 한국어를 꾸준히 공부하면 좋은 성적을 받을 수 있어
  요. 坚持学韩语的话就可以取得好的成绩。

① 女人坚持运动(男人在下决心说今后要坚持运动)。
② 女人的烦恼是减肥(减肥是男人的烦恼)。
③ 男人减肥瘦下来了(男人因为没有瘦下来正在烦恼)。

20.

남자: 어서 오세요. 필요하신 것이 있으면 말씀하세요.
여자: 어제 여기에서 신발을 샀는데 집에 가서 신어 보니까
　　　사이즈가 조금 작아서요.
남자: 색상이나 디자인은 같은 것으로 하시나요?
여자: 네. 사이즈만 큰 것으로 바꿔 주세요.
남자: 손님, 죄송하지만 같은 상품으로는 큰 사이즈가 없어
　　　서요. 검은색은 사이즈가 있는데 검은색으로 바꾸시
　　　겠어요? 아니면 주문을 하셔야 합니다.
여자: 아니요. 주문하고 갈게요.

① ~~남자~~는 신발을 주문하려고 합니다.
② 여자는 검은색 신발로 ~~교환했습니다~~.
❸ 남자는 신발 가게에서 일하고 있습니다.
④ 여자는 ~~신발이 마음에 들지 않아서~~ 바꾸려고 합니다.

단어 필요하다 需要　　신다 穿（鞋）　　사이즈 码，尺寸
색상 颜色　　디자인 设计，款型　　상품 商品

男：欢迎光临。有什么需要的话请说。
女：昨天在这里买了一双鞋子，但回家后试了试发现
　　鞋码有点小了。
男：那给您一样的颜色或款式吗？
女：是的。只换大一点儿的鞋给我就行。
男：客人，很抱歉，一样的商品没有大码的了。黑色
　　的倒有，可以换成黑色的吗？要不行的话您需要
　　预订。
女：不。我预订吧。

종류 类型 对话
해설 解析
男人是鞋店的职员，女人为了换鞋码来这里的情景。

- 주문하다 预约，预订
  예 사고 싶은 물건이 없어서 주문해요.
  　　想买的东西没有了所以预订。

① 男人打算预订鞋子(女人打算预订鞋子)。
② 女人换了黑色的鞋子(女人没有换成黑色的鞋子，而
　　是打算预订)。
④ 女人对鞋子不满意所以打算换别的(女人是因为鞋码
　　小了才打算换的)。

21.

남자: (따르릉) 여보세요, 맛나음식점입니다.
여자: 네, 여기 한국아파트 123동 709호로 비빔밥 한 그릇
　　　하고 김치찌개 좀 배달해 주세요.
남자: 지금 점심시간이라 주문이 많아서 오래 걸릴 것 같은
　　　데 괜찮으세요?
여자: 네. 그런데 김치찌개는 너무 맵지 않게 해 주세요.
남자: 네. 배달 시간까지 30분 정도 걸립니다.
여자: 네, 알겠습니다.

① 남자는 매운 음식을 ~~잘 먹습니다~~.
❷ 여자는 두 가지 음식을 주문했습니다.
③ 남자는 ~~20분~~ 후에 음식을 먹을 수 있습니다.
④ 여자는 ~~식당에서~~ 음식을 주문하고 있습니다.

단어 음식점 食品店，餐厅　　오래 久　　걸리다 花(时间等)
맵다 辣

男：(叮铃铃) 喂，这里是美味餐厅。
女：嗯，请往韩国公寓123栋709号房间送一碗拌饭和
　　一个泡菜汤。
男：现在是午餐时间，所以订餐很多，可能花的时间
　　比较久，没关系吗？
女：好的。但请不要把泡菜汤做得太辣。
男：好的。食物到配送时间大概需要花30分钟。
女：好的，知道了。

종류 类型 对话
해설 解析
女人预订了拌饭和泡菜汤。

- 배달하다　外卖配送
  예 비빔밥 두 그릇 배달해 주세요. 请配送两碗炸酱面。

① 男人非常能吃. 辣的食物(从'请不要做太辣'这句话可
　　以知道男人不能吃辣的食物)。
③ 女人正在餐厅订餐(女人正在打电话订餐)。
④ 男人20分钟后能吃到食物(食物30分钟后送到)。

[22~24] 다음을 듣고 대화 내용과 같은 것을 고르십시오.

听录音，选择与对话内容一致的答案。

22.

여자: (딩동) 42번 손님. 무엇을 도와드릴까요?

남자: 신용 카드를 하나 만들려고 하는데요. 대학생이 사용하기 좋은 카드가 있습니까?

여자: 네, 대학생들이 자주 가는 커피숍이나 극장에서 할인이 되는 카드가 있습니다. 그리고 카드를 사용하면 바로 문자로 확인하실 수 있습니다.

남자: 그럼 그 카드로 만들어 주세요.

❶ 남자는 지금 은행에 있습니다.
② 남자는 신용 카드를 바꾸려고 합니다.
③ 여자는 커피숍이나 극장에 자주 갑니다.
④ 여자는 은행에서 신용 카드를 만들었습니다.

女：(叮咚) 42号客人，请问需要什么帮助？
男：我想办一张信用卡。有没有适合大学生用的比较好的卡呢？
女：好的。有一种卡可以在大学生经常去的咖啡厅或电影院里享受折扣。而且使用的话可以马上通过短信确认。
男：那么请给我办那种卡。

📁 종류 类型　对话

🎓 해설 解析

男人想办一张信用卡(所以)来到了银行。

- 할인되다 打折
  예 50% 할인된 가격에 살 수 있어요.
  可以用50%的折扣价买。

② 男人打算换信用卡(他打算办一张信用卡)。
③ 女人经常去咖啡厅(有一种可以在咖啡厅或电影院打折的卡)。
④ 女人在银行办了一张信用卡(男人打算办一张信用卡)。

단어　손님 顾客　　신용 카드 信用卡　　사용하다 使用
　　　　확인하다 确认　　만들다 办，做

23.

남자: 나영 씨, 내일 회의 시간 바뀐 것 알고 있어요? 원래 한 시였는데 회사 컴퓨터 점검 때문에 세 시로 바뀌었어요.

여자: 그렇군요. 모르고 있었어요. 고마워요.

남자: 아니요. 회의 자료는 제가 복사해서 가져갈게요. 나영 씨는 회의실로 바로 가세요. 회의실은 3층 회의실이 아니고 5층 회의실이에요.

여자: 알겠어요. 정말 고마워요.

① 내일 한 시에 회의를 할 겁니다.
② 회의는 3층 회의실에서 할 겁니다.
❸ 회의 자료는 남자가 준비할 겁니다.
④ 컴퓨터 고장으로 회의 시간이 바뀌었습니다.

男：娜英，你知道明天的会议时间改了对吧？原本是1点钟，但因公司电脑检查改到了3点钟。
女：是这样啊。我不知道呢。谢谢你。
男：不用谢。我会把会议资料复印后带过去。娜英你直接去会议室吧。会议室不是3楼而是5楼的会议室。
女：知道了。非常谢谢你。

📁 종류 类型　对话

🎓 해설 解析

男人说他自己复印会议材料后带去，从这句话可以推测出会议资料是由男人准备的。

- 바뀌다 被改变，换了(바꾸다 的被动式)
  예 약속 장소가 바뀌었어요. 约定场所换了。

① 明天1点开始召开会议(明天三点召开会议)。
② 会议在第3层的会议室召开(将在5楼的会议室召开会议)。
④ 因电脑发生故障会议时间改了(因电脑检查所以把会议时间改了)。

단어　점검하다 检验　　자료 资料　　복사하다 复印
　　　　가져가다 带去　　회의실 会议室

24.

여자: 오후 1시 공연 표 좀 예매하려고요.

남자: 네, 몇 장 예매하시겠어요?

여자: 어른 두 명하고 어린이 한 명이요. 모두 얼마예요?

남자: 어른은 구천 원이고 어린이는 칠천 원이에요. 자리는 공연 시작 전에 안내해 드리겠습니다.

女：我想购买下午1点的公演入场券。
男：好的。请问购买几张？
女：大人2名小孩1名。一共多少钱呢？
男：大人9000元，小孩7000元。公演开始前给您座位指南。

📁 종류 类型　对话

🎓 해설 解析

女人正在买票，大人2名、小孩1名共3张。

① ~~남자는~~ 공연을 보려고 합니다.
❷ 여자는 표 세 장을 사고 있습니다.
③ 여자는 ~~만 육천 원~~을 내면 됩니다.
④ 남자는 자리 안내를 ~~받고 있습니다~~.

단어 공연 公演　　어른 大人，成人　　어린이 小孩，儿童
　　　자리 座位，位置　　안내하다 向导，指南

· 예매하다 预购（票等）
　예 공연 표를 예매해요. 预购公演票。
① 男人打算去看公演(女人打算看公演)。
③ 女人付16000元即可(女人需付25000元)。
④ 男人正在接受座位指南(他在公演开始前会做女人安排座位)。

[25~26] 다음을 듣고 물음에 답하십시오.

남자: 손님 여러분, 안녕하십니까? 오늘도 우리 한국항공을 찾아 주셔서 정말 감사합니다. 우리 비행기는 오전 9시에 인천공항을 출발하여 밤 10시에 미국에 도착하는 HK130편입니다. 비행기가 이륙할 때 창문덮개를 모두 열어 주시고, 휴대전화 및 모든 전자제품을 꺼 주시기 바랍니다. 이륙한 후 비행 중에는 전자제품을 사용하실 수 있습니다. 감사합니다.

단어 항공 航空　　출발하다 出发　　도착하다 到达
　　　편(航班) 班次　　이륙하다 起飞　　열다 打开
　　　전자제품 电子产品　　끄다 关闭　　사용하다 使用

25. 어떤 이야기를 하고 있는지 고르십시오.

❶ 부탁　　② 감사　　③ 인사　　④ 사과

단어 부탁 拜托，嘱咐　　감사 感谢　　인사 打招呼
　　　사과 道歉

听录音，回答问题。

男：各位乘客，你们好。我们非常感谢您今天再次乘坐韩国航空。我们的HK130次航班将在上午9点从仁川机场出发，晚上10点到达美国。飞机起飞时请您打开遮光板，关闭手机和所有电子产品。起飞后，飞行过程中可以使用电子产品。感谢您的合作。

选择听到的内容。

종류 类型 广播指南
해설 解析
在介绍有关飞机上应注意事项。

· 끄다 关闭
　예 휴대전화를 꺼요. 关闭手机。

---

26. 들은 내용과 같은 것을 고르십시오.

❶ 비행기는 미국에 도착합니다.
② 비행기는 ~~밤 10시~~에 출발합니다.
③ 비행기가 출발할 때 창문덮개를 ~~닫아야 합니다~~.
④ 비행기 안에서 휴대전화를 사용할 수 ~~없습니다~~.

选择与听到的内容一致的一项。

종류 类型 广播指南
해설 解析
飞机将在上午9点从仁川出发，晚上10点到达美国。
② 飞机在晚上10点钟出发(飞机上午9点出发)。
③ 飞机在出发时必须关闭窗户(必须打开遮光板)。
④ 在机内不能使用移动电话(飞行中可以使用移动电话)。

[27~28] 다음을 듣고 물음에 답하십시오.

남자: 준코 씨는 대학교에 들어가면 무엇을 공부하고 싶어요?
여자: 저는 어릴 때부터 그림 그리는 것을 좋아해서 디자인 공부를 하고 싶어. 옷이나 가방 디자이너가 되는 것이 제 꿈이에요. 영호 씨는요?
남자: 저는 아직 고민 중이에요. 그런데 요즘 드라마에서

听录音，回答问题。

男：顺子，你进入大学的话想学习什么呢？
女：我从小就喜欢画画，所以想学设计。成为服装或皮包设计师是我的梦想。英浩，你呢？
男：我还在苦恼中。但是最近看电视剧里制作咖啡的场景，我倒想学习一下…我不知道。
女：那也似乎挺有意思的。学会之后给我泡一杯好喝醇厚的咖啡吧。

커피 만드는 것을 보니까 커피 만드는 것을 공부하고
싶은데…… 잘 모르겠어요.

여자: 그거 재미있을 것 같아요. 배워서 나중에 저한테 맛
있는 커피를 만들어 주세요.

단어 어리다〔年龄〕小　　그리다 画　　디자이너 设计师
꿈 梦　　드라마 电视剧　　나중에 以后，将来

27. 두 사람이 무엇에 대해 이야기하고 있는지 고르십시오.

① 장래 희망　　　　　　❷ 대학교 전공
③ 고민하는 이유　　　　④ 커피 만드는 방법

단어 장래 희망 志向

请选择两人对话的有关内容。

종류 类型 对话

해설 解析

男人和女人正在谈有关大学专业选择的事情。

· 고민하다 苦恼
　예 무슨 직업을 선택할지 고민해요.
　　　 为选择什么职业而苦恼。

---

28. 들은 내용과 같은 것을 고르십시오.

① ~~남자~~는 그림 그리는 것을 좋아합니다.
❷ 남자는 무엇을 공부할지 고민하고 있습니다.
③ ~~여자~~는 커피 만드는 일을 배우고 싶어 합니다.
④ 여자는 남자에게 커피 만드는 방법을 ~~가르쳐 줍니다.~~

选择与听到的内容一致的一项。

종류 类型 对话

해설 解析

男人正在为选择什么专业而苦恼。

① 男人喜欢绘画(女人喜欢画画)。
③ 女人想学怎么制作咖啡(男人想学怎么制作咖啡)。
④ 女人向男人教授了制作咖啡的方法(女人让男人学会
　　怎么制作咖啡以后给她泡咖啡喝)。

[29~30] 다음을 듣고 물음에 답하십시오.

남자: 안녕하세요. 집을 좀 알아보려고 왔는데요. 친구하고
　　　두 명이서 같이 살 건데 혹시 괜찮은 집이 있나요?
여자: 네. 거실과 주방이 있고 방이 두 개인 집이 하나 있어요
남자: 한 달에 얼마예요?
여자: 한 달에 오십 만 원이고 전기세와 수도세는 따로 너
　　　셔야 합니다.
남자: 음, 그럼 생각해 보고 오후 5시쯤 다시 친구하고 같
　　　이 올게요. 그때 그 집을 한번 볼 수 있을까요?
여자: 그럼요. 그때 집을 좀 둘러보시고 결정하세요.

단어 알아보다 打听　　거실 客厅　　주방 厨房
전기세 电费　　수도세 水费　　내다 付，给
둘러보다 参观，顺便看看

29. 남자는 지금 왜 여기에 왔습니까?

① 집을 팔려고　　　　　② 집을 바꾸려고
❸ 집을 구하려고　　　　④ 집을 고치려고

단어 팔다 卖　　고치다 修理

听录音，回答问题。

男：您好，我来想找房子。和朋友一起两个人住的
　　话，请问有不错的房子吗？
女：是的。有一个房子，里面包括客厅、厨房，还有
　　两个房间。
男：一个月多少钱？
女：一个月50万元，电费和水费要另付。
男：嗯，那我想一下，下午5点左右我和朋友再来一
　　趟。到时可以看一看房子吗？
女：当然可以。到时您参观房子之后再决定吧。

男人为什么来这里？

종류 类型 对话

해설 解析

男人为了找房子来到了不动产(韩国有很多房屋中介公
司，叫做'부동산')。

· 구하다 找，求
　예 부동산에서 집을 구해요. 在不动产找房子。

30. 들은 내용과 같은 것을 고르십시오.

① ~~여자는 어제 집을 보러 왔습니다.~~

❷ 남자는 다시 집을 보러 올 겁니다.

③ 남자는 혼자 살 집을 찾고 있습니다.

④ ~~여자는~~ 이 집에서 살기로 ~~결정했습니다.~~

选择与听到的内容一致的一项。

종류 类型 对话

해설 解析

男人打算下午5点和朋友一起来看房子。

· 결정하다 决定

  예 이 옷을 사기로 결정했어요. 决定了要买这件衣服。

① 女人昨天来看房子了(男人下午要来看房子)。

③ 男人在找一个人住的房子(他在找和朋友一起两个人住的房子)。

④ 女人决定了要在这家住下来(男人说了下午5点来看了房子之后再做决定)。

읽기 (31번 ~ 70번)

[31~33] 다음은 무엇에 대한 이야기입니까? 〈보기〉와 같이 알맞은 것을 고르십시오.

下面是关于什么内容的对话？参照所给的例子，选择正确的答案。

这里是洗手间。那里是餐厅。

31.

여기는 화장실입니다. 저기는 식당입니다.

❶ 장소　　　② 나이　　　③ 날씨　　　④ 날짜

단어 여기/저기 这里/那里　　화장실 洗手间　　식당 餐厅

종류 类型 陈述句

해설 解析

'여기(这里)'와 '저기(那里)'는 表示场所的代名词。洗手间、餐厅是场所名词，因此两个句子的共同之处是 '장소(场所)'。

② 나이 年龄 : 저는 29살입니다. 我29岁了。누나는 30살입니다. 姐姐30岁。

③ 날씨 天气 : 오늘은 하늘이 맑습니다. 今天天空很晴朗。

④ 날짜 日期 : 오늘은 7월 25일입니다. 今天是7月25日。

32.

오늘은 10월 9일입니다. 저는 오후 2시에 친구를 만날 겁니다.

① 취미　　　❷ 계획　　　③ 선물　　　④ 친구

단어 오늘 今天　　친구 朋友　　만나다 见面

今天是10月9日。下午2点我要和朋友见面。

종류 类型 陈述句

해설 解析

从句子中可以知道今天是10月9日，我有与朋友见面的计划。

① 취미 兴趣 : 저는 등산을 좋아합니다. 자주 합니다. 我喜欢登山。经常去/做。

③ 선물 礼物 : 친구 생일 선물로 꽃을 줬습니다. 送朋友一束鲜花作为生日礼物。

④ 친구 朋友 : 이번 여름 방학에 고향에 가서 친구를 만날 겁니다. 这次暑假将回家乡和朋友见面。

33.

준코 씨는 미용사입니다. 영수 씨는 은행에서 일합니다.

❶ 직업　　② 가족　　③ 나라　　④ 휴일

단어 미용사 美发师　일하다 工作

順子是美发师。永秀在银行工作。

종류 类型　陈述句

해설 解析

美发师和在银行工作的人，即银行职员。这两个都是指职业。

② 가족 家庭 : 우리 가족은 아버지, 어머니, 나 모두 세 명입니다. 我们家有爸爸、妈妈，还有我共三个人。

③ 나라 国家 : 나라마다 인사하는 것이 다릅니다. 不同国家打招呼的方式不同。

④ 휴일 休息日 : 오늘은 쉬는 날입니다. 일을 하지 않습니다. 今天是休息的日子。不工作。

[34~39] 〈보기〉와 같이 빈칸에 제일 알맞은 것을 고르십시오.

34.

신문(　) 읽어요.

① 과　　② 이　　❸ 을　　④ 에서

단어 신문 新闻　읽다 读，看

어휘 · 문법
① 와/과: 表示两个及以上的事物或人时使用的助词。
　예 저는 과일과 과자를 좋아합니다. 我喜欢水果和点心。
　예 저는 축구와 농구를 좋아합니다. 我喜欢足球和篮球。
② 이/가: 用来表示名词是句子主语时的助词。
　예 엄마가 웃습니다. 妈妈笑了。
　예 생선이 비쌉니다. 鱼贵。
④ 에서: 和表示场所的词语一起使用的助词。
　예 민호 씨는 도서관에서 공부합니다. 旻浩在图书馆里学习。
　예 저는 보통 공원에서 운동합니다. 我一般在公园里做运动。

仿照所给的例子，在空格处填入最恰当的词语。
读/看新闻。

종류 类型　陈述句

해설 解析

'읽어요(读)'以'무엇을 읽다(读什么)'放进句子宾语的位置。因此宾语助词'을/를'是正确答案。

35.

배가 아픕니다. (　　)에 갑니다.

① 공항　　② 서점　　③ 시장　　❹ 병원

단어 배가 아프다 肚子疼

어휘 · 문법
① 공항 机场
　예 비행기를 타러 공항에 갑니다. 去机场坐飞机。
② 서점 书店
　예 한국어 책을 사러 서점에 갑니다. 去书店买韩国语书。
③ 시장 市场
　예 야채를 사러 시장에 갑니다. 去市场买蔬菜。

肚子疼。去(　　)。

종류 类型　陈述句

해설 解析

一般情况下如果觉得疼痛的话去的地方是'약국과 병원(药店和医院)'。因此'병원'是正确答案。

36.

주말에 여자 친구와 같이 극장에 갔습니다. 슬픈 영화를 ( ).

① 썼습니다 　　　　❷ 봤습니다
③ 줬습니다 　　　　④ 찼습니다

단어 주말 周末　　극장 电影院　　영화 电影

어휘 · 문법
① 쓰다 写
　예 부모님께 편지를 썼습니다. 给父母写书信。
③ 주다 给
　예 어제 여자 친구에게 선물을 줬습니다. 昨天送礼物给女朋友了。
④ 차다 踢
　예 지난주 학교 운동장에서 공을 찼습니다.
　　上周在学校操场上踢球了。

周末和女朋友一起去电影院了。( )了悲伤的电影。

종류 类型 陈述句

해설 解析

可使用'영화를 보다, 영화를 구경하다, 영화 관람'(观看电影)等。去了电影院，因为是过去时，'슬픈 영화를 봤습니다(看了悲伤的电影)'是正确答案。

37.

교실이 ( ). 그래서 친구와 함께 청소를 했습니다.

① 좁습니다 　　　　❷ 더럽습니다
③ 어둡습니다 　　　　④ 어렵습니다

단어 교실 教室　　청소 打扫

어휘 · 문법
① 좁다 窄
　예 제 기숙사 방은 좁습니다. 我宿舍的房间窄。
③ 어둡다 黑暗
　예 방이 어두워서 불을 켰습니다. 房间很暗，所以开了灯。
④ 어렵다 难
　예 이번 TOPIK 시험은 너무 어렵습니다. 这次TOPIK考试太难了。

教室( )。因此和朋友一起打扫了。

종류 类型 陈述句

해설 解析

从意思上看该题是一道寻找打扫卫生的原因的题。因为脏所以打扫了。

38.

지난주에 노트북을 주문했습니다. ( ) 집에 오지 않았습니다.

① 빨리 　　❷ 아직 　　③ 벌써 　　④ 가끔

단어 지난주 上周　　노트북 笔记本，手提电脑
　　주문하다 预订，订购

어휘 · 문법
① 빨리 快点
　예 빨리 공항에 가세요. 10분 남았어요.
　　快点去机场吧，剩下10分钟了。
③ 벌써 已经
　예 내일이 마감일인데 친구는 벌써 다 했습니다.
　　明天才是截止日，但朋友已经全做完了。

上周订购了手提电脑。( )没有到家。

종류 类型 陈述句

해설 解析

第一句里讲订购了手提电脑，但没有在预定时间里寄到家里，则用'아직 - 지 않다'的句型来表示。

④ 가끔 有时，偶尔
　　[예] 저는 가끔 노래방에 가서 노래를 부릅니다.
　　　　 我有时去练歌房唱歌。

39.

날씨가 더워요. 그래서 에어컨을 (　　　　　).

① 봤어요　　② 갔어요　　**❸ 켰어요**　　④ 들었어요

[단어] 에어컨 空调

[어휘·문법] 合成词(collocation)
- 촛불을 켜다 点蜡烛
　[예] 방이 어두워서 촛불을 켰어요. 房子很暗，所以点了蜡烛。
- 텔레비전을 켜다 打开电视机
　[예] 좋아하는 한국 드라마를 보고 싶어서 텔레비전을 켰어요.
　　　 想看喜欢的韩国电视剧，所以打开了电视机。
- 라디오를 켜다 打开收音机
　[예] 한국 음악을 듣고 싶어서 라디오를 켰어요.
　　　 想听韩国音乐，所以打开了收音机。

天气热。所以(　　)了空调。

[종류 类型] 陈述句

[해설 解析]
打开空调的原因在第一句已经说明了。天气热的话开电风扇或空调。空调，电视，收音机等和'켜다(打开)'一起使用。

[40~42] 다음을 읽고 맞지 않는 것을 고르십시오.

40.

" 엄마와 떠나는 여행 "

1. 시간 : 2014년 5월 25일(일요일 오후 2시, 4시)
2. 장소 : 한국소극장
3. 예매 및 문의 : 02) 123-1234(☞ 무대 앞 좌석은 매진)
※ 5세 이하 어린이는 입장할 수 없습니다.

① 공연은 모두 두 번 합니다.
② 연극 공연에 대한 안내입니다.
③ 네 살 어린이는 공연을 볼 수 없습니다.
❹ 지금 모든 자리를 예매할 수 있습니다.

[단어] 예매 订购，预购　　문의 咨询，问疑　　좌석 座位
　　　 매진 售尽，卖光　　입장하다 入场

读下面内容，选择不正确的一项。
"和妈妈一起启程旅行"
1. 时间：2014年5月25日(星期日下午2点，4点)
2. 场所：韩国小剧院
3. 预购与咨询：02)123-1234(☞舞台前边的座位已售尽。)
※5岁以下的儿童不能入场。

[종류 类型] 海报

[해설 解析]
只有舞台前边的座位已卖光。因此可以预购其他的座位。
① 公演是周日下午2点和4点演出，因此共有两次。
② 从小剧院，预购，舞台等单词看出是在讲话剧。
③ 5岁以下的儿童不能入场，因此4岁的小孩是看不了话剧的。

41.

농구 경기일정			
2014. 02. 11(화)			
출전팀		**장소**	**시간**	**방송**
KE	LD	서울	19:00	O
LT	SM	부산	18:00	X

篮球比赛日程			
2014. 02. 11(星期二)			
出战队		场所	时间	播送
KE	LD	首尔	19:00	O
LT	SM	釜山	18:00	X

① 스포츠 경기에 대한 안내입니다.
② 11일 경기는 모두 저녁 경기입니다.
③ KE와 LD의 경기는 서울에서 합니다.
❹ LT와 SM의 경기는 TV로 볼 수 있습니다.

'방송(播送)'是指能在电视或收音机上看到或听到。图表中标注'X，Q'来分别表示不播送和播送，因此可以知道在电视上看不了LT和SM比赛。

① 篮球是体育项目的一种，因此上面表格是体育比赛的指南图表。
② 比赛日是11日，时间都是晚上，因此是晚上比赛。
③ 上图中KE和 LD的比赛场所都是在首尔。

42.

○○ 문화센터 프로그램				
시간	화	수	목	금
13–15시	요가	노래	요가	–
15–17시	댄스	탁구	노래	배드민턴

① 댄스는 화요일에 2시간 합니다.
② 노래는 일주일에 2번 있습니다.
❸ 센터에 주말 프로그램이 있습니다.
④ 센터에서는 금요일에 배드민턴을 가르칩니다.

○○文化中心活动				
时间	周二	周三	周四	周五
13-15点	瑜伽	唱歌	瑜伽	–
15-17点	舞蹈	乒乓球	唱歌	羽毛球

按星期划分的文化中心的活动。从周二到周五有活动。因此周末是没有活动的。

① 13-15点是下午，而且瑜伽是星期二的活动。
② 唱歌是周三和周四的活动，一周两次。
④ 周五教打羽毛球。

[43~45] 다음의 내용과 같은 것을 고르십시오.

43.

오늘 아침을 먹고 아버지와 같이 도서관에 갔습니다. 저는 도서관에서 전공 책을 대출했습니다. 아버지께서는 역사 책을 반납했습니다.

① 책을 빌리고 점심을 먹었습니다.
❷ 저는 오늘 전공 책을 빌렸습니다.
③ 오늘 아침 혼자 도서관에 갔습니다.
④ 아버지께서는 역사 책을 빌렸습니다.

选择与下面内容相符的答案。

今天吃完早餐，我和爸爸一起去了图书馆。在图书馆我借了专业书，爸爸还了历史书。

内容讲的是今天我和爸爸一起去图书馆还了书和借了书。因此是我在图书馆借了专业有关的书籍，爸爸还了历史有关的书籍。

① 借了书，然后吃了午饭(本文未提到，无法知道是否吃了午饭)。
③ 今天早上我独自去图书馆了(和爸爸一起去了)。
④ 爸爸借了历史有关的书籍(他归还了)。

44.

지난주에 형 졸업식이 있었습니다. 돈이 없었지만 선물로

上周是哥哥的毕业典礼。虽然我没有钱，但还是想买件衣服作为礼物送给他。打了4周的工，终于送了哥哥一件很帅气的衣服。

옷을 주고 싶었습니다. 4주 동안 아르바이트를 해서 멋진 옷을 줬습니다.

① 저는 졸업식에서 옷을 ~~받았습니다~~.
❷ 저는 형한테 졸업 선물을 했습니다.
③ 저는 4주 동안 형에게 멋진 옷을 ~~줬습니다~~.
④ 저는 아르바이트를 해서 옷을 ~~많이 샀습니다~~.

단어 졸업식 毕业典礼　아르바이트 打工　멋지다 帅

종류 类型 叙述文
해설 解析

哥哥的毕业典礼，我送了他衣服，因此说送了毕业礼物是正确答案。

① 我在毕业典礼时收到了衣服[我送给(哥哥)衣服]。
③ 我4周期间送给了哥哥一件很好看的衣服(4周期间很努力地打工了)。
④ 我努力做事，所以买了很多衣服(从上文中无法得知是否买了很多衣服)。

45.

토요일마다 달리기 모임이 있습니다. 우리는 1년에 한 번 마라톤 대회에 나가려고 한 시간씩 달리기 연습을 합니다. 다음 달에 있는 '춘천마라톤대회'에 회원 대부분이 참여합니다.

① ~~토요일마다~~ 마라톤 대회가 열립니다.
② ~~매년~~ 토요일에 한 시간 동안 달립니다.
❸ 1년에 한 번 마라톤 대회에 나갑니다.
④ 다음 달 춘천마라톤대회에는 ~~모든~~ 회원이 참여합니다.

단어 달리다(달리기) 跑步，赛跑　마라톤 马拉松
　　　 회원 会员　참여하다 参加

(我们)每周六都有跑步聚会。我们打算参加一年一次的马拉松大赛，所以每次都练习一个小时的跑步。我们的大多数会员会参加下个月即将举行的"春川马拉松"。

종류 类型 叙述文
해설 解析

上文讲我们打算参加一年一次的马拉松比赛所以每次都做1个小时的跑步练习。因此说一年参加一次马拉松比赛是正确答案。

① 每周六都会举行马拉松比赛(比赛一年举行一次)。
② 每年周六跑步一个小时(不是每年而是每星期)。
④ 所有的会员都会参加下个月即将举行的春川马拉松比赛('대부분'的意思是大部分，大多数，因比有一部分人不参加)。

[46~48] 다음을 읽고 중심 생각을 고르십시오.

46.

저는 갖고 싶은 게 있을 때 항상 수첩에 씁니다. 수첩에 쓸 때는 제일 먼저 갖고 싶은 것부터 씁니다. 그리고 그 순서대로 물건을 구입하니까 당장 필요하지 않은 것은 사지 않을 수 있습니다.

① 저는 항상 수첩에 쓴 물건을 구입합니다.
❷ 저는 갖고 싶은 물건은 모두 수첩에 씁니다.
③ 저는 갖고 싶은 물건을 다 사지 않고 순위를 매겨 구입합니다.
④ 저는 당장 필요하지 않은 물건을 먼저 수첩에 쓴 후 구입합니다.

단어 항상 常常　수첩 笔记本　당장 立即，马上
　　　 구입하다 购买

读下面内容，选择中心思想。

我如果有什么东西想拥有的话常常会记在笔记本上。记笔记的时候我总是从最想拥有的东西开始写起。而且我会按照顺序购买东西，因此我可以做到不买不是马上需要的东西。

종류 类型 叙述文
해설 解析

上文讲如果想拥有的东西很多的话，我常常会在笔记本上从最想拥有的东西开始排序记录下来，而且会按照这个顺序购买东西，因此不是购买所有的想拥有的东西。

47.

우리 형은 공부보다 게임을 좋아해서 늦게까지 게임을 합

我的哥哥比起学习来说更喜欢玩游戏，常玩游戏玩到很晚。看到我的朋友们和他们自己的哥哥一起玩足球和篮球的样子，我非常羡慕。我也想和哥哥一起玩耍。

니다. 저는 제 친구들이 자기 형과 같이 축구와 농구 경기하는 것을 보면 무척 부럽습니다. 저도 형과 함께 시간을 보내고 싶습니다.

❶ 저는 형과 함께 놀고 싶습니다.
② 우리 형은 축구 게임기를 사고 싶어 합니다.
③ 우리 형은 친구들과 공부를 하고 싶어 합니다.
④ 저는 형과 함께 늦게까지 공부를 하고 싶습니다.

단어 부럽다 羡慕　　시간을 보내다 度过/消磨时光

종류 类型　叙述文

해설 解析

哥哥非常喜欢一个人玩游戏。但是我不能像其他朋友一样可以跟自己的哥哥一起玩耍。因此这段文章的中心思想是我想和哥哥一起玩耍。

48.

지난주 인터넷으로 침대를 샀습니다. 오늘 그 침대를 받았는데 너무 작아서 잘 수 없었습니다. 그래서 오늘 다시 다른 침대로 바꿀 겁니다.

① 저는 인터넷으로 침대 사는 것이 좋습니다.
② 저는 작은 침대에서 자는 것을 좋아합니다.
③ 저는 오늘 더 작은 침대로 다시 살 겁니다.
❹ 저는 인터넷으로 산 침대를 교환할 겁니다.

단어 인터넷 网络　　침대 床　　작다 小　　주문하다 订购

上周(我)在网上买了一张床。今天收到了那张床，但因为太小，根本睡不了。因此今天(我)要换另外一张床。

종류 类型　叙述文

해설 解析

因为是在网上订购的床，所以不能准确地知道床是大是小。但是收到的床很小。所以这段文章的中心思想是换别的床。

[49~50] 다음을 읽고 물음에 답하십시오.

요즘 (㉠) '종이 접기 교실'이 인기가 많습니다. 그곳에는 다른 사람들이 이미 만든 여러 모양의 작품들이 많이 있습니다. 특히 동물 모양의 종이 접기 작품들이 많이 있습니다. 또 그곳에 가면 세계 여러 나라의 것도 볼 수 있습니다. 어른들은 그곳에서 아이들과 함께 종이를 접어서 만들 수 있습니다.

단어 접다 折叠　　인기가 많다 人气高, 有人气
　　　작품 作品　　세계 世界　　직접 直接, 亲自

读下面内容，回答问题。

最近(㉠)'折纸教室'的人气很高。在那里有很多别人已经制成的各种各样形状的作品。尤其是动物模样的折纸作品非常多。另外，去那里的话可以看到世界各国的作品。在那里大人们可以和孩子们一起制作折纸。

选择正确答案填入(㉠)里。

종류 类型　叙述文

해설 解析

括号里的内容是用来修饰'종이 접기 교실(折纸教室)'的。而且通过括号后面的内容可以知道，各种模样尤其是动物模样的作品很多。因此 在这里填入'여러 모양을 만들 수 있는(可以做成各种模样的)'最恰当。

---

49. (㉠)에 들어갈 알맞은 말을 고르십시오.

① 직접 볼 수 있는
② 직접 그릴 수 있는
③ 여러 나라의 종이를 파는
❹ 여러 모양을 만들 수 있는

---

50. 이 글의 내용과 같은 것을 고르십시오.

❶ 사람들은 종이 접기를 좋아합니다.
② 동물 모양의 종이 접기 작품은 ~~적습니다~~.

选择和这段文章内容相符的一项。

종류 类型　叙述文

③ 여러 모양의 종이 접기를 할 수 ~~없습니다~~.
④ 아이들은 이 종이 접기 교실에 들어갈 수 ~~없습니다~~.

第一句里讲人气很旺，指的是喜欢的人非常多。因此
可以知道人们喜欢折纸。

② 动物模样的折纸作品很少 (文中说动物模样的作品很多)。
③ 不能制作各种形状的折纸 (可以制作)。
④ 小孩儿们不能进入这个折纸教室 (小孩可以和大人一
　起制作折纸)。

[51~52] 다음을 읽고 물음에 답하십시오.

저는 귤차를 자주 마십니다. 귤차는 따뜻한 차로 겨울에만
마셨지만 지금은 ==계절에 관계없이 마십니다==. 요즘은 귤을
1년 내내 (㉠) 때문입니다. 그래서 귤차는 ==언제든지 마실
수 있습니다==. 또 ==귤차를 자주 마시면 건강에 좋습니다==. 비
타민이 많아서 ==피로가 빨리 풀리고 피부에도 좋습니다==.

단어	따뜻하다 暖和　　처음 第一次　　관계없다 无关
	언제든지 任何时候　　피로가 풀리다 消除疲劳

51. (㉠)에 들어갈 알맞은 말을 고르십시오.

① 줄 수 있기　　　　　❷ 살 수 있기
③ 볼 수 있기　　　　　④ 팔 수 있기

读下面内容，回答问题。

我经常喝橘子茶。虽然以前只能在冬天喝上暖暖的
热茶，但现在任何季节都能喝，因为一年四季都(㉠)
橘子。因此无论什么时候都可以喝到橘子茶。　而且
经常喝橘子茶的话对身体有好处。它含有丰富的维他
命，可以消除疲劳，对皮肤也很好。

选择正确答案填入(㉠)。

종류 类型　叙述文

해설 解析

括号的前一句写的是任何季节都能喝橘子茶。而且括
号后面内容写的是无论什么时候都能喝到。因此连接
这两句的最恰当的是'살 수 있기(可以买到)'。

---

52. 무엇에 대한 이야기입니까? 알맞은 것을 고르십시오.

① 귤차를 마시는 곳　　　② 귤차를 마시는 방법
❸ 귤차를 마시는 이유　　④ 귤차를 쉽게 사는 방법

这段文章是关于什么内容？选择正确的一项。

종류 类型　叙述文

해설 解析

从整篇文章来看，写的是在任何时候都可以喝到橘子
茶，橘子茶可以帮助消除疲劳，对皮肤也好。因此这
段文章讲的是喝橘子茶的理由。

[53~54] 다음을 읽고 물음에 답하십시오.

요즘 '이야기 콘서트'가 많이 열립니다. '이야기 콘서트'는
처음부터 끝까지 사람들과 같이 대화하는 콘서트입니다.
중간에 노래도 하고 춤도 추지만 대화가 더 많습니다. 콘서
트에서 사람들은 같이 이야기하면서 웃고 울며 (㉠) 갑니
다. 그래서 사람들은 점점 더 이 콘서트를 찾고 있습니다.

단어	콘서트 演唱会　　대화하다 对话，聊天
	웃다 笑　　울다 哭

53. (㉠)에 들어갈 알맞은 말을 고르십시오.

① 대화하지 않고　　　❷ 스트레스를 풀고
③ 스트레스를 주고　　④ 선물을 주고받고

读下面内容，回答问题。

最近有很多的"谈话演唱会"。"谈话演唱会"从头到尾
都是和人们一起聊天对话的演唱会。虽然期间又唱歌
又跳舞，但对话更多。在演唱会上人们聊天对话，有
哭有笑，(㉠)。所以人们渐渐更频繁地去这演唱会了。

选择正确答案填入(㉠)。

종류 类型　叙述文

해설 解析

括号前一句讲到人们一边聊天对话，有时哭有时笑，
压力不知不觉得到缓解。因此人们更频繁地去这演唱会。

54. 이 글의 내용과 같은 것을 고르십시오.

① 이야기 콘서트는 유명하지 않습니다.
② 이야기 콘서트는 대화보다 노래가 더 많습니다.
❸ 이야기 콘서트를 찾은 사람은 다음에 또 찾습니다.
④ 이야기 콘서트는 중간부터 끝까지 이야기를 합니다.

选择与这段内容相符的一项。

종류 类型　叙述文

해설 解析

对话演唱会上又唱歌又跳舞，但实际上是一场对话的演唱会。人们通过聊天对话，压力自然地得到缓解，所以来过一次的话会想再来第二次。

① 谈话演唱会没有名气('有名'则是广为人知的意思。人气很旺是广为人知的意思)。
② 谈话演唱会比起聊天对话来说唱歌更多(比起唱歌，对话更多)。
④ 谈话演唱会从中间起到结束为止都是聊天对话(是从一开始到结束)。

[55~56] 다음을 읽고 물음에 답하십시오.

수잔 씨, 오늘 저녁에 친구들과 함께 영화를 볼 거예요. 수잔 씨도 시간이 있으면 오세요. 영화 표는 제가 예매할 거예요. (　　) 음료수는 아직 안 샀어요. 올 수 있는지 오후까지 알려 주세요. 수업 때문에 전화를 못 받을 수 있어요. 그럼, 문자로 남겨 주세요.

– 준수 –

단어　시간이 있다 有时间　음료수 饮料　앞으로 今后

读下面内容，回答问题。

苏珊，今天晚上我和朋友一起去看电影。苏珊你如果有时间的话也来吧。我先把电影票买了。(　　)饮料还没有买。在今天下午之前告诉我你能不能来。因为上课我可能不能接电话。所以你给我发短信吧。

—俊秀—

55. (　　)에 들어갈 알맞은 말을 고르십시오.
❶ 그리고　② 그래서　③ 그러면　④ 그러니까

选择正确答案填入(　　)里。

종류 类型　便条

해설 解析

前一句和后一句是并列关系时使用。因此'그리고(并且，还有)'是正确答案。。

・그래서 所以：前一句是后一句的理由和原因时使用。
　예 어제 머리가 너무 아팠어요. 그래서 병원에 갔어요.
　　　昨天头太疼了，所以去了医院。
・그러면 那么, 那样的话：前一句是后一句的前提或假设时使用。
　예 이 버튼을 누르세요. 그러면 커피가 나올 거예요.
　　　请按这个按钮。那么咖啡就会出来。
・그러니까 因此：前一句是后一句的理由时使用。
　예 날씨가 더워요. 그러니까 창문을 엽시다.
　　　天气很热。因此打开窗户吧。

---

56. 이 글의 내용과 같은 것을 고르십시오.

① 수잔은 이미 음료수를 샀습니다.
② 수잔은 영화 표를 예매할 겁니다.
❸ 준수는 오늘 저녁 영화를 볼 겁니다.
④ 준수는 수업 때문에 문자를 받을 수 없습니다.

选择与这段内容相符的一项。

종류 类型　叙述文

해설 解析

这段话是俊秀留下的便条。因而可以知道俊秀今天晚上要去看电影。

① 苏珊已经买了饮料(他们还没有买饮料)。
② 苏珊将要预购电影票(俊秀先购买)。
④ 俊秀因为上课无法接收短信(可以接收短信但不能通电话)。

[57~58] 다음을 순서대로 맞게 나열한 것을 고르십시오.

57.

(가) 저는 수영을 좋아해서 일요일마다 수영장에 갑니다.
(나) 주말에 늦잠을 안 자니까 생활이 규칙적입니다.
(다) 또 시간이 많아 일요일에 많은 일을 할 수 있습니다.
(라) 하지만 주말에는 사람들이 많아서 꼭 아침에 갑니다.

① (가)-(나)-(다)-(라)　　② (가)-(나)-(라)-(다)
③ (가)-(다)-(라)-(나)　　❹ (가)-(라)-(나)-(다)

단어 수영장 游泳场　규칙적 有规律的　일찍 早
일어나다 起来

选择排列顺序正确的一项。
(가) 我喜欢游泳所以每周日都去游泳场。
(나) 周末没睡懒觉，所以生活很规律。
(다) 另外因为时间很多，星期天可以做很多事。
(라) 然而周末人特别多所以一定要早上去。

종류 类型　叙述文
해설 解析

(가)是固定的句子 ➜ 接下来看后面3个句子的内容，讲的是早上去游泳场；早晨早起好；因为早上做运动，有很多空闲的时间。即这几句都共同认为早上早起好，所以在(가)'일요일마다 수영장에 간다(每周日去游泳场).'的句子之后接着应该是早上去游泳场的内容，解释为什么早上去的原因的话会使脉络更清楚，所以接下来应该连结(라)。然后是(나)的内容——为了早上去游泳场要早起，于是周末也能有规律地生活，很不错。最后是(다)。即(가) ➜ (라) ➜ (나) ➜ (다)的排列顺序是正确答案。

58.

(가) 왜냐하면 10분쯤 걸었을 때 아들 집을 찾는 할머니를 만났습니다.
(나) 저는 매일 회사까지 걸어서 출근합니다.
(다) 길을 잘 모르는 할머니를 아들 집까지 모시고 갔습니다.
(라) 집에서 회사까지 20분 걸리는데 오늘은 40분이 걸렸습니다.

① (나)-(다)-(라)-(가)　　② (나)-(라)-(다)-(가)
❸ (나)-(라)-(가)-(다)　　④ (나)-(가)-(라)-(다)

단어 쯤 大约　출근 上班　모르다 不知道
모시다 陪同，侍奉　걸리다 花费（时间）

(가) 因为走了约10分钟的时候遇到了一位正在找儿子家的老奶奶。
(나) 我每天都走路去上班。
(다) (我)把迷路的老奶奶带到了她儿子家。
(라) 从家到公司大概20分钟，今天花了40分钟。

종류 类型　叙述文
해설 解析

(나)是固定的句子 ➜ (라)和(가)，(라)是讲从家里到公司平常要花20分钟今天却花了40分钟。(가)句子中写了'왜냐하면(因为)'，则可以看出在说为什么花了40分钟的原因。因此按时间来排序的话首先应该是(라)，然后是(가) ➜ 遇到老奶奶后做了什么呢，在(다)中讲到了把她送到了儿子家。因此(나)后面应该是(라)，然后是(가)的顺序。即(나) ➜ (라) ➜ (가) ➜ (다)是正确答案。

[59~60] 다음을 읽고 물음에 답하십시오.

지난 크리스마스에 우리 가족은 서울로 여행을 갔습니다. (㉠) 서울에서 시티투어 버스를 탔습니다. (㉡) 이 버스는 일반 버스와 달랐습니다. (㉢) 그리고 차에서 내려 구경도 했습니다. (㉣) 실제로 보기 전에 차에서 여러 가지 설명을 듣고 구경할 수 있어 참 좋았습니다.

단어 시티투어 城市观光　구경 观看，逛　내리다 下
실제로 实际上

59. 다음 문장이 들어갈 곳을 고르십시오.

读下面内容回答问题。
上次圣诞节时我们一家人去首尔旅行了。(㉠)在首尔我们乘坐了城市观光巴士。(㉡)这个巴士和一般的巴士不一样。(㉢)而且我们下了车也逛了逛。(㉣)在亲眼目睹之前可以先听一些介绍之后再逛，真不错。

选择下面句子在文章中合适的位置。

因为有大型的电视机，每经过一个有名的场所时都会给向导说明。

종류 类型　叙述文

대형 텔레비전이 있어서 유명한 장소를 지날 때마다 안내 설명을 해 줬습니다.

① ㉠　　　　② ㉡　　　　❸ ㉢　　　　④ ㉣

㉢的前一句讲的是城市观光巴士和一般巴士不一样。普通的一般巴士没有电视。但是这个巴士有电视，每经过一有名的地方就会给介绍说明，这是与一般巴士的不同之处。上面这句话讲的是有什么不同，所以应放入㉢的位置。

---

60. 이 글의 내용과 같은 것을 고르십시오.

① 시티투어 버스를 ~~타고~~ 서울에 갔습니다.
❷ 시티투어 버스에서 유명한 장소를 먼저 봤습니다.
③ 시티투어 버스에서 ~~내리지 않고~~ 구경을 했습니다.
④ 시티투어 버스에는 큰 텔레비전이 ~~여러 대~~ 있었습니다.

选择与这段内容相符的一项。

在城市观光巴士里有大型电视，可以预先看到有名的地方，然后下车再亲自去逛。所以说在城市观光巴士里可提前看到有名的场所，这是正确答案。

① 乘坐城市观光巴士去首尔了(去首尔之后才坐的)。
③ 我们没有下车，在城市观光巴士里观赏了(在巴士里先看了，然后下车观看了)。
④ 在城市观光巴士里有若干台大型电视机(本文没有提到此内容)。

[61~62] 다음을 읽고 물음에 답하십시오.

여름 바다로 부산 해운대가 아주 유명합니다. 많은 사람이 여름에 시원한 바닷가에서 휴가를 보내려고 부산으로 갑니다. 한국 사람뿐만 아니라 외국 사람도 많이 옵니다. 또 매년 10월에는 '부산국제영화제'가 (　　) 세계적으로 유명한 영화배우와 감독을 볼 수 있습니다.

단어　유명하다 有名，著名　　시원하다 凉爽　　휴가지 休假地
국제 国际　　감독 导演

읽下面内容，回答问题。
夏天去海边，釜山的海云台非常有名。在夏天，为了去凉爽的海边度假，很多人都选择去釜山。不光是韩国人，很多外国人也来。而且每年10月份的时候'釜山国际电影节'(　　)可以看到国际有名的电影演员和导演。

选择正确答案填入(　　)里。

从括号前面的内容来看，应该填入'부산국제영화제(釜山国际电影节)'在每年10月的时候怎样的内容。因此把内容连接起来，这里应该是'무엇이 열리다(什么举行)'，'무엇이 개최하다(举办什么)'的意思，'열려서(举行)'是正确答案。

61. (　　)에 들어갈 알맞은 말을 고르십시오.

❶ 열려서　　② 넓어서　　③ 많아서　　④ 높아서

---

62. 이 글의 내용과 같은 것을 고르십시오.

❶ 부산 해운대는 여름 휴가 장소로 유명합니다.
② 여름 휴가철에 부산 해운대에는 사람들이 ~~적습니다~~.
③ 부산 해운대는 외국 사람들이 ~~많이 가지 않는 곳입니다~~.
④ ~~여름에~~ 부산 해운대에 가면 국제영화제를 볼 수 있습니다.

选择与这段内容相符的一项。

本文中讲到釜山海云台是夏日去海边的有名度假地，所以很多人去那里休假。因此釜山海云台是以夏日休假地而有名。

② 夏天去釜山海云台度假的人少(很多人去那里度假)。
③ 去釜山海云台的外国人不多(不光是韩国人，很多外国人也去那里，因此应该是很多外国人去)。
④ 夏天去釜山海云台的话，可以看国际电影节(每年10

月份的时候釜山国际电影节举行，10月份在韩国是秋天。因此说夏天是错误的)。

[63~64] 다음을 읽고 물음에 답하십시오.

여러분, 수현입니다. 민주 씨가 이번 주 토요일, 오후 7시에 한국문화회관에서 피아노 연주회를 해요. 시간이 있으신 분들은 꼭 오셔서 축하해 주세요.
그래요? 전 갈 수 있어요. 모두 같이 가요.
민주 씨 축하해요.
좋은 소식이네요. 꼭 갈게요.
수현 씨, 좋은 정보 감사해요.

단어   연주회 演奏会   꼭 一定   소식 消息   정보 信息

读下面内容，回答问题。
大家好，我是秀贤。这个星期六下午七点，民主参加韩国文化会馆的钢琴演奏会。
有时间的朋友，请一定来祝贺她。
是吗？我可以去。大家一起去吧。
民珠，祝贺你。
真是好消息。我一定去。
秀贤，谢谢你告诉这个消息。

秀贤为什么写这段内容？

종류 类型   谈话文 – Kakao Talk
해설 解析

谈话文，比如KakaoTalk的形式，可以从互相收发的对话内容中找到文章的目的。这篇谈话文在谈演奏会之后，讲的是大家的祝贺语和是否一起去演奏会的答语。因此这段话是为了告诉大家演奏会消息而写的。

63. 수현 씨는 왜 이 글을 썼습니까?

① 연주회에 대해 알고 싶어서
② 연주회에 오신 분들에게 감사해서
③ 민주 씨를 연주회에 초대하고 싶어서
❹ 사람들에게 연주회 소식을 알리기 위해서

---

64. 이 글의 내용과 같은 것을 고르십시오.

① 민주 씨는 이번 주에 연주회를 잘 했습니다.
❷ 수현 씨는 연주회 소식을 알리고 싶었습니다.
③ 민주 씨는 연주회 전에 사람들을 만났습니다.
④ 수현 씨는 연주회에서 직접 피아노를 연주했습니다.

选择与这段内容相符的一项。

종류 类型   谈话文–KakaoTalk
해설 解析

对话最后的内容是在讲大家谢谢秀贤通知好消息。因此可以知道秀贤是想让大家知道民珠开演奏会这件事的。

① 民珠这周非常成功地开办了。演奏会(演奏会将在这周六举行，因此还没有听到这次演奏会，所以无法知道是否成功开)。
③ 民珠在演奏会前周和大家见面了(演奏会这周举行，所以她还没能和大家见面)。
④ 秀贤在演奏会上亲自演奏了钢琴(是民珠开办演奏会)。

[65~66] 다음을 읽고 물음에 답하십시오.

우리 얼굴에서 눈 위의 털을 눈썹이라고 한다. 눈썹은 우리의 눈을 보호해 준다. 하지만 요즈음은 사람들의 인상을 (㉠) 역할도 한다. 사람들은 외출하기 전에 긴 시간 눈썹 화장에 시간을 들인다. 또 어떤 사람은 강한 인상을 주기 위해 성형 수술까지 한다. 그래서 사람들은 눈썹을 보호의 기능보다는 미용으로 더 많은 관심을 가진다.

단어   인상 印象，形象   역할 作用   외출하다 外出
시간을 들이다 花时间   성형 수술 整形手术

读下面内容，回答问题。
在我们脸上，眼睛上边的毛被称为睫毛。睫毛可以保护我们的眼睛。但是最近也起( )人们的形象的作用。人们在外出前花很长时间在画睫毛妆上。而且有些人为了给人留下深刻印象甚至做整形手术。因此比起睫毛的保护功能，人们更关心睫毛在美容上的作用。

将正确答案填入( )里。

종류 类型   叙述文
해설 解析

必须找出括号后面的几句话共同在谈论什么内容。在

65. (㉠)에 들어갈 알맞은 말을 고르십시오.

① 쓰는　　② 읽는　　③ 부르는　　❹ 결정짓는

画睫毛妆上投入大量时间甚至做整形手术，是因为睫毛在决定形象上很重要。　因此在括号里填入'결정짓는(起决定)'是正确答案。

---

66. 이 글의 내용과 같은 것을 고르십시오.

① 눈썹은 우리의 얼굴을 보호합니다.
② 사람들은 짧은 시간에 눈썹 화장을 합니다.
③ 사람들은 외출한 후 눈썹 화장을 꼭 합니다.
❹ 눈썹은 미용의 기능으로 더 중요하게 되었습니다.

选择与这段内容相符的一项。

[종류 类型] 叙述文
[해설 解析]

本文最后部分在讲有些人为了给别人留下深刻印象甚至做整形手术。所以说睫毛整形手术可以提高我们的形象，使我们给别人留下深刻印象，④这句话是正确的。

① 睫毛保护我们的脸(保护眼睛)。
② 人们用很短的时间画睫毛妆(花了很长时间来画睫毛妆)。
③ 人们外出后一定画睫毛妆(外出前画睫毛)。

[67~68] 다음을 읽고 물음에 답하십시오.

요즘 버스나 지하철에서 휴대전화를 들고 있는 사람들을 (㉠) 볼 수 있습니다. 휴대전화가 있는 사람들은 지하철이나 버스를 타면 대부분 스마트폰을 꺼냅니다. 그리고 뉴스나 드라마를 보거나 게임을 합니다. 또 문자를 보내고 SNS에 글을 남기기도 합니다. 하지만 20년 전 대부분 사람들은 버스 안에서 책이나 신문을 (㉡).

[단어] 들다 拿，提　　자연스럽게 自然地　　꺼내다 掏出
검색하다 搜索，检索　　남기다 留下

读下面内容，回答问题。

最近在公交车或地铁里可以( )看到拿着手机的人们。有手机的人们乘坐公交车或地铁的话大多数会掏出智能手机。然后看新闻或电视剧。或者发送短信，在SNS上留言。但是20年前大多数人在公交车上( )书或新闻。

选择恰当的一项填入㉠。

[종류 类型] 叙述文
[해설 解析]

通过括号后面的句子中'휴대 전화가 있는 사람들은 ~ 대부분(有手机的人们~大部分)'这些单词可以知道很多人在使用手机。因此在㉠，表示人们有多大程度地使用手机的副词'많이(很多地)'是正确答案。

67. ㉠에 알맞은 것을 고르십시오.

❶ 많이　　② 먼저　　③ 거의　　④ 조금

② 먼저 首先
　[예] 먼저 할아버지부터 드세요. 首先爷爷先吃。
③ 거의 几乎，差不多
　[예] 집에 거의 다 왔어요. 差不多到家了。
④ 조금 一点点
　[예] 수현이는 술을 조금 마십니다. 秀贤喝一点点酒。

---

68. ㉡에 알맞은 것을 고르십시오.

① 들고 있습니다.　　　② 들고 있겠습니다.
❸ 들고 있었습니다.　　④ 들고 있을 겁니다.

选择恰当的一项填入㉡。

[종류 类型] 叙述文
[해설 解析]

括号前面的核心词是'20년 전(20年前)'。'20년 전(20年前)是表示过去的时间表达。因此过去时间表达中有'-었',即'들고 있었습니다'是正确答案。

① -고 있다 正在做~：正在进行某动作的表达。
　[예] 수현이가 노래를 부르고 있습니다. 秀贤正在唱歌。
② -겠- 将：表示不久的将来的意思和推测的意思时使用。

・不久的将来的意思
　[예] 선생님, 10분 후에 도착하겠습니다.
　　　老师，10分钟后(我)将到达。
・表示推测的意思
　[예] 내일이 시험이니까 영수 씨가 오늘은 도서관에 있겠
　　　군요. 明天有考试，所以永秀今天应该在图书馆里。
④ -을/ㄹ 거다, -을/ㄹ 것 같다 将要，可能将要：表示对
　　未知的将来的推测。
　[예] 내일 비가 올 것 같습니다. 明天可能要下雨。

[69~70] 다음을 읽고 물음에 답하십시오.

영희의 블로그에는 여러 가지 사진이 많이 있습니다. 하지
만 영희가 직접 찍은 사진은 거의 없습니다. 인터넷에서 사
진을 모아 그림 프로그램을 이용해 조금씩 사진을 바꿉니
다. 그리고 블로그에 다시 (㉠) 것들이 대부분입니다. 때
로는 사람들의 얼굴을 재미있게 바꾸기도 합니다. 그래서
좋아하는 배우의 사진에 친구의 얼굴을 재미있게 만들어
친구에게 보내 주기도 합니다.

단어 프로그램 (电脑)程序　　블로그 博客　　올리다 上传
　　　 재미있게 有趣地

69. (㉠)에 들어갈 알맞은 말을 고르십시오
❶ 올린　　② 보낸　　③ 바뀐　　④ 읽은

读下面内容，回答问题。

永熙的博客上有很多各种各样的照片。但是永熙亲自
拍的照片几乎没有。他在网上收集照片之后用修图软
件稍稍改了一下图片。然后在博客上再(　　)是大多
数的情况。有时侯把人们的头像修成了比较有趣的样
子。所以有时也在喜欢的演员的照片上把朋友的脸有
意思地修改一下，然后再发给朋友。

选择正确答案填入(㉠)里。

종류 类型　随笔

해설 解析

括号前面的内容在讲把网上照片截图后编辑然后上传
到博客上的过程。因此与'블로그(博客)'这个单词最接
近的㉠的'올린(上传)'是正确答案。

---

70. 이 글의 내용으로 알 수 있는 것은 무엇입니까?
① 블로그 사진은 직접 찍지 않아야 합니다.
② 인터넷에서는 필요한 사진을 찾을 수 없습니다.
❸ 사진을 직접 찍지 않아도 블로그를 할 수 있습니다.
④ 사람들은 인터넷 사진을 다른 사진으로 바꾸지 않습니다.

根据这段内容可以知道。

종류 类型　随笔

해설 解析

理解整段内容意思，以核心语为中心推测出作者想讲
什么内容。有各种各样的照片，却不用亲自去拍，而
是用修图软件修成有趣的图片之后上传到博客上。因
此可以说不是亲自拍的照片也可以使用。

① 博客上的照片必须不能亲自拍(不是亲自拍的也可以
　 使用)。
② 在网上找不到需要的照片(需要的照片很多，所以可
　 以通过修图软件把收集的照片有趣地修改)。
④ 人们不把网上的照片换成其他的照片(也把照片有趣
　 地换成别的照片后发给朋友们)。

실전모의고사
제3회 해설

듣기 听力

1. ④	2. ④	3. ①	4. ②	5. ④	6. ③	7. ③	8. ②	9. ①	10. ④
11. ①	12. ②	13. ②	14. ④	15. ①	16. ③	17. ④	18. ②	19. ①	20. ④
21. ③	22. ②	23. ②	24. ④	25. ①	26. ④	27. ①	28. ④	29. ①	30. ①

읽기 阅读

31. ③	32. ①	33. ①	34. ②	35. ①	36. ④	37. ③	38. ②	39. ③	40. ③
41. ③	42. ③	43. ③	44. ④	45. ②	46. ①	47. ①	48. ②	49. ④	50. ③
51. ②	52. ②	53. ③	54. ③	55. ④	56. ①	57. ①	58. ④	59. ④	60. ②
61. ②	62. ③	63. ①	64. ④	65. ④	66. ④	67. ③	68. ④	69. ④	70. ③

해설 解说

듣기 (1번 ~ 30번)

[1~4] 다음을 듣고 〈보기〉와 같이 물음에 맞는 대답을 고르십시오.

听录音，选择正确的答案。

男：那里是图书馆吗？

1.

남자: 저기가 도서관이에요?

여자: ________________

① 네, 건물이에요.　　② 네, 도서관이 없어요.
③ 아니요, 도서관이 커요.　❹ 아니요, 도서관이 아니에요.

단어 저기 那里　도서관 图书馆　건물 建筑
없다 没有　크다 大

종류 类型 对话

해설 解析

'N이에요?'提问的情况，如果答案是肯定的形式用 '네, N이에요'，否定的形式用'아니요, N이/가 아니에요'回答。

① '(저것이)건물이에요?(那个是建筑物吗?)'的答案。
② '도서관이 없어요?(没有图书馆吗?)'的答案。
③ '도서관이 작아요?(图书馆小吗?)'的答案。

2.

여자: 이 문제가 쉬워요?

남자: ________________

① 네, 문제예요.　　② 네, 문제가 있어요.
③ 아니요, 문제가 좋아요.　❹ 아니요, 문제가 어려워요.

단어 문제 问题　쉽다 简单　있다 有
좋다 好　어렵다 难

女：这个问题简单吗？

종류 类型 对话

해설 解析

如果问题简单的话用'네, 쉬워요(是的，容易)'，不简单的话用 '쉬워요(容易)'的反义词'아니요, 문제가 어려워요(不是，问题难)'回答。

① '문제예요?(是问题吗?)'的答案。
② '문제가 있어요?(有问题吗?)'的答案。
③ '문제가 나빠요?(问题不好吗?)'的答案。

3.

여자: 언제 한국에 왔어요?

남자: ________________

❶ 작년에 왔어요.　　② 동생하고 왔어요.
③ 비행기로 왔어요.　　④ 미국에서 왔어요.

단어 언제 什么时候　오다 来　작년 去年
동생 弟弟, 妹妹　비행기 飞机

女：什么时候来的韩国？

종류 类型 对话

해설 解析

'언제(什么时候)'是问时间的疑问词，选择表示时间的答案。

② '누구하고 왔어요?(和谁一起来的?)'的答案。
③ '어떻게 왔어요?(怎么来的?)'的答案。
④ '어디에서 왔어요?(从哪来的?)'的答案。

4.

남자: 사과 한 개에 얼마예요?

여자: ________________

① 아주 맛있어요.　　❷ 삼천 원이에요.

男：一个苹果多少钱？

종류 类型 对话

해설 解析

选择回答价格多少的答案。

③ 사과를 좋아해요.　　　　④ 슈퍼마켓에서 샀어요.

단어 아주 非常　맛있다 好吃　좋아하다 喜欢
　　　슈퍼마켓 超市　사다 买

① '사과가 어때요?(苹果怎么样?)'的答案。
③ '무슨 과일을 좋아해요?(喜欢什么水果?)'的答案。
④ '어디에서 샀어요?(在哪买的?)'的答案。

[5~6] 다음을 듣고 〈보기〉와 같이 다음 말에 이어지는
　　　 것을 고르십시오.

5.

여자: 여보세요. 김 선생님 계십니까?
남자: ＿＿＿＿＿＿＿＿＿＿

① 잘 부탁합니다.　　　　② 안녕히 계세요.
③ 다음에 만납시다.　　　❹ 잠시만 기다리세요.

단어 계시다 在　부탁하다 拜托　만나다 见面

听录音，选择正确的答案。
女：喂。金老师在吗?

종류 类型　对话
해설 解析
女人现在想和金老师通话。
① '처음 뵙겠습니다.(初次见面。)'的回答。
② '안녕히 가세요.(再见。)'的回答。
③ '오늘/지금 만날까요?(今天/现在见面吗?)'的回答。

6.

남자: 처음 뵙겠습니다. 김철수입니다.
여자: ＿＿＿＿＿＿＿＿＿＿

① 천만에요.　　　　　② 감사합니다.
❸ 반갑습니다.　　　　④ 오랜만입니다.

단어 감사하다 谢谢　반갑다 高兴　오랜만이다 好久不见

男：初次见面，我叫金哲秀。

종류 类型　对话
해설 解析
选择第一次见面时关于问候的回答。
① 对于'고맙습니다(谢谢)'的回答。
② 感谢的表达。
④ 过了很久再次见面时候的问候。

[7~10] 여기는 어디입니까? 〈보기〉와 같이 알맞은 것을
　　　　 고르십시오.

7.

여자: 이 책 반납하려고 하는데요.
남자: 저기 책꽂이에 넣어 주세요.

① 식당　　② 꽃집　　❸ 도서관　　④ 백화점

단어 책꽂이 书架　넣다 放　식당 食堂
　　　꽃집 花店　도서관 图书馆　백화점 百货商场

这里是哪儿?　参照所给的例子，选择正确答案。

女：我想还这本书。
男：放那边书架上。

종류 类型　对话
해설 解析
还书的地方是图书馆。

• 반납하다 还
[예] 도서관에서 책을 반납해요. 在图书馆还书。

8.

남자: 이 케이크 한 개 포장해 주세요.
여자: 네. 초는 몇 개 드릴까요?

① 약국　　❷ 빵집　　③ 미용실　　④ 우체국

男：给我打包这个蛋糕。
女：好。要几个蜡烛呢?

종류 类型　对话
해설 解析
能买蛋糕的地方是面包店。

단어 케이크 蛋糕　포장하다 包装　초 蜡烛　약국 药店
빵집 面包店　미용실 美发厅　우체국 邮局

9.

남자: 회의는 오후 3시에 시작하겠습니다.
여자: 네, 준비하겠습니다.

❶ 회사　② 교실　③ 영화관　④ 주차장

단어 회의 会议　시작하다 开始　준비하다 准备
영화관 电影院　주차장 停车场

男：会议下午3点开始。
女：好的，我马上准备。

종류 类型　对话
해설 解析
男人告诉女人会议几点开始。

10.

남자: 지우개는 어디에 있어요?
여자: 저기 볼펜 옆쪽에 있어요.

① 공항　② 극장　③ 운동장　❹ 문구점

단어 지우개 橡皮擦　볼펜 圆珠笔　운동장 操场
문구점 文具店

男：橡皮擦在哪?
女：在那圆珠笔的旁边。

종류 类型　对话
해설 解析
男人在找橡皮擦，买橡皮擦的地方是文具店。

[11~14] 다음은 무엇에 대해 말하고 있습니까? 〈보기〉
와 같이 알맞은 것을 고르십시오.

11.

여자: 어느 나라에서 오셨습니까?
남자: 중국에서 왔습니다.

❶ 국적　② 시간　③ 날짜　④ 주말

단어 국적 国籍　시간 时间　날짜 日期　주말 周末

下面的对话在谈论什么? 选择正确的答案。

女：从哪个国家来的?
男：从中国来的。

종류 类型　对话
해설 解析
问哪个国家的人，即在问国籍。

12.

남자: 이번 주말에 제주도에 놀러 갈래요?
여자: 제주도는 갔다 왔어요. 부산에 가요.

① 운동　❷ 여행　③ 건강　④ 날씨

단어 제주도 济州岛　갔다 오다 回来　부산 釜山
운동 运动　여행 旅行　건강 健康　날씨 天气

男：这个周末想去济州岛玩吗?
女：济州岛去过了。去釜山吧。

종류 类型　对话
해설 解析
两人在谈论去旅行的事。

13.

남자: 언제까지 회의 자료를 제출할 수 있습니까?

여자: 내일까지 꼭 드리겠습니다.

① 선물　　❷ 약속　　③ 휴일　　④ 교통

단어 　자료 资料　　드리다 给　　교통 交通

男：到什么时候为止能提交会议资料？
女：到明天为止一定给您。

종류 类型　对话

해설 解析

女人做了明天为止提交会议资料的约定。

- 제출하다 提交
  예 보고서를 제출해요. 提交报告书。

14.

여자: 저는 승무원이 되고 싶어요.

남자: 준코 씨는 키가 크고 예뻐서 모델도 잘 어울려요.

① 가격　　② 계절　　③ 취미　　❹ 직업

단어 　승무원 乘务员　　(키가) 크다 (个) 高　　모델 模特
　　　가격 价格　　계절 季节　　취미 兴趣　　직업 职业

女：我想当乘务员。
男：顺子个子又高又漂亮，当模特也合适。

종류 类型　对话

해설 解析

乘务员，模特都是职业的一种。

- 명사(名词)이/가 되다
  예 선생님이 되고 싶어요. 想当老师。
- 어울리다 适合
  예 손님에게는 이 옷이 잘 어울려요.
    这件衣服很适合客人你。

 다음 대화를 듣고 알맞은 그림을 고르십시오.

15.

남자: 이 소파는 어디에 놓을까요?

여자: 저기 탁자 옆에 놓으세요.

❶ 　　② 

③ 　　④ 

단어 　소파 沙发　　놓다 放　　탁자 桌子　　옆 旁边

听录音，选择与对话相符的图片。

男：这个沙发放哪儿？
女：放那边桌子的旁边。

종류 类型　对话

해설 解析

男人要搬沙发，在问女人放在哪个位置的场景。

② 男人和女人坐在沙发上看电视的场景。
③ 在家具店男人和女人一起看沙发的场景。
④ 男人和女人一起看有沙发图片的杂志的场景。

16.

남자: 택배 왔습니다. 김수미 씨 되십니까?

여자: 네, 제가 김수미입니다. 감사합니다.

① 　　② 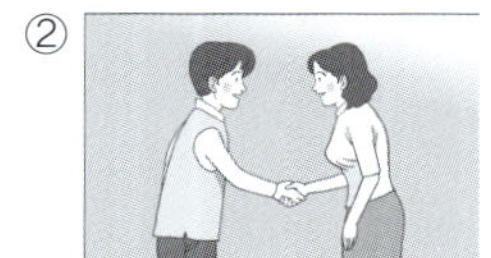

男：来快递了。是金秀美吗？
女：是的，我是金秀美。谢谢。

종류 类型　对话

해설 解析

男人给女人送快递的场景。

① 女人在邮局寄包裹的场面。
② 男人和女人在握手问候的场面。
④ 在办公室里同事们坐着，女人在问候的场面。

③ 　④ 

단어　택배 快递

[17~21] 다음을 듣고 〈보기〉와 같이 대화 내용과 같은 것을 고르십시오.

17.

남자: 늦어서 미안해요. 차가 많이 막혀서 좀 늦었어요.
여자: 괜찮아요. 저도 방금 도착했어요.

① 남자는 일찍 도착했습니다.
② 여자는 오래 기다렸습니다.
③ 여자는 차가 많이 막혔습니다.
❹ 남자는 약속 시간에 늦었습니다.

단어　늦다 晚　　방금 刚刚　　도착하다 到达

听录音，选择和对话内容一致的答案。

男：对不起来晚了，因为堵车所以来晚了。
女：没事。我也刚到.

종류 类型　对话
해설 解析

男人来晚了正在给女人道歉。

• 차가 막히다 堵车
　예 차가 막혀서 늦었어요. 堵车所以来晚了。

① 男人早来了(男人因为堵车没有早来)。
② 女人等了很久(女人刚到所以没等很久)。
③ 女人堵车了(男人因堵车来晚了)。

18.

여자: 죄송하지만 한국 대학교역 지났습니까?
남자: 아니요. 아직 세 정거장 더 가셔야 합니다.
여자: 네, 감사합니다.

① 남자는 지금 버스를 탔습니다.
❷ 여자는 세 정거장 뒤에 내립니다.
③ 남자는 한국 대학교역을 모릅니다.
④ 여자는 한국 대학교역을 지났습니다.

단어　역 站　　정거장 车站　　더 再

女：打扰了，请问韩国大学站过了吗？
男：没有，还有3站才到。
女：好的，谢谢。

종류 类型　对话
해설 解析

从男人说还有3站就到了，可以推测出女人3站后在韩国大学站下车。

① 男人现在坐上了公共汽车(从问韩国大学站来看男人和女人是在地铁里)。
③ 男人不知道韩国大学站(从说了还有3站，可以看出男人知道韩国大学站)。
④ 女人过了韩国大学站(女人还要坐3站)。

19.

여자: 여보세요. 서울 성북 레스토랑입니다.
남자: 오늘 저녁에 네 명 예약하려고 하는데요.
여자: 몇 시에 오실 겁니까?
남자: 저녁 여섯 시 삼십 분으로 예약해 주세요.

❶ 남자는 전화로 예약하고 있습니다.
② 남자는 성북 레스토랑에 있습니다.
③ 여자는 남자에게 전화를 걸었습니다.
④ 여자는 오늘 저녁에 레스토랑에 갑니다.

女：喂，这里是首尔城北餐厅。
男：我想预订今天晚上4个人的位子。
女：请问几点来？
男：请给我预订晚上6点半的。

종류 类型　对话
해설 解析

'喂'. 这话可以看出男人给韩国餐厅打电话预约。

• 예약하다 预约
　예 식당을 예약해요. 预约餐厅。

② 男人在韩国餐厅(女人在韩国餐厅工作)。

③ 女人给男人打电话(男人给女人打电话)。
④ 女人今天晚上去餐厅(男人今天晚上去餐厅)。

단어 레스토랑 餐厅　　전화를 걸다 打电话

20.

남자: 안녕하세요. 부산으로 가는 기차표 두 장을 예매하려
　　　고 하는데요.
여자: 네, 언제 가십니까?
남자: 8월 25일에 출발해서 26일에 돌아오는 왕복 기차표
　　　로 주세요.
여자: 어른 두 명 맞으십니까?
남자: 아니요, 어른 한 명하고 아이 한 명이요.
여자: 네, 여기 있습니다.

① ~~여자는~~ 부산에 갈 겁니다.
② ~~여자는~~ 8월 25일에 ~~돌아옵니다~~.
③ 남자는 ~~어른 표~~ 두 장을 샀습니다.
❹ 남자는 기차표를 예매하러 왔습니다.

단어 출발하다 出发　　돌아오다 回来　　왕복 往返

男：你好，我想预购2张到釜山的火车票。
女：好的。什么时候去？
男：给我8月25号出发26号回来的往返票。
女：2名大人对吧？
男：不，大人1名孩子1名。
女：好的，在这，给您。

종류 类型 对话

해설 解析

男人在火车站预购火车票的情况。

• 예매하다 预购
　　예 기차표를 예매해요. 预购火车票。

① 女人要去釜山(男人想去釜山)。
② 女人8月25号回来(男人8月25号去釜山)。
③ 男人买了2张大人票(男人买了1张大人票和1张小孩
　　票)。

21.

여자: 어서 오세요. 어떻게 해 드릴까요?
남자: 염색을 하려고 하는데요. 이 사진에 나와 있는 남자
　　　처럼 해 주세요. 얼마나 걸립니까?
여자: 염색하는데 약 한 시간 정도 걸려요.
남자: 네, 그런데 지난주 금요일에도 왔었는데 문을 열지
　　　않으셔서 그냥 갔습니다. 어디 갔다 오셨습니까?
여자: 아, 미용 박람회가 있어서 파리에 다녀왔어요. 요즘
　　　유행하는 색으로 예쁘게 해 드릴게요.
남자: 네, 감사합니다.

① 남자는 ~~머리를 자르러~~ 왔습니다.
② 여자는 ~~염색 대회~~에 다녀왔습니다.
❸ 남자는 한 시간 후에 염색이 끝납니다.
④ 여자는 지난주 ~~목요일~~에 문을 열지 않았습니다.

단어 미용 美容　　박람회 博览会　　유행하다 流行

女：欢迎光临。请问您有什么需要？
男：我想染发，请给我照照片里的男人那样弄。要多
　　久呢？
女：染发的话大概需要1小时。
男：好的。上周五我来过，但是门关着，所以我就走
　　了。您去哪了？
女：哦，有美容博览会所以去了趟巴黎。给您染最近
　　流行的颜色吧。
男：好的，谢谢。

종류 类型 对话

해설 解析

女人是美发师，男人想染发来到了美发厅的场面。染
发要大约1个小时，从女人的话可以知道男人1小时以
后染发结束。

• 염색하다 染色
　　예 미용실에서 머리를 염색해요. 在美容院染头发。

① 男人来剪头发的(男人来染头发的)。
② 女人去了染发大会(女人从美容博览会回来了)。
④ 女人上周四没开门(女人上周五没开门)。

[22~24] 다음을 듣고 대화 내용과 같은 것을 고르십시오.

22.

남자: 흐엉 씨, 한 시간 후로 약속 시간을 바꿀 수 있을까요?
여자: 네. 그럼 네 시에 만나는 걸로 변경하면 되나요?
남자: 네. 두 시에 회사에서 회의가 있어요. 아마 세 시 넘

听录音，选择和对话内容相符的答案。

男：흐엉，把约定时间推迟1个小时可以吗？
女：好的。那改到4点见面可以吧？
男：好。2点我们公司有个会，大约3点过后能去。可
　　能会堵车，给旻秀打电话问问可不可以晚一个小
　　时见面。

어서 갈 수 있을 것 같아요. 차도 많이 막힐 것 같고
요. 민수 씨에게 전화해서 한 시간 후에 만날 수 있는
지 물어봐 주세요.

여자: 알겠어요. 민수 씨에게 전화하고 알려 드릴게요.

① 여자는 ~~지금~~ 남자를 만나러 갈 겁니다.
❷ 여자는 민수 씨에게 전화를 할 겁니다.
③ 남자는 두 시에 ~~시외로 출장을~~ 갈 겁니다.
④ 남자는 여자를 조금 ~~일찍 만나려고 합니다~~.

단어 아마 大概　　넘다 过了　　차가 막히다 堵车
물어보다 问问　　시외 郊区

女：知道了，我给旻秀打电话之后告诉你。

종류 类型 对话
해설 解析

男人想要变更约定时间，所以给女人打电话，还拜托
她问问旻秀。

• 변경하다 变更
  예 약속 시간을 변경해요. 变更约定时间。

① 女人现在去见男人(女人4点去见男人)。
③ 男人2点去郊区出差(在公司开会)。
④ 男人想和女人早点见面(比约定时间晚一个小时见面)。

23.

여자: 오늘 아침에 회사 이메일을 여는데 무슨 문제 없었어
　　　요? 저는 이메일을 열 수가 없어요.
남자: 어제 비밀번호를 안 바꿨어요? 기술부에 가서 비밀
　　　번호를 바꾸고 오세요.
여자: 네, 알겠어요. 기술부가 영업부 옆에 있는 거 맞죠?
남자: 네, 맞아요. 3층으로 올라가면 엘리베이터 바로 옆에
　　　있어요.

① 여자의 ~~컴퓨터는 고장이 났습니다~~.
❷ 여자는 비밀번호를 바꾸러 갈 겁니다.
③ ~~영업부~~에서 비밀번호를 바꿀 수 있습니다.
④ 기술부는 삼 층 영업부 ~~맞은편~~에 있습니다.

단어 이메일을 열다 打开邮件　　비밀번호 密码
엘리베이터 电梯

女：今天早上你打开邮箱没有问题吗？我的邮箱打不
　　开了。
男：昨天你没换密码吗？去技术部把密码换了吧。
女：好的，知道了。技术部在营业部的旁边，对吧？
男：嗯，对。上了3层的话就在电梯旁边。

종류 类型 对话
해설 解析

女人没有换密码，打不开邮件。所以要去换密码。

• 열다 打开
  예 이메일을 열어요. 打开邮件。

① 女人的电脑出故障了(女人打不开邮件)。
③ 在营业部能改密码(在技术部可以改)。
④ 技术支援部在3层营业部的对面(营业部的旁边)。

24.

여자: 불고기 이인분하고 콜라 한 병 주문하신 거 맞으시
　　　죠?
남자: 네. 모두 얼마입니까?
여자: 불고기는 일인분에 팔천 원이고 콜라는 한 병에 천
　　　원이에요.
남자: 여기 있습니다. 그리고 불고기 일인분만 포장해 주세요.

① 남자는 불고기를 ~~사러 왔습니다~~.
② 여자는 ~~지금 불고기를 먹고 있습니다~~.
③ ~~여자는~~ 불고기를 포장해 가려고 합니다.
❹ 남자는 모두 이만 오천 원을 내야 합니다.

단어 인분 人份　　병 瓶　　포장하다 打包

女：您点了2人份烤肉和1瓶可乐对吧？
男：是的，一共多少钱？
女：烤肉1人份8千元，可乐1瓶1千元。
男：给您钱。再给我打包1人份烤肉。

종류 类型 对话
해설 解析

女人确认男人点的东西，男人点了2人份烤肉和1瓶可
乐。还有1人份烤肉打包一共要付2万5千元。

• 주문하다 点
  예 식당에서 음식을 주문해요. 在餐厅点餐。

① 男人来买烤肉的(男人来吃烤肉的，顺便想打包烤肉
　　带走)。
② 女人正在吃烤肉(确认男人点的菜)。
③ 女人想打包烤肉带走(男人想打包烤肉带走)。

[25~26] 다음을 듣고 물음에 답하십시오.

남자: 안녕하세요. 댄스 동호회 회장 김민수입니다. 저희 댄스 동호회에서는 한 달에 한 번씩 모여서 춤 연습을 합니다. 그리고 육 개월마다 댄스 대회에 참가합니다. 춤을 좋아하는 사람이면 누구나 가입할 수 있습니다. 그리고 춤을 잘 추지 못하는 사람도 금방 춤을 배울 수 있습니다. 가입을 하고 싶으신 분은 010-1234-5678로 전화해 주세요. 감사합니다.

단어 댄스(춤) 舞蹈   동호회 协会   참가하다 参加
　　　 대회 大会   금방 马上

听录音回答问题。

男：你好。我是舞蹈协会会长金旻秀。我们舞蹈协会1个月集合1次练习跳舞。每6个月参加一次舞蹈大会。喜欢舞蹈的话不论是谁都可以加入我们，不太会跳舞的人也能很快学会，想加入我们的朋友请拨打电话010-1234-5678。谢谢。

选择听到的内容。

种类 类型 独话_介绍

解说 解析

正在介绍舞蹈协会。

---

25. 어떤 이야기를 하고 있는지 고르십시오.

❶ 소개　　　② 초대　　　③ 인사　　　④ 주문

단어 소개 介绍   초대 邀请   인사 问候   주문 预订

---

26. 들은 내용과 같은 것을 고르십시오.

① 한 달에 한 번 댄스 대회에 참가합니다.
② 춤을 못 추는 사람은 가입할 수 없습니다.
③ 육 개월에 한 번씩 모여서 춤을 연습합니다.
❹ 가입하고 싶은 사람은 회장에게 전화를 하면 됩니다.

选择与听到内容一致的答案。

种类 类型 独话_介绍

解说 解析

想要加入协会的人给会长打电话就可以了。

· 가입하다 加入
　예 동호회에 가입해요. 加入协会。
① 1个月1次参加舞蹈大会(每6个月参加舞蹈大会)。
② 不会跳舞的人不能加入(不会跳舞的人也可以加入)。
③ 6个月1次集合练习跳舞(1个月1次集合练习跳舞)。

[27~28] 다음을 듣고 물음에 답하십시오.

남자: 준코 씨, 내일부터 방학인데 뭐 할 거예요?
여자: 전 작년부터 수영을 배우고 싶었는데 시간이 없어서 못 배웠어요. 그래서 수영을 배우러 다닐 거예요. 민수 씨는요?
남자: 전 중국어를 공부하려고요. 다른 나라 말에 관심도 많고 요즘 회사에 취직하려면 외국어 성적이 있어야 돼요.
여자: 저도 중국어를 배우고 싶어요. 저하고 같이 배워요.

단어 작년 去年   중국어 汉语   관심이 많다 有兴趣
　　　 요즘 最近   취직하다 就职   외국어 外语   성적 成绩

听录音回答问题。

男：顺子，明天开始放假了，打算做点什么呢？
女：我从去年开始想学习游泳，但是没有时间学。所以我打算去学游泳。旻秀你呢？
男：我想学习汉语。我对别的国家的语言很有兴趣，而且最近想要就业的话一定要有外语成绩。
女：我也想学习汉语，和我一起学吧。

请选择两个人谈话的内容。

种类 类型 对话

解说 解析

男人和女人相互询问放假做什么，正在谈论假期的计划。

---

27. 두 사람이 무엇에 대해 이야기하고 있는지 고르십시오.

❶ 방학 계획　　　　　② 좋아하는 운동
③ 취직하는 이유　　　④ 외국어를 공부하는 방법

단어 계획 计划   이유 理由   방법 方法

28. 들은 내용과 같은 것을 고르십시오.

① 여자는 수영장에 ~~다니고 있습니다~~.
② 여자는 중국어를 ~~배우고 싶지 않습니다~~.
③ 남자는 외국어를 ~~배우는 것이 어렵습니다~~.
❹ 남자는 회사에 취직하려고 준비하고 있습니다.

选择和听到内容相符的答案。

종류 类型 对话

해설 解析

从'想要在公司就职一定要有外语成绩'的话推测出男人在为就业做准备。

① 女人正在去游泳馆(这次放假开始去)。
② 女人不想学习汉语(女人想学习汉语)。
③ 男人认为学习外语很难(没有说难的内容)。

[29~30] 다음을 듣고 물음에 답하십시오.

남자: 조금 전에 도착한 HK111편을 타고 왔는데요. 제 가방만 아직 나오지 않아서요.
여자: 가방이 무슨 색입니까?
남자: 검은색이고 30KG 정도 넣을 수 있는 큰 가방입니다.
여자: 수화물 카드를 보여 주시겠습니까?
남자: 여기 있습니다.
여자: 그럼 이쪽에서 잠시만 기다리세요. 확인한 후에 연락을 드리겠습니다.

단어 나오다 出来   넣다 放   수화물 行李   확인하다 确认
연락하다 联系

听录音回答问题

男： 我是乘坐刚到达不久的HK111次航班来的，只有我的包还没有出来。
女： 是什么颜色的包？
男： 黑色的，是大约可以放30KG重量的大包。
女： 行李卡可以看看吗？
男： 在这。
女： 那请在这边稍等一下，我确认后和你联系。

男的为什么来这里？

종류 类型 对话

해설 解析

男人在机场申报行李丢失。

---

29. 남자는 지금 왜 여기에 왔습니까?

❶ 가방을 찾으려고   ② 가방을 빌리려고
③ 가방을 만들려고   ④ 가방을 구매하려고

단어 구매하다 购买

---

30. 들은 내용과 같은 것을 고르십시오.

❶ 남자는 가방을 분실했습니다.
② 여자는 남자의 가방을 ~~찾았습니다~~.
③ 남자는 수화물 카드를 가지고 ~~있지 않습니다~~.
④ ~~여자는~~ 검은색 큰 가방을 가지고 있었습니다.

단어 분실하다 丢失

选择和听到内容相符的答案。

종류 类型 对话
해설 解析

男人在机场申报丢失的包.

· 분실하다 丢失
  예 휴대전화를 분실했어요. 手机丢了。
② 女人找到了男人的包(女人现在去确认男人的包)。
③ 男人没带行李卡(男人带着行李卡)。
④ 女人拿着黑色大包(不是女人的包而是男人的包)。

[31~33] 다음은 무엇에 대한 이야기입니까? 〈보기〉와 같이 알맞은 것을 고르십시오.

下面是关于什么内容的对话？选择正确的答案。

这里早上9点，首尔现在是晚上8点。

31.

이곳은 아침 9시입니다. 서울은 지금 밤 8시입니다.

① 날씨　　② 나이　　❸ 시간　　④ 날짜

种类 类型　陈述句

解说 解析

早上9点和晚上8点是时间。2个句子的共同点是'时间'。

단어　이곳/저곳/그곳 这个地方/那个地方/那个地方
아침/점심/저녁 早上/中午/晚上　　지금 现在

32.

친구는 서울에서 왔습니다. 저는 제주도에서 살았습니다.

❶ 고향　　② 약속　　③ 국적　　④ 계절

단어　-에서 오다 从~来, 来自~

朋友从首尔来的。我从济州岛来的。

种类 类型　陈述句

解说 解析

首尔和济州岛不是国家的名字而是1个国家里城市的名字，所以2个句子的共同点是'故乡'。

① 약속 约定 : 저는 오늘 오후 1시에 친구와 만나기로 했습니다. 我今天下午1点和朋友见面。
③ 국적 国籍 : 저는 중국 사람입니다. 저는 미국 사람입니다. 我是中国人。我是美国人。
④ 계절 季节 : 한국은 사계절이 있습니다. 韩国有四季。

33.

민호 씨는 조용합니다. 그래서 사람들이 많지 않은 커피숍에 자주 갑니다.

❶ 성격　　② 이름　　③ 취미　　④ 색깔

단어　조용하다 安静　　자주 经常　　커피숍 咖啡厅

旻浩很安静，所以经常去人不多的咖啡厅。

种类 类型　陈述句

解说 解析

表现人的性格的单词有'밝다(活泼), 조용하다(安静), 내성적이다(内向)'等。所以因为安静的原因经常去人不多的咖啡厅来看是'성격(性格)'。

② 이름 名字 : 제 이름은 박영희입니다. 친구 이름은 제임스입니다. 我叫朴永熙. 朋友的名字叫詹姆斯。
③ 취미 兴趣 : 제 취미는 영화 감상입니다. 그래서 영화를 자주 봅니다. 我的兴趣是电影欣赏。所以经常看电影。
④ 색깔 颜色 : 옷의 색깔은 빨간색, 노란색, 파란색 등이 있습니다. 衣服的颜色有红色，黄色，蓝色等。

[34~39] 〈보기〉와 같이 빈칸에 제일 알맞은 것을 고르십시오.

参照所给的句子，选择最恰当的答案填入括号里。

银行(　)取钱

34.

은행(　) 돈을 찾아요.

① 에　　❷ 에서　　③ 에게　　④ 으로

단어　돈을 찾다 取钱

种类 类型　陈述句

解说 解析

括号里应填的是名词后面跟的助词。助词放在名词后表示某种动作或行为的场所。场所词是'은행(银行)'所以应选择表示在银行做什么的副词格助词'에서'。

어휘 · 문법

① 에 1
  1) '무엇이 어디에 있다(某人或某物在某地。)'句子的使用。
    예 영수는 지금 학교에 있습니다. 永秀现在在学校。
  2) '누가 어디에 가다(某人去某地。)'句子的使用.
    예 아버지께서는 매주 일요일에 산에 가십니다.
      爸爸每周日去山上。
  ※ '에'는 主要和 '가다(去), 오다(来), 다니다(来回), 있다(在),
    없다(不在)' 等移动动词一起使用。
② 에 2 : 跟在'시간(时间)'后面，表示行为或状态发生的时间的
  时候使用。
  예 저는 아침 7시에 일어납니다. 我早上7点起床。
  ※ 어제(昨天), 오늘(今天), 내일(明天), 지금(现在), 이따가
    (一会儿)后面不能接'에'。
  예 어제 저는 명동에 갔습니다. 昨天我去明洞了。
③ 에게 : '누가 누구에게 무엇을 주다(某人给某人某东西。)'的句子
  使用。
  예 저는 누나에게 졸업 선물을 줬습니다. 我给姐姐毕业礼物了。
④ 으로/로 : 表示移动的方向，工具或者手段，材料的助词。
  예 이번 여행은 부산으로 갈 겁니다. 这次旅行将会去釜山。(表示
    移动的方向)
  예 볼펜으로 쓰세요. 请用圆珠笔写。(表示工具)
  예 삼계탕은 닭과 인삼으로 만듭니다.
    参鸡汤是用鸡和人参做的。(表示食材)

35.

책을 삽니다. (   )에 갑니다.

❶ 서점   ② 약국   ③ 시장   ④ 병원

단어 사다 买   가다 去

어휘 · 문법
② 약국 药店
  예 감기약을 사러 약국에 갑니다. 去药店买感冒药。
③ 시장 市场
  예 시장은 백화점보다 가격이 쌉니다. 市场比百货商店便宜。
④ 병원 医院
  예 배가 아파서 병원에 갑니다. 肚子痛所以去医院。

买书。(   )去。

🗂 **종류 类型** 陈述句

🎓 **해설 解析**
买书的地方是书店。

36.

지난주에 여자 친구와 크게 싸웠습니다. 그 친구와 (   ).
① 봤습니다   ② 놀았습니다
③ 웃었습니다   ❹ 헤어졌습니다

단어 싸우다 吵架   자다 睡觉   만나다 见面

어휘 · 문법
① 보다 看
  예 어제 여자 친구와 영화를 봤습니다. 昨天和朋友看电影了。

上周和女朋友大吵了一架。和那个朋友(   )。

🗂 **종류 类型** 陈述句

🎓 **해설 解析**
括号前面的一句是讲上周和女朋友大吵了一架。所以
和那个朋友分手了。

② 놀다 玩
　　[예] 친구와 재미있게 놀았습니다. (我)和朋友玩得很开心。
③ 웃다 笑
　　[예] 아기가 활짝 웃었습니다. 宝宝开怀大笑了。

37.

교실이 (　　　). 그래서 창문을 닫았습니다.

① 좁습니다　　　　　② 덥습니다
❸ 춥습니다　　　　　④ 어둡습니다

단어 창문 窗户　　닫다 关

어휘·문법
① 좁다 窄
　　[예] 제 기숙사 방은 너무 좁습니다. 宿舍的房子很小。
② 덥다 热
　　[예] 방이 너무 더워서 창문을 열었습니다. 屋子太热所以开窗户了。
④ 어둡다 黑
　　[예] 방이 어두워서 불을 켰습니다. 屋子黑所以开灯了。

教室(　　　)。所以关窗户了。

종류 类型 陈述句

해설 解析

从意思上找关窗户理由的问题。

38.

비행기 출발 시간이 10분 남았습니다. (　　　) 갑시다.

① 벌써　　　❷ 빨리　　　③ 천천히　　　④ 나중에

단어 출발 出发　　남다 剩下

어휘·문법
① 벌써 已经
　　[예] 친구는 벌써 출발했습니다. 朋友已经出发了。
③ 천천히 慢慢地
　　[예] 계단을 오를 때는 천천히 걸어야 합니다.
　　　　上台阶的时候一定要慢点走。
④ 나중에 以后
　　[예] 오늘은 시간이 없으니까 나중에 다시 만납시다.
　　　　今天没有时间以后再见吧。

离飞机出发还有10分钟。(　　　)去。

종류 类型 陈述句

해설 解析

前面的句子说离出发还有10分钟所以后面句子一定说的是快点走。

39.

우산을 샀어요. 그런데 갑자기 비가 (　　　).

① 봤어요　　② 터졌어요　　❸ 그쳤어요　　④ 터뜨렸어요

단어 갑자기 突然

어휘·문법 合成词(collocation)
• 비가 그치다/바람이 그치다 雨停/风停
　　[예] 비가 그쳤어요. 雨停了。
• 눈물을 그치다 停止流泪

买了雨伞。但是突然雨(　　　)。

종류 类型 陈述句

해설 解析

因为下雨所以买了雨伞，但突然雨停了的情景。所以和雨连接的动词是'그치다(停)'。

[예] 코미디 영화를 보고 눈물을 그쳤어요. 看搞笑电影停止哭了。
• 울음을 그치다 止住哭泣
    [예] 아이가 사탕을 보고 울음을 그쳤어요. 小孩看见糖就不哭了。
• 웃음을 그치다 止住笑
    [예] 영수 씨는 불합격 소식을 듣고 웃음을 그쳤어요.
        永秀一听到不及格/落选的消息笑容消失了。
※ 울음이 터지다 放声哭
    [예] 아기가 너무 배고파서 울음이 터졌어요. 小孩饿得放声哭。
• 울음을 터뜨리다 放声哭
    [예] 아기가 크게 울음을 터뜨렸어요. 小孩放声大哭。

[40~42] 다음을 읽고 맞지 않는 것을 고르십시오.

40.

[영 수 증]

[매장명] 한국마트
[사업자] 123-02-34567
[대표자] 김 수 현
[매출일] 2014-07-25

===

상품명	단가	수량	금액(원)
레몬차	2,000	3	6,000
우유	2,400	2	4,800
배	1,000	5	5,000

===

① 배는 한 개에 천 원입니다.
② 칠 월 이십오 일에 샀습니다.
❸ 레몬차는 한 개에 육천 원입니다.
④ 우유는 한 개에 이천사백 원입니다.

단어　영수증 发表　　단가 单价　　수량 数量
　　상품명 商品名　　금액 金额

读下面文章，选择与原文不符的答案。

[发 票]

[卖场名] 韩国超市
[营业号] 123-02-34567
[代 表] 김 수 현
[卖出日] 2014-07-25

===

商品名	单价	数量	金额(元)
柠檬茶	2,000	3	6,000
牛奶	2,400	2	4,800
梨	1,000	5	5,000

===

种类 类型　表格_发票

解说 解析

解析'단가(单价)'是1个物品的价格。柠檬茶的单价是 2,000元。

① 单价即一个的价格是1000元，是正确的。
② 卖出日是卖出东西的日子也是买东西的日子。所以 2014年7月25日买东西是正确的。
④ 单价即一个的价格是2400元。是正确的。

41.

서로를 바라보며 함께 만든 사랑을
이제 함께 한 곳을 바라보며 걸어갈 수 있는
큰 사랑으로 키우려고 합니다.
저희 두 사람의 사랑 봐 주시고 축하해 주십시오.

권○○ – 이○○의 장남 권율
김○○ – 박○○의 차녀 김유신

♥ 일시: 2014년 2월 16일(일요일) 14시

望着对方一起经营的爱情
现在要走到一起去收获一份更大的爱情。
请见证我们的爱情为我们祝福。

权○○ - 李○○的 长男 권율
金○○ - 朴○○的 次女 김유신

♥ 日期：2014年 2月 16日(周日) 下午2点
♥ 场所：韩国大学校 3层 讲堂

种类 类型　案内文-请柬

♥ 장소: 한국대학교 3층 강당

① 이것은 초대 카드입니다.
② 결혼하는 남자는 권율입니다.
❸ 결혼식은 오후 네 시에 시작합니다.
④ 결혼식은 삼 층 동문회관에서 합니다.

단어 키우다 培养　　장남 長男　　차녀 次女　　강당 讲堂

时间是14点即下午2点。开始的时间也是下午2点。

① 新郎，新娘，日期，场所等单词可以知道是请柬。
② 新郎叫권율。所以结婚的男人是권율。
④ 结婚典礼在三层的讲堂举行。

42.

입장 관람 시간 안내

시민들의 편의를 위해 관람 시간을 1시간 연장합니다. 더 많이 관람하여 주시기 바랍니다.

○ 기간 : 2014년 7월 1일 ~ 2014년 8월 30일
○ 입장 시간 : 09:00 ~ 18:00
○ 관람 시간 : 09:00 ~ 19:30
　　　　　　　어린이 대공원

① 관람 시간을 한 시간 늘립니다.
② 대공원은 두 달 간 연장합니다.
❸ 직원들을 위해 시간을 바꿉니다.
④ 오후 여섯 시에 대공원에 들어갈 수 있습니다.

단어 관람시간 观览时间　　편의 方便　　연장하다 延长

入场时间通知
为了方便市民，观览时间延长1小时。希望大家多来观览。
○ 时间：2014年 7月 1日 ~ 2014年 8月 30日
○ 入场时间 ：09:00 ~ 18:00
○ 观览时间 ：09:00 ~ 19:30
儿童大公园

 案内文

不是为了工作人员是为了市民延长了1小时。

① '연장하다(延长)'와 '늘리다(变长)'意思相近。所以延长1小时是时间变长的意思。
② 从7月1日到8月30日是两个月。所以两个月期间延长。
④ 入场时间截止到18点，所以下午6点也能入场。

[43~45] 다음의 내용과 같은 것을 고르십시오.

43.

오늘 저녁을 먹고 엄마와 같이 마트에 갔습니다. 나는 바나나를 먹고 싶었습니다. 엄마는 나를 위해 싱싱한 바나나와 생선을 샀습니다.

① 오늘 저녁에 마트에 갈 겁니다.
② 마트에 가서 저녁을 먹었습니다.
❸ 엄마는 마트에서 과일을 샀습니다.
④ 엄마는 바나나를 먹고 싶어 했습니다.

단어 싱싱하다 新鲜　　생선 海鲜

选择与内容相符的答案。
今日吃过晚饭后和妈妈一起去了超市。我想吃香蕉，所以妈妈为我买了新鲜的香蕉和海鲜。

 叙述文

今天和妈妈一起去了超市。香蕉是水果。所以妈妈在超市买了水果。

① 今天晚上将要去超市(是从超市回来的故事)。
② 去完超市吃了晚饭(在家吃了饭之后去了超市)。
④ 妈妈说想吃香蕉(不是妈妈是我想吃)。

44.

다음 주가 할머니 60세 생신입니다. 선물을 드릴 수도 있지만 노래를 불러 드리고 싶습니다. 저는 노래방에서 노래를 열심히 연습해서 생신 때 멋있게 부를 겁니다.

下周是奶奶60大寿。虽然我也可以送生日礼物但是我想给奶奶唱歌。我在练歌房努力地练习唱歌，奶奶生日的时候好好地唱给她听。

① 할머니께 선물을 드립니다.
② 다음 주에 노래방에 갑니다.
③ 할머니는 지금 예순 살입니다.
❹ 저는 노래 연습을 열심히 합니다.

단어 생신 生日　부르다 唱　멋있게 精彩地

종류 类型　叙述文
해설 解析

在练歌房努力地练习唱歌，奶奶生日时唱歌给她听。所以'노래 연습을 열심히 합니다(努力地练习唱歌)'是正确答案。

① 给奶奶送礼物(想给奶奶唱歌)。
② 下周去练歌房(下周给奶奶过生日)。
③ 奶奶现在60岁(不是现在是下周)。

45.

저는 매주 수요일에 기타 모임에 갑니다. 수요일마다 기타 연습을 하고 두 달에 한 번 카페에서 작은 공연을 합니다. 이번 주 토요일에는 누구나 볼 수 있는 콘서트를 할 겁니다.

① 이번 수요일에 카페에 갑니다.
❷ 매주 모임에 나가서 기타 연습을 합니다.
③ 두 달에 한 번 카페에서 콘서트가 있습니다.
④ 토요일마다 기타를 연습하러 모임에 갑니다.

단어 기타 吉他　공연 公演　콘서트 演唱会

我每周三去参加吉他聚会。每周三练习吉他，每2个月在咖啡馆里进行1次小公演。这周六将举行谁都可以看的演唱会。

종류 类型　叙述文
해설 解析

每周三练习吉他，所以每周都练习吉他是正确的。
① 这周三公演(小公演是每两个月一次，演唱会这周六举行)。
③ 两个月一次在咖啡厅有演唱会(小的公演)。
④ 每周六为了吉他公演而聚会(每周三为了练习吉他而聚会)。

[46~48] 다음을 읽고 중심 생각을 고르십시오.

46.

저는 걱정이 많으면 혼자 산으로 갑니다. 오르기 힘든 산을 올라가면서 아무 생각을 하지 않습니다. 그러면 마음이 편안합니다.

❶ 산에 오르면 마음이 편안합니다.
② 저는 산에 가는 것을 좋아합니다.
③ 산은 혼자 갈 때 마음이 편안합니다.
④ 저는 오르기 힘든 산에 가는 것을 좋아합니다.

단어 걱정 担心　오르다 上　편안하다 平静

阅读并选择中心思想。

我心事重重的时候就独自去登山。登很难爬的山时就什么都不会想。因此心里很平静。

종류 类型　叙述文
해설 解析

笔者心事重重的时候，去爬很难爬的山的话就什么事情都不会想，不知不觉心情变得很平静。所以爬山的话心情就会变得平静是笔者这篇文章的中心思想。

47.

우리 아버지는 보통 출장을 자주 가십니다. 지난달에도 한 달 동안 해외에 갔다 오셨습니다. 저는 아버지와 함께 시간을 보내고 싶습니다.

❶ 바쁜 아버지와 시간을 같이 보내고 싶습니다.
② 우리 아버지는 해외에 자주 가고 싶어 합니다.
③ 저는 아버지와 한 달 동안 해외에 가고 싶습니다.
④ 우리 아버지는 한 달 동안 출장을 가고 싶어 합니다.

我爸爸经常出差。上个月又去海外出差了1个月才回来。我想和爸爸一去度过时光。

종류 类型　叙述文
해설 解析

爸爸经常出差，一个月期间在海外，非常忙经常不在家。所以和爸爸在一起的时间非常少。笔者这篇文章的中心思想是想和非常忙的爸爸在一起的时间多一点。

단어 출장 出差　　해외 海外　　시간을 보내다 度过时光

48.

저는 어제 소포를 받았습니다. 어제는 바빠서 오늘 그 소포를 뜯었는데 다른 사람의 물건이었습니다. 그래서 오늘 우체국에 갈 겁니다.

① 저는 소포받는 것을 좋아합니다.
❷ 소포가 잘못 와서 우체국에 갈 겁니다.
③ 바빠서 소포를 받으러 직접 우체국에 갈 겁니다.
④ 다른 사람 물건을 대신 받으러 우체국에 갈 겁니다.

단어 소포를 받다 收到包裹　　바쁘다 忙
소포를 뜯다 打开包裹

我昨天收到了包裹，昨天太忙，今天才打开了包裹，发现是别人的东西。所以今天我要去邮局。

종류 类型 叙述文

해설 解析

收到了包裹打开一看是别人的东西。因比是包裹送错了。所以笔者要把包裹送到邮局。中心思想是'包裹送错了所以将要去邮局'。

[49~50] 다음을 읽고 물음에 답하십시오.

정동진은 기차역에서 내리면 바로 바다가 보입니다. 바다 옆에는 연인들이 (㉠) 산책길이 있습니다. 그래서 많은 사람이 사랑하는 사람과 함께 이곳을 걷습니다. 또 그 길 끝에는 움직이지 않는 큰 기차가 있는데 이곳에는 옛날에 만든 것과 요즘 만든 시계가 많이 있습니다. 사람들은 이곳을 '시계 박물관'이라고 부릅니다.

단어 보이다 (被)看见　　연인 恋人　　산책로 步行路
움직이다 移动　　옛날 以前

阅读并回答问题。

从正东津火车站下车的话直面大海。在大海旁边是恋人们(㉠)散步小道。所以很多人和自己爱的人一起来到这个地方散步。而且，路的尽头有一个静止不动的大火车，在这里可以看到许多以前的和最近做的表。人们把这里叫做'钟表博物馆'。

종류 类型 叙述文

해설 解析

把括号前面'연인들(恋人们)'和括号后面'산책길(散步小道)'两个能连起来的最恰当的词是'가장 많이 찾는(找的最多的)'。

49. (㉠)에 들어갈 알맞은 말을 고르십시오.

① 기차를 타는　　　② 시계를 만드는
③ 가장 많이 먹는　　❹ 가장 많이 찾는

---

50. 이 글의 내용과 같은 것을 고르십시오.

① 시계 박물관은 움직이는 큰 기차입니다.
② 기차역에서 내리면 바로 산책길이 보입니다.
❸ 정동진에는 연인들이 많이 걷는 길이 있습니다.
④ 정동진에는 여러 가지 시계를 파는 가게가 있습니다.

选择与文章内容相符的答案。

종류 类型 叙述文

해설 解析

在正东津恋人们去的最多的地方是能和心爱的人一起散步的散步小道。

① 钟表博物馆是一个能动的大火车(不能动的火车)。
② 到了火车站之后就能看见步行街(看见大海)。
④ 在正东津有很多卖表的商店(展示着以前和现在的表的博物馆)。

[51~52] 다음을 읽고 물음에 답하십시오.

저는 아침에 바나나와 사과를 매일 먹습니다. 아침에 과일을 먹으면 몸에 좋습니다. 사람의 몸에 필요한 것이 (㉠) 때문입니다. 또 비타민 약보다 신선한 과일을 먹는 것이 좋기 때문입니다. 그래서 건강을 위해 아침에 과일을 먹는 것은 꼭 필요합니다.

단어 필요하다 必要　　신선하다 新鲜

51. (㉠)에 들어갈 알맞은 말을 고르십시오.
① 없기　　　　　　　❷ 들어 있기
③ 부족하기　　　　　④ 낭비하기

52. 무엇에 대한 이야기입니까? 알맞은 것을 고르십시오.
① 아침에 과일을 먹는 곳
❷ 아침에 과일을 먹는 이유
③ 아침에 과일을 먹는 방법
④ 아침에 과일을 만드는 방법

[53~54] 다음을 읽고 물음에 답하십시오.

요즘 아이들은 손에서 휴대전화를 놓지 않습니다. 차를 탈 때, 밥을 먹을 때, 걸어갈 때도 휴대전화를 봅니다. 그러면 눈에도 나쁘고 위험도 하지만 무엇보다 사람 사이의 대화가 없습니다. 집에 가면 부모님과도 대화가 거의 없습니다. 그래서 요즘, 사람과의 대화를 위해 휴대전화를 잠시 손에서 (㉠) 필요합니다.

단어 나쁘다 坏　　위험 危险　　대화 对话　　잠시 暂时

53. (㉠)에 들어갈 알맞은 말을 고르십시오.
① 보는 것이　　　　　② 만드는 것이
❸ 내려놓는 것이　　　④ 가까이하는 것이

54. 이 글의 내용과 같은 것을 고르십시오.
① 요즘 아이들은 휴대전화를 ~~좋아하지 않습니다~~.
② 요즘 아이들은 ~~부모님과 대화하고 싶어 합니다~~.
❸ 휴대전화를 많이 사용하면 눈에 나쁘고 위험합니다.
④ 요즘 아이들은 밥을 먹을 때 휴대전화를 ~~사용하지 않습니다~~.

阅读下面内容，回答问题。

我每天早上吃香蕉和苹果。早上吃水果的话对身体好。因为人体所需的成分(㉠)，而且还因为比起吃维他命药吃新鲜的水果更好。所以为了健康早上吃水果是必需的。

选择填入(㉠)里的正确答案。

종류 类型 叙述文
해설 解析

括号前面的内容是身体需要的成分是香蕉和苹果'어떻다(怎么样)'。因为有了这个所以身体好。所以'들어 있기(含有)'是正确答案。

这是一个关于什么的文章？选择正确的答案。

종류 类型 叙述文
해설 解析

文中说早上吃水果的话比吃维他命药对身体更好，所以每天早上吃水果。所以本文的内容介绍的是吃水果的原因。

阅读并回答问题。

最近孩子们手机不离手。坐车的时候，吃饭的时候，甚至走路的时候都在看手机。那样的话眼睛会变坏又危险，但是更重要的是人与人之间的对话消失了。回到家里和父母也无话可说。所以最近为了和人们说话手机暂时从手里(㉠)是必要的。

选择填入(㉠)里的正确答案。

종류 类型 叙述文
해설 解析

文章以最近的孩子们手机不离手开头。然后对其进行解说。所以文章最后的括号里应该填的内容是'내려놓는 것이(放下)'。

选择和文章内容一致的选项。

종류 类型 叙述文
해설 解析

坐车时，吃饭时，在路上，在家里 经常用手机眼睛会变坏又很危险而且不能对话。

① 最近孩子们不喜欢手机(喜欢到手机不离手的程度)。
② 最近孩子们想和父母对话(在家不和父母说话玩手机。所以是错的)。

④ 最近孩子在吃饭的时候不玩手机(吃饭的时候也玩手机)。

[55~56] 다음을 읽고 물음에 답하십시오.

수현 씨! 제가 경주에 가서 맛있는 빵을 샀어요. 수현 씨 주려고 수현 씨 방에 왔어요. (   ) 방에 아무도 없었어요. 그래서 방 앞에 두고 가요. 경주에서 유명한 빵이니까 한번 먹어 보세요.

– 성희 –

阅读下面内容，回答问题。

秀贤！我从庆州带回来了好吃的面包。为了给你送面包来到了你的房间。(   )房间里没有人。所以放在门口了。这是庆州有名的面包，你尝尝。

– 成熙 –

选择填入(   )里的正确答案。

단어 아무도 谁也　　유명하다 有名　　두다 放

种类 类型 便条

解说 解析

括号前面文章的意思和括号后面文章的意思突然变了，所以'但是'正确。

55. (   )에 들어갈 알맞은 말을 고르십시오.

① 그래서　　② 그리고　　③ 그러나　　❹ 그런데

---

56. 이 글의 내용과 같은 것을 고르십시오.

❶ 성희는 수현을 못 만났습니다.
② 성희는 빵을 만들어서 주려고 합니다.
③ 수현은 방에서 빵을 먹고 있었습니다.
④ 수현은 빵을 친구와 함께 나눠 먹었습니다.

选择和文章内容一致的选项。

种类 类型 便条

解说 解析

这段话是成熙留下的便条。成熙亲自去秀贤家给她送面包，但是家里没人就放在了门口。所以成熙没见到秀贤。

② 成熙想给她做面包(去庆州买的面包)。
③ 秀贤在房间里吃面包了(秀贤还没收到面包了)。
④ 秀贤和朋友一起分享了面包(秀贤还没收到面包，不可能和朋友一起分享)。

[57~58] 다음을 순서대로 맞게 나열한 것을 고르십시오.

57.

(가) 하지만 최근에는 힘든 일이 생겨서 자주 못 갔습니다.
(나) 특히 배낭여행은 돈이 적게 들어서 더 많이 갔습니다.
(다) 저는 여행을 좋아해서 자주 여행을 갑니다.
(라) 아버지께서 많이 편찮으셔서 주로 병원에 있었습니다.

❶ (다)-(나)-(가)-(라)　　② (다)-(나)-(라)-(가)
③ (다)-(가)-(라)-(나)　　④ (다)-(라)-(나)-(가)

选择排列顺序正确的选项。

(가) 但是最近有事所以没能常去。
(나) 特别是背囊旅行花钱少所以我经常去。
(다) 我喜欢旅行所以经常去旅行。
(라) 爸爸生病很严重，所以我大部分时间都在医院。

种类 类型 叙述文

解说 解析

(다)是固定的。→ (나)中'배낭여행(背囊旅行)'放在(다)的'여행(旅行)'之后说的是许多旅行中特别是背囊旅行。→ (가)는 '하지만(但是)'的出现证明先后是对立的关系。所以(나)能经常去但是'힘든 일이 있어서 자주 못 갔습니다(有事所以没能经常去)'是对立的内容。(라)阐述了最近因为什么事没去。所以(나)后面是(가)然后(라)的顺序。(다) → (나) → (가) → (라)是答案。

단어 배낭여행 背囊旅行　　(돈이) 들다 花(钱)
　　　생기다 出现　　주로 主要

58.

(가) 어느 날 엘리베이터가 고장이 났습니다.

(가) 有一天电梯出故障了。
(나) 我家住在韩国公寓15层。
(다) 虽然腿疼但是得到了锻炼，所以心情很好。

(나) 저는 아파트 15층에 살고 있습니다.
(다) 다리가 많이 아팠지만 운동이 돼서 기분은 좋았습니다.
(라) 15층까지 계단으로 걸어서 올라갔습니다.

① (나)-(다)-(라)-(가) ② (나)-(라)-(다)-(가)
③ (나)-(라)-(가)-(다) ❹ (나)-(가)-(라)-(다)

단어 엘리베이터 电梯   고장이 나다 出故障

(라) 我走楼梯上到15楼。

종류 类型 叙述文
해설 解析

(나)固定的句子。→ (가)和(라)中(라)是为什么要走上
去的理由(가)是电梯出故障和走上去是因果关系的连
接。还有(다)叙述的是走到15层腿很疼但是因为运动了
所以心情好，这是结尾。所以按照时间顺序(나)然后
(가)再有(라)(다)的顺序排列句子。(나) → (가) → (라)
→ (다)正确。

[59~60] 다음을 읽고 물음에 답하십시오.

지난 주말에 여자 친구와 같이 강원도 평창에 갔습니다.
(㉠) 스키를 타러 갔습니다. (㉡) 그런데 2018년 겨울에
한국에서 올림픽을 해서 이곳저곳이 작년보다 많이 달랐습
니다. (㉢) 건물이 새 건물이 되었고 깨끗했습니다. (㉣)
내년에 가족과 함께 또 올 겁니다.

단어 다르다 不同   깨끗하다 干净   숙소 住处
       생기다 出现   편리하다 便利

阅读下面内容，回答问题。
上周末和女朋友一起去了江原道平昌。(㉠)为了滑雪
去的。(㉡)但是2018年冬季要在韩国举办奥运会，所
以和去年比处都变了。(㉢)建筑物都变成新的了而
且整洁干净。(㉣)明年将会和家人们一起来。

选择下面句子在文章中合适的位置的选项。

出现了从公交车站到住处的专线公交车，所以非常方便。

종류 类型 叙述文
해설 解析

59. 다음 문장이 들어갈 곳을 고르십시오.

버스 정류장에서 숙소까지 바로 가는 셔틀 버스도 생겨서
편리했습니다.

① ㉠   ② ㉡   ③ ㉢   ❹ ㉣

因为2018年奥运会，这里和去年相比变了许多。变得
不一样的是，旧的建筑换新了，更干净了，而且专线
巴士也出现了。专线巴士的后面加了'도(也)'字，所以
应放在㉣的位置。

---

60. 이 글의 내용과 같은 것을 고르십시오.

① 작년에 평창에 갔습니다.
❷ 평창에서 올림픽 경기가 있을 겁니다.
③ 올림픽 경기를 보러 평창에 갔습니다.
④ 내년에 여자 친구와 함께 평창에 갈 겁니다.

选择和内容一致的选项。

종류 类型 叙述文
해설 解析

2018年在韩国的平昌举办奥运会。所以在平昌会有比赛。

① 去年去了平昌(上周去了平昌)。
③ 为了看奥运会比赛去了平昌(为了滑雪去了平昌)。
④ 明年将和女朋友一起去平昌(和家人一起去)。

[61~62] 다음을 읽고 물음에 답하십시오.

눈으로 옷을 입은 산의 경치는 아름답습니다. 하지만 동물
들에게는 눈이 반갑지 않습니다. 눈 때문에 길과 먹이 찾기
가 어렵습니다. 최근 강원도에 갑자기 많은 눈이 내려 눈
속에서 (   ) 동물이 있었습니다. 또 어떤 동물은 먹을 것
이 없어서 굶어 죽기도 했습니다.

단어 경치 风景   반갑다 高兴   먹이 吃的   굶어 죽다 饿死

阅读下面内容，回答问题。
被雪覆盖的山风景很美，但是动物们不喜欢雪。因为
雪，它们很难找到路和吃的。最近江原道地区突然下
了大暴雪，雪里(   )有动物，并且有的动物是因为
没有吃的被活活饿死了。

选择填入(   )里的正确答案。

종류 类型 叙述文

61. ( )에 들어갈 알맞은 말을 고르십시오.

① 잠을 자는   ❷ 나오지 못하는
③ 놀고 있는   ④ 들어가지 못하는

해설 解析

括号里应填写和'눈 속에서(雪里)'相连的单词, 前文说
因为雪很难找路和吃的。所以根据这两点应该选择
'나오지 못하는(不能出来)'是正确的。

---

62. 이 글의 내용과 같은 것을 고르십시오.

① 동물들은 눈을 좋아합니다.
② 옷을 입은 동물들은 예쁩니다.
❸ 눈 때문에 죽는 동물들이 있습니다.
④ 눈 때문에 길과 먹이를 쉽게 찾을 수 있습니다.

选择与文章内容一致的选项

种类 类型   叙述文
解说 解析

突然下了暴雪, 动物在雪里不能出来, 有的就冻死
了。所以有因为雪被冻死的动物。

① 动物喜欢雪(动物见到雪不高兴, 即动物不喜欢雪)。
② 穿着衣服的动物很漂亮(被雪覆盖的山很漂亮)。
④ 因为雪, 路和吃的很容易找到(不容易找到)。

[63~64] 다음을 읽고 물음에 답하십시오.

회장님, 보내 주신 메일 잘 받았습니다.
이번 제5호 독서 모임에 대해 자세하게 안내를 해 주셔서
감사합니다. 그런데 이번 모임에는 참석이 어려울 것 같습
니다. 이번 주 토요일에 가족 모임이 있습니다. 가족이 모
두 참석해야 해서 빠질 수 없습니다. 다음 모임에는 꼭 가
겠습니다.
죄송합니다. 그럼, 다음에 또 연락드리겠습니다.

김민호 드림

단어   회장님 会长   독서 모임 读书聚会
     참석 参加   빠지다 落下

阅读下面内容, 回答问题。

会长, 已收到您发的邮件。
非常感谢您详细地介绍了这次第5届读书聚会。
但是我可能不能参加这次聚会。因为这周六我有家庭
聚会, 所有的家庭成员都必须参加, 不能缺席。
下次的读书聚会, 我一定参加。
非常抱歉。那么, 我下次再跟您联系。
金旻浩 呈上

为什么写了这段话?

种类 类型   邮件
解说 解析

文章的主要目的主要写在文章的前面或后面。邮件的
形式也是文章的前和后出现文章的目的。这个邮件是
回信的形式。为了告诉会员们读书集会的消息而发的
邮件, 本文正在写回信, 包含了不能参加的理由。

---

63. 왜 이 글을 썼습니까?

❶ 독서 모임에 참석이 어려워서
② 독서 모임에 오신 회원들에게 감사해서
③ 동건 씨를 독서 모임에 초대하고 싶어서
④ 회원들에게 독서 모임 소식을 알리기 위해서

---

64. 이 글의 내용과 같은 것을 고르십시오.

① 동건 씨는 이번 독서 모임에 참석할 수 없습니다.
② 동건 씨는 이번 주 토요일에 가족 모임이 있습니다.
③ 민호 씨는 회원들에게 독서 모임을 알리고 싶어 합니다.
❹ 민호 씨는 이번 독서 모임을 하는 날 가족 모임이 있습
니다.

选择与文章内容一致的选项。

种类 类型   邮件
解说 解析

本文说是这周六有家庭聚会。所以读书聚会的那天民
浩有家庭聚会正确答案。

① 东健这次读书聚会不能参加(旻浩不能参加)。
② 东健这周六有家庭聚会(旻浩有家庭聚会)。
③ 民浩想通知会员们有读书聚会(是李东健会长)。

실전 모의고사 1회

[65~66] 다음을 읽고 물음에 답하십시오.

화는 왜 나는 것일까요? 스트레스를 받을 때, 말로 공격을 받았을 때 (㉠) 화가 날 수 있습니다. 즉 잠깐 동안 나타납니다. 또는 하고 싶은 일이 잘 되지 않았을 때는 길게 화를 낼 수 있습니다. 날씨가 더울 때도 화가 납니다. 이렇게 화가 나는 이유는 여러 가지가 있습니다.

단어 (화가) 나다 生气　원인 原因　일어나다 出现
잠깐 동안 一阵　덥다 热

阅读下面内容，回答问题。

为什么会生气？有压力的时候，受到了语言攻击的时候(㉠)会生气。即，是瞬间的表现。或者自己想做的事不顺利的时候会很长时间地生气，天气热的时候也会生气。所以生气的原因有很多。

选择填入(㉠)里的正确答案。

종류 类型　叙述文
해설 解析
括号后面句子出现'即'和'短时间'这样的单词。和2个单词意思最接近的是'非常短'。

65. (㉠)에 들어갈 알맞은 말을 고르십시오.

① 아주 많게　　② 아주 길게
③ 아주 적게　　❹ 아주 짧게

66. 이 글의 내용과 같은 것을 고르십시오.

① 일이 재미있으면 화가 많이 납니다.
② 배가 고프면 사람은 화를 내지 않습니다.
③ 날씨가 더우면 사람들은 기분이 좋습니다.
❹ 하고 싶은 일이 안 되면 오랫동안 화를 냅니다.

选择与文章内容一致的选项。

종류 类型　叙述文
해설 解析
自己想做的事不顺利的时候就会长时间地生气，所以自己想做的事不行的时候就会生很长一段时间的气是符合原文的。
① 工作有趣的话会非常生气(有压力的时候会生气，如果工作有意思的话压力就会少，所以说非常生气是错误的)。
② 人饿的话不会生气(本文未提到该内容)。
③ 天气热的话人的心情会变好(生气的原因也包含天热。所以天气热的话人的心情就不好，容易生气)。

[67~68] 다음을 읽고 물음에 답하십시오.

요즘 물건을 다시 사용하는 재활용이 유행입니다. 물건을 다시 사용하면 돈을 절약할 수 있습니다. 고무장갑은 (㉠) 사용하면 구멍이 생겨서 못 쓰게 됩니다. 이럴 때 버리지 말고 고무줄처럼 사용할 수 있습니다. 최근에도 아들과 함께 다 마신 음료수병으로 꽃병을 (㉡). 우리 가족은 필요한 물건이 있으면 함께 만들어서 다시 사용할 때가 많습니다.

단어 유행이다 流行　절약하다 节省　구멍이 생기다 出现洞
버리다 扔掉　최근 最近

阅读下面内容，回答问题。

最近物品的再利用很流行，物品再次使用的话可以节约钱。胶皮手套(㉠)使用的话有洞就不能用了。这时候别扔可以当橡皮筋使用。最近和儿子一起用喝完的饮料瓶(㉡)花瓶。如果有我们家需要的东西，大家一起做，再利用的时候很多。

选择符合㉠的选项。

종류 类型　叙述文
해설 解析
括号前是'胶皮手套'和使用多久就有洞的内容。所以㉠处应该是表现手套使用多久的副词"很久"。
① 가끔 有时
예 주말에는 친구들과 가끔 영화를 봅니다.
周末有时和朋友看电影。
② 거의 几乎, 差不多
예 수현은 시험만 보면 거의 100점을 맞습니다.
秀贤考试的话几乎得100分。

67. ㉠에 알맞은 것을 고르십시오.

① 가끔　　　　② 거의
❸ 오랫동안　　④ 잠깐 동안

④ 잠깐 동안 短时间
　　[예] 잠깐 동안만 기다리세요. 稍等一下。

---

68. ⓛ에 알맞은 것을 고르십시오.

① 만들어도 됩니다.　　② 만들어야 합니다.
③ 만들기로 했습니다.　　❹ 만든 적이 있습니다.

选择符合ⓛ的选项。

[종류 类型] 叙述文
[해설 解析]
括号前面使用了'最近'这个词证明做的东西一直被用
到了现在。所以表现经历过的事实的'만든 적이 있습니
다'(做过)是正确的。
① -아/어도 되다 : 表示允许或许可的时候使用。
　　[예] 이 모자를 써도 돼요? 我能戴一下这个帽子吗?
② -아/어야 하다 : 表示某种事或者情况的义务性，重要
　　性的时候使用。
　　[예] 오늘 오후까지 일을 다 해야 합니다.
　　　　截止到今天下午一定要完成。
③ -기로 하다 : 表示自身的计划或决心，或者和别人有
　　约定的时候使用。
　　[예] 매일 아침 운동하기로 했습니다.
　　　　我决定每天早上运动。(自身的计划或决心)
　　[예] 오후에 여자 친구를 커피숍에서 만나기로 했습니다.
　　　　下午和女朋友在咖啡厅见面。(约定)

[69~70] 다음을 읽고 물음에 답하십시오.

지난 여름방학 때 시골 할머니댁에 놀러 갔습니다. 시골은
공기도 좋고 조용해서 좋았습니다. 그런데 어느 날, 집 앞
에서 놀고 있는데 큰 벌레에게 다리를 물렸습니다. 시골이
라 약국도 없었고 병원도 너무 멀어서 갈 수 없었습니다.
그때 할머니께서 내 다리에 된장을 바르셨습니다. 그리고
한참 동안 시간이 지나니까 아프지 않았습니다. 된장은 우
리 몸을 (㉠) 약도 됩니다.

[단어] 공기 空气　　조용하다 安静　　물리다 被蛰　　멀다 远
(다리에) 바르다 擦, 抹

阅读下面内容，回答问题。
上一个暑假我去乡下的奶奶家玩了，乡下的空气好又
安静所以非常开心。但是有一天，我在奶奶家门前正
玩着时突然被一个大虫子蛰了腿。因为是乡下没有药
店，离医院也很远，去不了。那时候奶奶给我的腿抹
了大酱。然后过了一段时间就不再疼了。原来大酱也
能作为(㉠)我们身体药。

选择符合㉠的选项。

[종류 类型] 随笔
[해설 解析]
从括号前面的内容来看，被蜜蜂蛰了腿，没有药离医
院又远没去不了。但是往腿上抹了大酱之后过了一段
时间就不疼了。通过这个事可以知道大酱有治疗身体
的功效，所以㉠'伤口'治疗하는(治疗)'是正确的。

---

69. (㉠)에 들어갈 알맞은 말을 고르십시오.

① 내는　　② 바르는　　③ 만드는　　❹ 치료하는

---

70. 이 글의 내용으로 알 수 있는 것은 무엇입니까?

① 나는 조용한 시골이 싫습니다.
② 할머니는 큰 벌레를 좋아하십니다.
❸ 된장은 약으로도 사용할 수 있습니다.
④ 병원이 너무 멀어서 약국에 갔습니다.

通过这篇文章告诉了我们什么?

[종류 类型] 随笔
[해설 解析]
理解整体内容之后来推测文章的意思，以核心词汇为
中心，推测出笔者的意图. 被蜜蜂蛰了之后没有药离
医院太远不能去。然后抹了大酱，身体就好转了。所
以本文写的是大酱也能当药来使用的内容。

실전모의고사
제4회 해설

듣기 听力

1. ①	2. ③	3. ②	4. ③	5. ②	6. ③	7. ①	8. ②	9. ④	10. ②
11. ①	12. ②	13. ④	14. ②	15. ②	16. ②	17. ②	18. ②	19. ③	20. ④
21. ①	22. ③	23. ③	24. ④	25. ④	26. ①	27. ②	28. ④	29. ②	30. ②

읽기 阅读

31. ④	32. ①	33. ③	34. ③	35. ②	36. ②	37. ③	38. ④	39. ③	40. ④
41. ①	42. ④	43. ①	44. ④	45. ②	46. ③	47. ①	48. ②	49. ①	50. ②
51. ③	52. ①	53. ②	54. ④	55. ①	56. ②	57. ①	58. ①	59. ③	60. ④
61. ②	62. ②	63. ②	64. ①	65. ④	66. ①	67. ③	68. ①	69. ①	70. ③

듣기 (1번 ~ 30번)

[1~4] 다음을 듣고 〈보기〉와 같이 물음에 맞는 대답을 고르십시오.

1.

남자: 저 건물이 은행이에요?

여자: _______________

❶ 네, 한국은행이에요.　　② 네, 은행이 없어요.
③ 아니요, 은행에 가요.　　④ 아니요, 은행에서 일해요.

단어　건물 建筑　은행 银行　없다 没有　가다 去
　　　일하다 做事

听录音，选择正确的答案。

男：那个建筑是银行吗？

종류 类型　对话

해설 解析

用‘N이에요?’提问的情况，如果答案是肯定形式用‘네，N이에요’回答，是否定形式的话用‘아니요，N이/가 아니에요’回答。

② 对‘은행이 없어요(没有银行吗)?’的回答。

③ 对于‘去~(除了银行以外的别的地方)吗?’的回答。(예: 우체국에 가요? 去邮局吗?)

④ 对于‘在~(除了银行以外的别的地方)工作吗?’的回答。(예: 우체국에서 일해요? 在邮局工作吗?)

2.

여자: 방이 넓어요?

남자: _______________

① 네, 방이에요.　　　② 네, 방이 많아요.
❸ 아니요, 방이 좁아요.　④ 아니요, 방이 깨끗해요.

단어　방 房间　넓다 宽　많다 多　좁다 窄
　　　깨끗하다 干净

女：房间宽敞吗？

종류 类型　对话

해설 解析

房间宽敞的话‘네, 넓어요.(是的，很宽敞)’，要是不宽敞的话，用‘넓어요(宽)’的反义词‘아니요, 방이 좁아요(不，房间很窄).’回答。

① 对‘방이에요(是房间吗)?’的回答。

② 对‘방이 많아요(房间多吗)?’的回答。

④ 对‘방이 더러워요(房间脏吗)?’的回答。

3.

여자: 누가 선물을 줬어요?

남자: _______________

① 어제 줬어요.　　　❷ 동생이 줬어요.
③ 인형을 줬어요.　　④ 생일이라서 줬어요.

단어　선물 礼物　주다 给

女：谁给(你)礼物了？

종류 类型　对话

해설 解析

‘누가(谁)’询问人的疑问代词，选择有人的答案即可。

① 对‘언제 선물을 줬어요(什么时候给礼物了)?’的回答。

③ 对‘무슨 선물을 줬어요(给了什么礼物)?’的回答。

④ 对‘왜 선물을 줬어요(为什么给礼物了)?’的回答。

4.

남자: 식당은 몇 층에 있어요?

여자: _______________

① 밥을 먹어요.　　　② 친구와 먹어요.
❸ 삼 층에 있어요.　　④ 도서관 옆에 있어요.

男：食堂在几层？

종류 类型　对话

해설 解析

选择有数字的答案即可。

| 단어 | 식당 食堂，餐厅　　층 层　　먹다 吃　　친구 朋友 |

옆 旁边

① 对'무엇을 해요(做什么)?'或者'무엇을 먹어요(吃什么)?'
　的回答。
② 对'누구와 먹어요(和谁一起吃)?'的回答。
④ 对'식당은 어디에 있어요(食堂在哪)?'的回答。

[5~6] 다음을 듣고 〈보기〉와 같이 다음 말에 이어지는
　　　 것을 고르십시오.

听录音，选择正确的答案。

女：为什么晚了？

5.

여자: **왜** 늦었습니까?

남자: ______________

① 친구와 갔습니다.　　　❷ 늦게 일어났습니다.
③ 차를 타고 갔습니다.　　④ 지금 가고 있습니다.

| 종류 类型 | 对话 |

| 해설 解析 |

女人问男人晚的理由。

· 늦다 晚
　[예] 차가 막혀서 약속 시간에 늦었어요.
　　　 堵车，所以比约定时间晚了。

① 对'누구와 갔습니까(和谁一起去的)?'的回答。
③ 对'무엇을 타고 갔습니까(乘坐什么去的)?'的回答。
④ 对'어디입니까(在哪)? 출발했습니까(出发了吗)?'的回答。

| 단어 | 왜 为什么　　늦다(늦게) 晚　　일어나다 起床　　타다 乘坐 |

6.

남자: **다녀오겠습니다**.

여자: ______________

① 네, 안녕하세요.　　　　② 네, 반갑습니다.
❸ 네, 잘 다녀오세요.　　　④ 네, 잘 지냈습니다.

男：我出门了/我去去就来。

| 종류 类型 | 对话 |

| 해설 解析 |

出门时对留下的人打招呼的表达。

① 对'안녕하세요(您好)?'的回答。
② 对'만나서 반갑습니다(见到你很高兴).'的回答。
④ 对'잘 지냈습니까(过得好吗)?'的回答。

| 단어 | 다녀오다 回来　　반갑다 高兴　　지내다 过 |

[7~10] 여기는 어디입니까? 〈보기〉와 같이 알맞은 것을
　　　　 고르십시오.

这里是哪？选择正确的答案。

男：请给我（包装）一束玫瑰花。
女：好的。知道了。

7.

남자: **장미 한 다발만** 포장해 주세요.

여자: 네, 알겠습니다.

❶ 꽃집　　② 은행　　③ 우체국　　④ 도서관

| 종류 类型 | 对话 |

| 해설 解析 |

能买到玫瑰花的地方是花店。

| 단어 | 꽃집 花店　　회의 会议　　시작하다 开始 |

은행 银行　　우체국 邮局　　도서관 图书馆

8.

여자: 이 **약**은 언제 먹어요?

남자: 식사 30분 후에 드세요.

① 교실　　❷ 약국　　③ 편의점　　④ 커피숍

女：这药什么时候吃？
男：饭后30分钟吃。

| 종류 类型 | 对话 |

| 해설 解析 |

能买药的地方是药店。

단어 약 药　언제 什么时候　식사 吃饭　후 后
교실 教室　약국 药店　편의점 便利店
커피숍 咖啡厅

9.

남자: 요즘 사람들은 어디로 여행을 많이 갑니까?
여자: 일본이나 중국으로 많이 가세요.

① 학교　　② 공원　　③ 박물관　　❹ 여행사

단어 요즘 最近　여행 旅行　학교 学校　공원 公园
박물관 博物馆　여행사 旅行社

男：最近人们都去哪旅行？
女：去日本或者中国。

종류 类型 对话

해설 解析
男人问女人旅行的话去哪好，询问有关旅行的地方是旅行社。

10.

여자: 여기 김치 좀 더 주세요.
남자: 죄송하지만, 김치는 셀프입니다.

① 서점　　❷ 식당　　③ 백화점　　④ 운동장

단어 주다 给　셀프 自助　서점 书店　식당 饭馆
백화점 百货商店　운동장 操场

女：这里请多给点儿泡菜。
男：不好意思。泡菜是自助（请自己拿）。

종류 类型 对话

해설 解析
在餐厅女人正在说多给点儿泡菜。

[11~14] 다음은 무엇에 대해 말하고 있습니까? 〈보기〉
와 같이 알맞은 것을 고르십시오.

11.

여자: 지금부터 비빔밥을 만들 거예요.
남자: 그럼 제가 채소를 씻을게요.

❶ 요리　　② 가격　　③ 직업　　④ 취미

단어 만들다 制作, 做　채소 菜　요리 料理　가격 价格
직업 职业　취미 兴趣

下面的对话在谈论什么？选择正确的答案。
女：我现在开始做拌饭。
男：那么我洗菜。

종류 类型 对话

해설 解析
'만들다(制作, 做)'和 '요리하다(做饭)'是一样的意思。
· (음식을) 만들다　做(饭)
　예 비빔밥을 <u>만들어요</u>. (=요리해요.) 做拌饭(=做拌饭)。

12.

남자: 방학 동안에 무엇을 할 거예요?
여자: 한국의 유명한 관광지를 여행할 거예요.

① 건강　　❷ 계획　　③ 날씨　　④ 주말

단어 방학 假期　유명하다 有名　관광지 观光地
여행하다 旅行　건강 健康　계획 计划　날씨 天气
주말 周末

男：假期做什么呢？
女：去韩国有名的观光地旅行。

종류 类型 对话

해설 解析
说的是放假期间的计划。

13.

남자: 내일은 크리스마스라서 수업이 없습니다.
여자: 와, 네, 알겠습니다.

① 방학　　　② 장소　　　③ 약속　　　❹ 휴일

단어 크리스마스 圣诞　수업 课　방학 放假　장소 场所
약속 约定　휴일 休息日

男：明天是圣诞节，没有课。
女：哇！好的，知道了。

종류 类型 对话

해설 解析

圣诞节放假。

14.

여자: 주말에 같이 등산 갈까요?
남자: 좋아요. 봄이라 꽃이 많이 피어서 정말 예쁠 거예요.

① 선물　　　❷ 계절　　　③ 과일　　　④ 날짜

단어 등산 登山　봄 春天　꽃이 피다 开花　예쁘다 漂亮
선물 礼物　계절 季节　과일 水果　날짜 日子

女：周末一起去登山吗？
男：好啊。春天了，花都开了，肯定很漂亮。

종류 类型 对话

해설 解析

对于女人提议周末一起去登山，男人回答的是春天到了花都开了，会很漂亮。春天是1年4季中的第一个季节。

[15~16] 다음 대화를 듣고 알맞은 그림을 고르십시오.

听录音，选择与对话相符的图片。

15.

남자: 나영 씨, 강아지가 침대 위에서 자요.
여자: 네, 매일 저하고 같이 침대에서 자서 그래요.

단어 강아지 小狗　침대 床　위 上面　자다 睡

男：娜英，小狗在床上睡着了。
女：哦，它每天都跟我一起睡在床上所以才这样。

종류 类型 对话

해설 解析

小狗躺在床上。男人和女人看着小狗在聊天的场面。

① 男人在宠物医院买小狗的场面。
③ 男人和女人坐在床上 一边看小狗一边聊天的场面。
④ 小狗在女人膝盖上睡着了，男人在旁边聊天的场面。

16.

남자: 짐이 무거운 것 같은데. 저 이번에 내리니까 여기 앉으세요.
여자: 고맙습니다.

男：行李好像很重的样子，我这站下车，您坐我这儿吧。
女：谢谢。

종류 类型 对话

해설 解析

在地铁里男人给拿着很重行李的女人让座的情景。

① 在楼梯前拿着很重行李的女人和男人聊天的场面。
③ 在机场女人正在托运行李的场面。
④ 在餐厅里男职员给女人安排座位的场面。

단어 짐 行李　무겁다 重　내리다 下　앉다 坐

[17~21] 다음을 듣고 〈보기〉와 같이 대화 내용과 같은 것을 고르십시오.

17.

여자: 한국 회사에 취직하게 되었어요. 오늘 저녁은 제가 살게요.

남자: 아니에요. 취직했으니까 축하하는 의미로 제가 살게요.

① 여자는 오늘 저녁을 살 겁니다.
❷ 여자는 한국 회사에 다닐 겁니다.
③ 남자는 한국 회사에 취직했습니다.
④ 남자는 여자의 취직을 축하하지 않습니다.

단어 회사 公司　취직하다 就职，就业　축하하다 庆贺
의미 意思

听录音，选择与对话内容相符的答案。

女：我在韩国公司就职了。今天晚上我请客。
男：别了。为了庆祝你找到工作我请客。

종류 类型 对话

해설 解析

男人庆祝女人找到工作想请吃晚饭。

- 취직하다　就职
  예 회사에 취직해요. 在公司就职。

① 女人晚上请吃晚饭(男人今天晚上请吃晚饭)。
③ 男人在韩国公司就职了(女人在韩国公司就职了)。
④ 男人不祝贺女人的就职(男人为了祝贺女人就职请吃晚饭)。

18.

남자: 실례합니다. 한국병원에 가려고 하는데 어떻게 가야 돼요?

여자: 백화점 맞은편에서 길을 건너야 해요. 그리고 오른쪽으로 가면 서울은행 옆에 있어요.

남자: 네, 감사합니다.

① 남자는 서울은행에 가려고 합니다.
❷ 남자는 길을 몰라서 물어보고 있습니다.
③ 여자는 한국병원 가는 길을 알지 못합니다.
④ 여자는 지금 한국병원에 가고 싶어 합니다.

단어 실례하다 打扰一下　어떻게 怎么样　맞은편 对面
길을 건너다 过马路　오른쪽 右侧

男：打扰一下，找想去韩国医院，应该怎么走？
女：在百货店的对面过马路。然后往右走，就在首尔银行的旁边。
男：好的，谢谢。

종류 类型 对话

해설 解析

男人不知道韩国医院怎么去，向女人问路。

- 건너다　过
  예 길을 건너요. 过马路。

① 男人想去首尔银行(男人想去韩国医院)。
③ 女人不知道去韩国银行的路(女人知道去韩国医院的路)。
④ 女人说现在想去韩国医院(男人说现在想去韩国医院)。

19.

여자: 실례합니다. 여기 제 자리인 것 같은데요.

남자: 저는 창문 쪽 자리가 맞는데요. 그리고 제 표에도 24A로 쓰여 있습니다.

여자: 여기는 25열입니다. 여기 앞자리에 앉으셔야 해요.

女：打扰一下，这个好像是我的座位。
男：我是靠窗的座位没错。而且我的票上写的也是 24A。
女：这里是25排，您应该坐前面的这个座位。
男：啊，我弄错了。抱歉。

남자: 아, 제가 실수를 했습니다. 미안합니다.

① 여자는 ~~영화관에~~ 있습니다.
② 남자는 ~~25열에~~ 앉아야 합니다.
❸ 남자는 좌석을 잘못 앉았습니다.
④ ~~여자는 남자의 자리에~~ 앉아 있습니다.

단어 자리 位置　쓰여 있다 写着　열 行，排
실수를 하다 失误

종류 类型 对话

해설 解析

女人和男人在飞机内，由于男人的失误坐在了女人的座位上的情况。

① 女人在电影院(在飞机里)。
② 男人应该坐在了25排(男人的座位是第24排)。
④ 女人坐在了男人的座位(男人坐错了，坐在了女人的座位上)。

20.

남자: 어제 여기에서 바지를 한 벌 샀는데 바지에 문제가 좀 있네요.
여자: 어떤 문제가 있습니까?
남자: 집에서 바지를 입어 보니까 바지 지퍼가 잘 올라가지 않아요.
여자: 죄송합니다. 손님, 다른 바지로 교환해 드리겠습니다.
남자: 아니요. 그냥 환불해 주세요.
여자: 네, 알겠습니다. 환불 처리해 드리겠습니다.

① ~~여자~~는 어제 바지를 샀습니다.
② ~~여자~~는 바지를 ~~바꾸러~~ 왔습니다.
③ 남자는 산 바지가 ~~마음에 듭니다~~.
❹ 남자는 바지를 환불하고 싶어 합니다.

단어 벌 条　지퍼 拉链　올라가다 上　교환하다 交换
환불하다 退钱　처리 处理

男：昨天我在这里买了一条裤子，有点问题。
女：有什么问题？
男：在家试穿的时候拉链拉不上去。
女：对不起，客人。那给您换另一条裤子。
男：不，给我退了吧。
女：好的。知道了。给你做退货处理。

종류 类型 对话

해설 解析

男人昨天买了裤子，想退货所以又来到了商店。

- 교환하다 交换
  [예] 이 가방을 다른 색으로 <u>교환해 주세요</u>.
  请给我把这个包换成别的颜色。
- 환불하다 退钱
  [예] 이 가방을 <u>환불해 주세요</u>. 请把这个书包给我退钱。

① 女人昨天买了裤子(男人昨天买了裤子)。
② 女人想换裤子来的(男人是退裤子来的)。
③ 男人对买的裤子满意(男人对买的裤子不满意)。

21.

여자: 한국에서 오전 8시에 출발해서 미국에 밤 9시에 도착하는 HK112편 맞으시죠?
남자: 네, 맞아요.
여자: 여기 이름과 여권번호를 확인해 주세요.
남자: 네, 맞습니다. 그런데 창가 쪽 자리로 주실 수 있습니까?
여자: 잠시만 기다리세요. 네, 창가 쪽 자리로 해 드렸습니다. 7시까지 20번 게이트로 가셔서 7시 30분까지 탑승을 하시기 바랍니다.
남자: 네, 알겠습니다. 감사합니다.

❶ 남자는 지금 공항에 있습니다.
② ~~여자는~~ 창가 쪽 자리를 원합니다.
③ ~~여자는 밤 9시에 미국에서~~ 출발합니다.
④ 남자는 ~~7시~~까지 비행기에 타야 합니다.

女：韩国早上8点出发晚上9点到美国的HK112次航班对吧。
男：嗯，对。
女：请确认下姓名和护照号码。
男：嗯，对的。但是能给我安排靠窗户的座位吗？
女：请稍等。好的，给您安排了靠窗户的座位，请在7点之前到20号登机口，7点30分之前办理登机。
男：好的，知道了。谢谢。

종류 类型 对话

해설 解析

男人在机场办登机手续。

- 탑승 登机
  [예] 9시에 탑승 수속을 마감합니다. 9点登机手续截止。

② 女人想要靠窗户的位置(男人想要靠窗户的位置)。
③ 女人晚上9点从美国出发(男人早上8点从韩国出发)。
④ 男人7点为止一定要搭乘飞机(男人7点半为止一定要搭乘)。

단어 출발하다 出发   도착하다 到达   편 次   여권 护照
창가 窗户   게이트 出入口   탑승 登机

[22~24] 다음을 듣고 대화 내용과 같은 것을 고르십시오.

听录音，选择和对话内容相符的答案。

22.

남자: 고객님, 전화해 주셔서 감사드립니다. 무엇을 도와 드릴까요?

여자: 7월 휴대전화 요금을 보니까 보통 오만 원 정도 나오는데 십만 원이 나와서요. 확인할 수 있을까요?

남자: 네. 잠시만 기다리세요. 확인해 보니까 7월에 일본으로 국제전화를 많이 하셨네요. 국제전화는 1분에 500원이기 때문에 요금이 많이 나올 수 있습니다.

여자: 아, 이제 기억이 났습니다. 고맙습니다.

① 여자는 통신 회사에서 일합니다.
② 남자는 국제전화를 세 번 했습니다.
❸ 남자가 여자의 전화를 받았습니다.
④ 남자는 핸드폰 요금이 많이 나왔습니다.

단어 통신 通信   요금 费用   국제전화 国际电话
기억이 나다 想起

男 : 客人，感谢您的来电，有什么可以帮忙吗？
女 : 从7月的电话费来看，一般5万元左右，这次却花了15万元，能确认一下吗？
男 : 好的，请您稍等，确认了一下，在7月3日您往日本打了很多国际电话，国际电话1分钟500元所以花了很多钱。
女 : 哦，想起来了，谢谢。

종류 类型 对话
해설 解析
女人为了确认电话费是否有误，给通信公司打电话了。
① 女人在通信公司上班(男人是通信公司职员)。
② 男人打了3次国际电话(女人打了很多国际电话)。
④ 男人电话费很高(女人的电话费很高)。

23.

남자: 무슨 일로 오셨습니까?

여자: 지하철 2호선 한국대역에서 중요한 서류가 든 봉투를 두고 내렸는데 혹시 찾을 수 있을까요?

남자: 잠시만 기다리세요. 아, 여기 있네요. 한번 확인해 보세요.

여자: 네, 맞아요. 정말 감사합니다. 。

① 남자는 한국대역에서 내렸습니다.
② 여자는 서류 봉투를 찾지 못했습니다.
❸ 여자는 지하철 유실물센터에 있습니다.
④ 남자는 중요한 서류를 잃어버렸습니다.

단어 지하철 地铁   중요하다 重要   서류 봉투 文件袋
유실물센터 失物招领处   잃어버리다 丢了

男 : 您好，有什么需要？
女 : 在地铁2号线韩国大站，我不小心把放有重要文件的袋子落下了，能找到吗？
男 : 稍等一下。嗯，在这里，请确认一下吧。
女 : 嗯，没错，太感谢了。

종류 类型 对话
해설 解析
女人在地铁失物招领处找装着重要文件的袋子。
① 男人在韩国大站下车了(女人在韩国大站下车了)。
② 女人没找到材料文件袋(女人找到了文件袋)。
④ 男人丢了重要的文件(女人在地铁丢了重要的文件袋又找到了)。

24.

여자: 안녕하세요. 어른 표 한 장하고 어린이 표 두 장 주세요.
남자: 네, 만 원입니다.
여자: 어? 이만 원 아니에요? 여기 어른은 만 원이고 어린

女 : 你好，给我1张成人票2张儿童票。
男 : 好的，1万元。
女 : 嗯？不是2万吗？这写着大人1万元小孩5千元。
男 : 嗯，但是今天是儿童节，所以儿童免费。而且观览结束后还会送礼物给孩子，一定要等到最后哦。

이는 오천 원이라고 되어 있는데요.
남자: 네, 그런데 오늘은 어린이날이라서 어린이들은 공짜입니다. 그리고 관람이 끝난 후에 어린이에게는 선물을 줄 예정이니까 끝까지 기다리세요.

① 여자는 ~~이만 원~~을 내야 합니다.
② ~~남자는~~ 선물을 받을 수 있습니다.
③ ~~남자는~~ 지금 표를 사고 있습니다.
❹ 여자는 어린이 요금은 내지 않아도 됩니다.

단어 어른 大人　어린이 孩子　어린이날 儿童节
공짜 免费　관람 观览　예정 预定

종류 类型　对话

해설 解析

今天是儿童节, 儿童免费, 所以孩子的费用不交也行。

① 女人要交2万(交大人的1万费用就行)。
② 男人能收到礼物(只有小孩能收到礼物)。
③ 男人在买票(女人在买票)。

[25~26] 다음을 듣고 물음에 답하십시오.

남자: 여러분, 안녕하십니까? 교통 정보입니다. 월요일 아침, 출근 시간이라서 차가 많이 막힐 것으로 예상됩니다. 여의도 방향으로 가는 길은 지금 사고가 나서 지나가는데 어려움을 겪고 있습니다. 여의도 지나는 차량은 주의하시기 바랍니다. 그리고 서울역 근처에서도 20km 이하로 서행하고 있습니다. 그쪽으로 가시는 분들은 다른 길로 돌아가시는 것이 좋겠습니다.

단어 교통 정보 交通情报　출근 上班　차가 막히다 堵车
예상되다 预想，预测　사고가 나다 出事故
어려움을 겪다 经受困难　차량 车辆　주의하다 注意
서행하다 缓行

听录音回答问题。

大家好，这里是交通新闻广播。周一早上，因为是上班高峰期，很有可能会堵车。去汝矣岛方向的路现在出了交通事故，通行困难。经过汝矣岛的车辆请注意。还有首尔站附近现在20KM以下缓行中，往那边去的朋友选择其他的路绕行比较好。

选择听到的内容。

종류 类型　案内放送

해설 解析

关于交通情报的案内放送。

---

25. 어떤 이야기를 하고 있는지 고르십시오.
① 초대　② 경고　③ 소개　❹ 안내

단어 초대 邀请　경고 警告　소개 介绍　안내 案内

---

26. 들은 내용과 같은 것을 고르십시오.
❶ 사고가 나서 차가 많이 막힙니다.
② 여의도 방향은 ~~빨리 갈 수 있습니다~~.
③ 서울역 근처는 ~~길이 막히지 않습니다~~.
④ ~~오후~~의 교통 정보를 알려 주고 있습니다.

选择和听到的内容一致的。

종류 类型　案内放送

해설 解析

通过去汝矣岛方向路上出了事故通行困难来看，可以知道因为出了事故堵车严重。

② 汝矣岛方向能快速通过(由于出事故了很堵车)。
③ 首尔站附近不堵车(文中说首尔站附近缓行中)。
④ 下午的交通新闻的广播(周一早上的上班时间交通新闻广播)。

[27~28] 다음을 듣고 물음에 답하십시오.

남자: 지난 주 토요일에 가족과 함께 꽃 전시회에 갔다 왔
는데 너무 좋았어요. 꽃을 보니까 기분도 좋아지고
머리도 맑아지는 기분이었어요. 나영 씨는 어디에 갔
다 왔어요?

여자: 저는 도자기 축제에 다녀왔어요. 거기에서 직접 컵하
고 접시를 만들 수 있어서 정말 재미있었어요.

남자: 나영 씨가 만든 컵을 보고 싶어요. 혹시 사진 있어요?

여자: 아니요. 다음에 집에 놀러 오면 그때 보여 줄게요.

단어 전시회 展示会　　기분 心情

머리가 맑아지다 头脑变清醒　　도자기 陶瓷　　축제 庆典

听录音回答问题。

男: 上周六和家人一起去看了花展，特别好，看到花，
心情变好了，头脑也变清醒了，娜英你去哪儿了？

女: 我去了陶瓷庆典。在那可以亲自制作杯和碟子，
真的很有意思。

男: 想看看娜英你做的杯子，有照片吗？

女: 没有，下次去我家玩的话到时候给你看。

请选择两个人谈话的内容。

种류 类型 对话

해설 解析

男人和女人在聊关于周末做了什么的事。

27. 두 사람이 무엇에 대해 이야기하고 있는지 고르십시오.

① 방학 계획　　❷ 주말에 한 일
③ 좋아하는 축제　　④ 보고 싶은 전시회

28. 들은 내용과 같은 것을 고르십시오.

① 여자는 예쁜 컵과 접시를 샀습니다.
② 여자는 꽃 전시회에 갔다 왔습니다.
③ 남자는 도자기 축제에 다녀왔습니다.
❷ 남자는 주말을 가족과 함께 보냈습니다.

选择和听到内容相符的答案。

种류 类型 对话

해설 解析

男人和家人一起去看了花展。

① 女人买了漂亮的杯和碟子(女人亲自做了杯和碟子)。
② 女人去了花的展示会(女人去了陶瓷庆典)。
③ 男人去了陶瓷庆典(男人去了花展)。

[29~30] 다음을 듣고 물음에 답하십시오.

남자: 무슨 일로 오셨습니까?

여자: 어제 저녁에 공원에서 이 지갑을 주웠어요.

남자: 지갑 안에는 무엇이 있습니까?

여자: 운전 면허증하고 신용 카드 그리고 현금이 삼십만 원
정도 들어 있어요.

남자: 알겠습니다. 지갑을 분실했다는 신고가 들어오면 바
로 주인을 찾아드리겠습니다. 신고해 주셔서 감사합
니다.

여자: 아니에요.

단어 줍다 拾　　운전 면허증 驾驶证　　신용 카드 信用卡

현금 现金　　분실하다 遗失　　신고 申报

들어오다 进来　　주인 主人

听录音回答问题。

男: 您有什么需要？
女: 我昨天晚上在公园拾到了这个钱包。
男: 钱包里有什么吗？
女: 装着驾驶证和信用卡还有现金30万元左右。
男: 知道了。如有人申报钱包丢失的话我会及时和您
联系，非常谢谢您的申报。
女: 不客气。

种류 类型 对话

해설 解析

女人昨天在公园里拾到了钱包今天来警察局申报。

· 습득하다 拾到
예 길에서 지갑을 습득했어요. 在路上拾到了钱包。

29. 여자는 지금 왜 여기에 왔습니까?

① 지갑을 맡겨서　　❷ 지갑을 습득해서
③ 지갑이 바뀌어서　　④ 지갑을 분실해서

30. 들은 내용과 같은 것을 고르십시오.

① ~~남자는 지갑을 잃어버렸습니다.~~
❷ 여자는 지금 경찰서에 있습니다.
③ ~~남자는~~ 어제 지갑을 주웠습니다.
④ 여자는 ~~내일 지갑을 찾으러 올 겁니다.~~

选择与内容一致的选项

🗂 **종류** 类型　对话

📩 **해설** 解析

女人拾到了钱包。所以来到了警察局。

① 男人丢了钱包(女人拾到了钱包)。
③ 男人昨天拾到了钱包(女人昨天拾到了钱包)。
④ 女人明天来取钱包(女人拾到了钱包来警察局申报)。

읽기 (31번 ~ 70번)

[31~33] 다음은 무엇에 대한 이야기입니까? 〈보기〉와
같이 알맞은 것을 고르십시오.

31.

서울은 너무 덥습니다. 부산은 따뜻합니다.

① 날짜　　② 고향　　③ 가족　　❹ 날씨

단어 여기/저기/거기 这里/那里/那里　덥다 (炎)热
따뜻하다 暖和

下面是关于什么内容的句子。参照所给的例句，选择
正确选项。

首尔非常热。釜山很暖和。

🗂 **종류** 类型　陈述句

📩 **해설** 解析

'덥다, 따뜻하다(热；暖和)'是用来形容天气的单词。因此
两个句子的共同点是'날씨(天气)'。

① 날짜 日期 : 크리스마스는 12월 25일입니다.　圣诞节是
12月25日。
② 고향 家乡 : 저는 서울 사람입니다. 제 친구는 부산 사람
입니다.　我是首尔人。我的朋友是釜山人。
③ 가족 家人 : 우리 가족은 아버지, 어머니, 나 이렇게 세
명입니다.　我的家有爸爸、妈妈和我三个人。

32.

아버지는 쉰 두 살입니다. 저는 스물 네 살입니다.

❶ 나이　　② 요일　　③ 나라　　④ 식사

단어 살 岁(量词)

爸爸52岁。我24岁。

🗂 **종류** 类型　陈述句

📩 **해설** 解析

该题中，'쉰 두 살과 스물 네(52岁和24岁)'是在讲年龄。
一般情况下年龄用'~살, ~세'来表示。

② 요일 星期 : 월요일, 화요일, 수요일, 목요일, 금요일, 토
요일, 일요일 星期一，星期二，星期三，星期四，星
期五，星期六，星期天
③ 국가 国家 : 어느 나라에서 왔어요? (你)来自哪个国家
呢? (=국가)

④ 식사 用餐 : 오늘 아침 식사하셨어요? 今天早上(您)用餐
　　了吗?

33.

민호 씨와 유키 씨는 아주 친합니다. 그래서 서로 잘 압니다.

① 휴가　　　② 운동　　　❸ 친구　　　④ 수업

단어 친하다 亲密，要好　　알다 知道，了解

民浩和有希很要好。因此相互非常了解。

종류 类型 陈述句

해설 解析

两个人非常要好。亲密的朋友相互很了解。因此亲密又
彼此很了解的关系—'친구(朋友)'是正确答案。

① 휴가 休假 : 이번 여름휴가 때 제주도로 여행을 갈 겁니
　　다. 这次夏季休假的时候(我)将去济州岛旅游。
② 운동 运动 : 저는 축구를 합니다. 친구는 농구를 합니다.
　　我踢足球。朋友打篮球。
④ 수업 上课 : 1교시는 문법 수업을 합니다. 第1课时是上
　　语法课。

[34~39] 〈보기〉와 같이 빈칸에 제일 알맞은 것을 고르
　　　　십시오.

34.

밥(　　) 김치를 먹어요.

① 로　　　　② 를　　　　❸ 과　　　　④ 의

단어 먹다 吃

어휘·문법
① 으로/로: 表示移动的方向，工具或手段，材料的助词。
　　예 이번 여행은 부산으로 갈 겁니다. 这次旅行将往釜山去。(移
　　动的方向)
　　예 볼펜으로 쓰세요。请用圆珠笔写。(工具)
　　예 삼계탕은 닭과 인삼으로 만듭니다. 参鸡汤是用鸡和人参做
　　成的。(食材)
② 을/를: 表示句子的宾语时使用的助词。
　　예 수현 씨는 한국 드라마를 봅니다. 秀贤看韩国电视剧。
　　예 오늘 저녁에 삼겹살을 먹을 겁니다. 今天晚上吃大五花肉。
④ 의: 位于名词之后的助词，用来修饰它后面的名词，"的"。
　　예 이것은 선생님의 연필이에요. 这个是老师的铅笔。

参照所给的例子，选择最恰当的一项填入(　　)里。
吃米饭(　　)泡菜。

종류 类型 陈述句

해설 解析

'와/과(和)'是位于名词与名词之间，连结若干个事物或
人的时候使用。因此在这里使用'와/과'作为连结'밥(米
饭)'和'김치(泡菜)'的助词。

35.

염색을 할 겁니다. (　　　　)에 갑니다.

① 영화관　　❷ 미용실　　③ 커피숍　　④ 노래방

단어 염색 染发

어휘·문법
① 영화관 电影院
　　예 영화를 보러 영화관(=극장)에 갑니다. 去电影院看电影。

要去染头发。去(　　　　)。

종류 类型 陈述句

해설 解析

剪发，染发，烫发的地方是美发店。

121

③ 커피숍 咖啡厅
　　예 커피를 마시러 커피숍에 갑니다. 去咖啡厅喝咖啡。
④ 노래방 练歌房，歌厅
　　예 노래를 부르러 노래방에 갑니다. 去练歌房唱歌。

36.

어제 우리 아이의 학교에서 일일 교사로 일했습니다. 학생들에게 베트남 어를 (　　　　　).

① 만들었습니다　　　　❷ 가르쳤습니다
③ 요리했습니다　　　　④ 노래했습니다

단어 일일 교사 一日教师　　베트남 어 越南语

어휘·문법
① 만들다 做，制作
　　예 저는 어제 과학 시간에 비행기를 만들었습니다.
　　　　我在昨天的科学课时上制作了飞机。
③ 요리하다 做料理
　　예 어제 한국 음식을 요리했습니다. 昨天做了韩国料理。
④ 노래하다 唱歌
　　예 저는 회식 자리에서 신입사원 대표로 노래했습니다.
　　　　聚餐的时候我作为新进职员的代表唱歌了。

昨天(我)在我们孩子的学校里做了一天的老师。向学生们(　　　)越南语。

🗂 종류 类型　陈述句
🎓 해설 解析

教师是教学生的工作。因此'가르쳤습니다(教了)'是最恰当的选项。

37.

회사가 (　　　　　). 그래서 매일 걸어서 갑니다.

① 가볍습니다　　　　② 더럽습니다
❸ 가깝습니다　　　　④ 어둡습니다

단어 매일 每天　　걷다 走路

어휘·문법
① 가볍다 轻
　　예 이 가방은 아주 가볍습니다. 这个包非常轻。
② 더럽다 脏
　　예 방이 너무 더러워서 청소를 했습니다.
　　　　房间太脏了，所以做了清洁。
④ 어둡다 黑暗，暗
　　예 방이 어두워서 불을 켰습니다. 房子很暗所以开了灯。

公司(　　　　)。所以每天走路去。

🗂 종류 类型　陈述句
🎓 해설 解析

从意思上来看，在第一个句子的括号内应填入有关每天走路去公司的理由的内容。因此可以知道公司很近，近到可以走路去上班的程度。

38.

지금 가도 사장님을 만날 수 없습니다. 10분만 쉬고 (　　) 갑시다.

① 주로　　② 아까　　③ 다행히　　❹ 천천히

단어 지금 现在　　사장님 社长，总经理

现在去也见不着总经理。休息10分钟后一起(　　)去吧。

🗂 종류 类型　陈述句
🎓 해설 解析

第一句写的是'지금 가도 사장님을 만날 수 없다(现在去也见不到总经理)'。因此后一句是在讲既然赶紧去也已经晚了，那先休息10分钟再慢慢去。

어휘·문법

① 주로 主要
  예 한국 사람들은 주로 밥과 김치를 먹는다.
      韩国人主要吃米饭和泡菜。
② 아까 刚才
  예 신문이 아까까지 여기에 있었는데 없어졌습니다.
      刚才报纸还在这里，这会儿就不见了。
③ 다행히 所幸，幸好，幸亏
  예 다행히 지갑을 찾았습니다. 幸好找到了钱包。

39.

몸이 너무 뚱뚱해요. 그래서 태권도 동아리에 (   ).

① 뛰었어요　　　　　② 신고했어요
❸ 등록했어요　　　　④ 운동했어요

단어 뚱뚱하다 胖　　태권도 跆拳道　　동아리 社团

어휘·문법

① 뛰다 跑，跳
  예 저는 매일 운동장을 뛰어요. 每天我都绕着操场跑步。
② 신고하다 申报，举报
  예 불이 나서 119에 신고했어요.
      因为起火了，所以拨打119报火警了。
④ 운동하다 运动
  예 저는 매일 아침에 헬스클럽에서 운동해요.
      我每天早上在健身房做运动。

[40~42] 다음을 읽고 맞지 <u>않는</u> 것을 고르십시오.

40.

사계절이 아름다운 제주도로 갑시다!

○기간: 2014년 5월 3일 ~ 6일(3박 4일)
○모이는 곳: 문화센터 앞
○참가비: 200,000원
○문의: 02-123-4568(문화팀 담당자)
　　　　　　　OO 문화센터

① 여행 기간은 모두 사 일입니다.
② 사람들은 문화센터 앞에서 만납니다.
③ 여행을 가려면 이십만 원이 필요합니다.
❹ 궁금한 것이 있을 때 여행팀에 전화합니다.

단어 아름답다 美丽　　모이다 聚集，集合　　참가비 参与费用
　　　문의 咨询，提问

太胖了。因此(   )跆拳道社团。

종류 类型　陈述句
해설 解析

因为胖，所以打算做运动。就去了跆拳道社团登记注册了。和社团一词相联系的动词应该是'가입하다, 등록하다(加入，登记)'。

读下面内容，选择错误的选项。
　　　　往四季灿烂的济州岛出发吧！
○时间：2014年 5 月3日 ~ 6日(4天3夜)
○集合地点：文化中心前面
○参加费(报名费)：200,000元
○咨询：02-123-4568(文化组负责人)
　　　　　　OO 文化中心

종류 类型　案内文
해설 解析

这篇案内文在讲如果有疑问的话给文化组的负责人打电话，并给出了负责人的电话号码。因此第④项，给文化中心打电话是错误的。

① 旅游是4天3夜的日程，第4天回来，因此共有四天是正确的。
② 集合地点是学校文化中心前面，因此大家是在这个地方见面。
③ 报名费是200,000元，因此想去旅行的话需要交20万韩元。

41.

한국대학 도서관	
4층	휴게실
3층	신문 열람실, 잡지 열람실
2층	노트북, 컴퓨터 사용
1층	대출, 안내
지하 1층	주차장

❶ 책을 빌리려면 이 층에 갑니다.
② 쉬고 싶으면 사 층으로 갑니다.
③ 삼 층에서 신문을 볼 수 있습니다.
④ 주차하려면 지하 일 층으로 갑니다.

단어 도서관 图书馆　열람실 阅览室　잡지 杂志
　　　대출 借出

韩国大学　图书馆	
4层	休息室
3层	报纸阅览室，杂志阅览室
2层	可使用笔记本电脑，电脑
1层	借书，指南
地下1层	停车场

종류 类型 案内文

해설 解析

在图书馆里借书叫'대출(借出)'，想'대출'的话须去1楼。
因此第①项—借书的话去第2层是错误的。

② 休息室在第4楼，所以想喝咖啡的话去第4楼。
③ 신문열람실(报纸阅览室)是可以看报纸的地方。在第
　 3层。
④ 地下1层是停车场，所以要想停车的话得去地下1层。

42.

그림을 배우고 싶은 학생은 오세요!

○ 대상: 초등학생 전 학년
○ 수업: 주 1회 3시간, 주 2회 2시간
○ 형제, 자매 등록 시 할인
○ 교육 상담: 02)482-1234(10:00~20:00)
미술 학원

① 오후 6시에도 상담을 받을 수 있습니다.
② 형제가 같이 등록하면 할인을 받습니다.
③ 미술학원 수업 시간을 선택할 수 있습니다.
❹ 6학년 학생은 미술학원에 등록할 수 없습니다.

단어 학년 年级　등록하다 注册　할인하다 打折
　　　상담 商谈，咨询

想学画画的学生来这里吧！
○对象：各年级的小学生
○课程：一周一次3个小时，一周2次2个小时。
○兄弟、姐妹登记注册时享有折扣
○教育商谈：02)482-1234(10：00~20：00)
美术学院(培训班)

종류 类型 案内文

해설 解析

教育对象是各年级的小学生，因此6年级的学生也可
以注册。

① 咨询是从上午10点到下午8点，所以下午6点可以去
　 咨询。
② 哥哥、弟弟一起来注册的话，可以享受折扣。
③ 美术学院上课时间是一周1回3个小时，一周2回2个
　 小时，时间是固定的。

[43~45] 다음의 내용과 같은 것을 고르십시오.

43.

오늘 저녁을 먹고 남편과 함께 문화센터에 갔습니다. 남편
은 건강을 위해 요가 수업에 등록했습니다. 저는 신나는 노
래 수업을 신청했습니다.

❶ 저는 노래 수업을 등록했습니다.
② 오늘 점심 때 문화센터에 갔습니다.
③ 문화센터에 등록하고 저녁을 먹었습니다.
④ 남편은 건강 때문에 노래 수업을 신청했습니다.

选择与下面内容一致的一项。

今天吃完晚饭后我和老公一起去了文化中心。老公为
了健康报名参加了瑜伽课。我申请了令人兴奋不已的
唱歌课。

종류 类型 叙述文

해설 解析

最后一句写的是我申请了唱歌课。'申请(신청)课程'与'
注册(등록)课程'是一样的意思。因此第一个选项'저는 노
래 수업을 등록했습니다(我注册了唱歌课)'.是正确的。

단어 요가 瑜伽　신청하다 申请

② 今天中午的时候去文化中心了(吃了晚饭后去的，因此应该是晚上的时候)。
③ 在文化中心注册了课程然后吃了午饭(吃了晚饭之后去注册的)。
④ 丈夫为了健康申请了唱歌课(他申请了瑜伽)。

44.

어제는 여자 친구의 생일이었습니다. 기타를 못 치지단 여자 친구를 위해 치고 싶었습니다. 한 달 동안 매일 기타를 연습해서 생일날 기타를 쳤습니다.

① 저는 기타 치는 것을 좋아합니다.
② 저는 어제 생일 축하를 받았습니다.
③ 저는 매일 연습해서 기타를 잘 칩니다.
❹ 저는 여자 친구 생일에 기타를 연주했습니다.

단어 치다 弹　연주하다 演奏　매일 每天

昨天是女朋友的生日。虽然我弹吉他弹得不好，但为了女朋友我想试试。苦练了一个月的吉他，生日那天我弹了吉他。

🗂 종류 类型 叙述文　💬 해설 解析

因为是女朋友的生日，所以我苦练了1个月的吉他。'弹吉他(기타를 치다)'与'演奏吉他(기타를 연주하다)'意思是一样的，因此第四个选项– 女朋友生日那天我演奏了吉它是正确答案。

① 我喜欢弹吉他(本文未提到，无法知道我是否喜欢弹吉他，但可以知道为了女朋友练习弹吉他)。
② 我昨天收到了生日祝福(是女朋友收到了生日祝福)。
③ 因为我每天练习，所以弹吉他弹得很好(本文未提到，无法知道我是否弹吉他弹得很好)。

45.

매주 월요일 영화 동아리 모임이 있습니다. 동아리에서는 영화 한 편을 보고 그 영화에 대해 이야기를 합니다. 다음 주 토요일에는 특강으로 유명한 감독님을 초대해서 영화 만드는 이야기를 들을 겁니다.

① 매주 토요일에 모여서 영화를 봅니다.
❷ 매주 동아리에서 영화를 보고 이야기를 합니다.
③ 다음 주 토요일에는 유명한 감독님의 영화를 봅니다.
④ 매주 영화를 보기 전에 그 영화에 대해 이야기 합니다.

단어 특강 特讲　유명하다 有名　감독(님) 导演
　　　초대하다 邀请

每周一有电影社团聚会。在聚会上看一部电影然后围绕电影聊天对话。下周六邀请了著名导演来做特讲，到时候可听到如何制作电影的故事。

🗂 종류 类型 叙述文
💬 해설 解析

这个人的兴趣是电影鉴赏。每周去社团看电影之后围绕电影聊天对话。(=토론한다 讨论)

① 每周星期六聚在一起看电影(每周星期一聚会)。
③ 下周六将看著名导演的电影(是去听讲如何制作电影的讲座)。
④ 每周看电影前关于那部电影进行聊天讨论(看完电影后聊天)。

[46~48] 다음을 읽고 중심 생각을 고르십시오.

46.

록 콘서트에 가면 스트레스를 풀 수 있습니다. 가수가 부르는 노래를 따라 부르면서 소리도 지릅니다. 그러면 쌓였던 스트레스가 날아가는 것 같습니다.

① 가수가 되고 싶으면 콘서트에 가야 합니다.
② 저는 가수가 노래 부르는 것을 보고 싶습니다.
❸ 노래를 크게 따라 부르면서 스트레스를 풉니다.
④ 가수가 부르는 노래를 같이 해야 잊어버리지 않습니다.

阅读并选出能表达中心思想的一项。

去听摇滚演唱会，可以解除疲劳。跟着歌手一起哼唱歌曲，大声呼叫。那么堆积的压力似乎也烟消云散了。

🗂 종류 类型 叙述文
💬 해설 解析

去摇滚音乐会一边唱歌，一边喊叫声，可以减少压力。因此，笔者为了减少压力去摇滚音乐会。

단어　록 콘서트 摇滚演唱会　　스트레스를 풀다 解除压力
　　　　쌓이다 积压，堆积

47.

우리 누나는 **승무원이어서** 비행기를 자주 탑니다. 지난주
에는 제주도에 갔고 이번 주는 해외에 갑니다. **누나 덕분에**
우리 가족도 비행기를 탈 때 조금 싼 가격에 표를 살 수 있
습니다.

❶ 저는 누나가 승무원인 것이 좋습니다.
② 저는 누나와 이야기하고 싶습니다.
③ 승무원은 비행기를 자주 타야 합니다.
④ 우리 누나는 비행기를 많이 타고 싶어 합니다.

단어　승무원 乘务员　　타다 乘坐　　해외 海外

我的姐姐是乘务员，所以经常坐飞机。上周去了济州
岛，这周去国外。托姐姐的福我们一家坐飞机的时候
可以买到比较便宜的票。

🗂 种类 类型　叙述文
✉ 解说 解析

姐姐的职业是乘务员。姐姐经常去海外，托姐姐的福
我们一家人坐飞机的时候可以买到比较便宜的飞机票。
因为姐姐有许多好的优惠，所以他喜欢当乘务员的姐姐。
因此我们可以知道,笔者因为妹妹是空姐所以喜欢的。

48.

아침에 시장에서 **사과 한 상자를 샀습니다**. 저녁에 가족과
함께 사과를 먹으려고 상자를 열었는데 썩은 사과가 많았
습니다. 그래서 내일 다시 **시장에 가서 다른 사과로 교환할**
겁니다.

① 저는 시장에 가는 것이 좋습니다.
❷ 저는 사과를 바꾸러 시장에 갈 겁니다.
③ 저는 사과를 먹으러 시장에 갈 겁니다.
④ 저는 가족과 함께 사과 먹는 것이 좋습니다.

단어　상자 箱子　　썩다 变质，坏了　　교환하다 交换

早上我去市场买了一箱苹果。晚上想和家人一起吃苹
果，打开箱子一看，很多苹果都坏了。所以明天我要
再去市场换其他的苹果。

🗂 种类 类型　叙述文
✉ 解说 解析

笔者买了一箱的苹果，但是箱子里的苹果很多都坏
了。所以本文的中心思想是'내일 시장에 가서 사과를 바
꿀 것이다(明天去市场换苹果)。'(바꾸다=교환하다)

[49~50] 다음을 읽고 물음에 답하십시오.

새 책이 아닌 다른 사람들이 읽은 책을 (㉠) 할 수 있습니
다. 필요 없는 책을 버리지 않고 중고 책방에 팔면 필요한
사람이 싼 가격으로 사 갑니다.

단어　중고 二手　　책방 书店　　가격 价格

49. (㉠)에 들어갈 알맞은 말을 고르십시오.

❶ 사고팔고　　　　　② 듣고 읽고
③ 보고 듣고　　　　　④ 사고 버리고

读下面内容，回答问题。

可以(　　　　)不是新书而是别人读过的书。不丢掉不
用的书，卖给二手书店的话，需要的人将会以低廉的
价格买回去。

选择正确的一项填入(㉠)里。

🗂 种类 类型　叙述文
✉ 解说 解析

包含括号内容的第一句是本文的主旨句。第二个句
子'필요 없는 책을 버리지 않고 중고 책방에 팔면 필요한 사
람이 싼 가격에 사 간다(不丢掉不用的书，卖给二手书
店的话，需要的人会以便宜的价格把书买走)'，这句
话中的'팔다(卖给)'和'사 간다(买走)'单词都需放入括号
里。因此正确答案是'사고팔고(买和卖)'。

50. 이 글의 내용과 같은 것을 고르십시오.

① 필요 없는 책은 꼭 버려야 한다.
❷ 이미 읽은 책을 싸게 살 수 있다.
③ 이미 읽은 책은 다시 팔 수 없다.
④ 중고 책방은 새 책을 파는 곳이다.

选择与这段内容相符的一项。

종류 类型 叙述文

해설 解析

本文中讲到如果把不需要的书卖给二手书店的话，需要的人可以用低价把书买走。因此可以很便宜地买到 '필요 없는 책(不需要的书)'，即 '이미 읽은 책(已经读过的书)' 的句子是正确的。

① 不用的书一定要扔掉才行(可能对别人来说是需要的书，所以别扔掉，可以卖给二手书店)。
③ 已经读过的书不能再卖(二手书店是可以买和卖已经读过的书。因此已经读过的书是可以再卖的)。
④ 二手书店是卖新书的地方(买卖别人读过的书的地方)。

[51~52] 다음을 읽고 물음에 답하십시오.

우리 동네에 오래된 작은 빵집이 있습니다. 그곳은 작지만 큰 빵집과는 다릅니다. 빵을 살 때 모든 빵을 직접 (㉠) 살 수 있습니다. 보기에 너무 예뻐서 먹기 아까운 빵도 있습니다. 그래서 이 빵집은 눈도 입도 즐겁게 해 줍니다.

단어 동네 小区   예쁘다 漂亮   아깝다 可惜

读下面内容，回答问题。

我们小区有一个古老的小面包店。那个地方虽然很小，但和大的面包店不一样。买面包的时候可以亲自( )所有的面包后购买。有些面包漂亮得都让人舍不得吃。所以这个面包店给予人们视觉和味觉上的享受。

选择正确选项填入(㉠)里。

종류 类型 叙述文

해설 解析

括号后面的句子中讲到 '먹기 아까운 빵도(舍不得吃的面包)'，从此可以知道可以试吃所有的面包。因此正确答案是 '먹어 보고(试吃，品尝)'。

---

51. (㉠)에 들어갈 알맞은 말을 고르십시오.

① 물어보고   ② 만져 보고
❸ 먹어 보고   ④ 만들어 보고

---

52. 무엇에 대한 이야기입니까? 알맞은 것을 고르십시오

❶ 동네 빵집에 자주 가는 이유
② 동네 빵집에 자주 가는 방법
③ 빵을 직접 먹을 수 있는 방법
④ 큰 빵집이 작은 빵집보다 좋은 이유

这段内容是在讲什么？请选择恰当的一项。

종류 类型 叙述文

해설 解析

在我们小区的小面店里可以亲自试吃面包之后购买。这段内容是关于 '동네 빵집에 자주 가는 이유(经常去小区面包店的原因)' 的内容。

[53~54] 다음을 읽고 물음에 답하십시오.

글을 읽지 못하는 아이에게 엄마는 책을 읽어 줍니다. 아이는 이야기를 (㉠) 책의 그림을 보며 생각하게 됩니다. 가장 친근하고 편안한 엄마의 목소리를 자주 들려 주면 아이의 성격에도 좋은 영향을 줄 수 있습니다.

단어 생각하다 思考，想   친근하다 亲近，亲密
편안하다 舒适   성격 性格   영향 影响

读下面内容，回答问题。

妈妈们给还不识字的孩子们朗读书。孩子们( )故事，看着书上的图片的同时开始思考。常常让孩子听妈妈那最熟悉平和的声音，可以对孩子的性格产生好的影响。

选择正确的一项填入(㉠)里。

종류 类型 叙述文

해설 解析

通过 '책을 읽어 줍니다(给朗读书)' 这句话，可以知道妈

53. (㉠)에 들어갈 알맞은 말을 고르십시오.

① 자면서　　　　　　　❷ 들으면서
③ 먹으면서　　　　　　　④ 만들면서

妈在朗读书。妈妈念书的话孩子们会听到声音。因此括号里应填入'들으면서(一边听)'。

---

54. 이 글의 내용과 같은 것을 고르십시오.

① 엄마는 글을 읽지 못합니다.
② 아이는 그림책을 좋아합니다.
③ 아이는 엄마의 목소리를 싫어합니다.
❹ 편안한 엄마의 목소리는 아이들에게 좋습니다.

选择与这段内容相符的一项。

종류 类型　叙述文

해설 解析

从本文最后一句来看，讲的是让孩子常常听到妈妈温柔平和的声音，会对孩子的性格产生好的影响。这和'편안한 엄마의 목소리는 아이들에게 좋다(妈妈温柔平和的声音对孩子很好)'意思是一样的。

① 妈妈们不识字(不识字的是孩子们)。
② 孩子们喜欢图画书(本文中未提到，无法知道他们是否喜欢图画书，但妈妈给孩子念故事的时候孩子们看图)。
③ 孩子讨厌妈妈的声音(孩子们听到妈妈熟悉亲近的声音时会受到好的影响。因此孩子不讨厌妈妈的声音)。

[55~56] 다음을 읽고 물음에 답하십시오.

아빠! 오늘은 엄마의 생신이에요. 오늘 저녁에 엄마 모르게 깜짝 파티를 할 거예요. 선물과 케이크는 오빠와 제가 준비할게요. 아빠는 회사 끝나고 일찍 와 주세요. 오실 때 버스 정류장에 내려서 전화해 주세요. (　　　) 저희들이 파티 준비를 시작할게요.

– 사랑하는 딸이 –

단어　깜짝 파티 惊喜派对　준비하다 准备　정류장 车站

读下面内容，回答问题。

爸爸！今天是妈妈的生日。今天晚上要给妈妈一个惊喜派对。我和哥哥会准备礼物和蛋糕。爸爸下班后早点回来。回来的时候在公交车站下车之后给我打电话，(　　　)我们开始准备派对。
—亲爱的女儿—

选择正确的一项填入(　　)里。

종류 类型　便条

해설 解析

当前一句是后一句的前提或假设时使用'그러면(那么，那样的话)'。因为要瞒着妈妈 准备惊喜派对，所以提前准备派对的话不行。括号前一句是在讲爸爸在公交车站下来之后打电话，这句话是从那时开始可以准备派对的前提。因此正确答案是'그러면(那么)'。

55. (　　　)에 들어갈 알맞은 말을 고르십시오.

❶ 그러면　　② 그리고　　③ 그러나　　④ 그래서

- 그리고 并且，而且：前一句和后一句是对等关系时使用。
  예 커피숍에서 커피를 마십니다. 그리고 공부를 합니다.
  　　在咖啡厅里喝咖啡。并且学习。

- 그러나 但是，可是：前一句和后一句是相反关系时使用。
  예 밥을 많이 먹었습니다. 그러나 배가 고픕니다.
  　　吃饭吃了很多。但是肚子还是饿。

- 그래서 所以：前一句是后一句的理由和原因时使用。
  예 열심히 공부했습니다. 그래서 시험에 합격했습니다.
  　　努力地学习了。所以考试及格了。

56. 이 글의 내용과 같은 것을 고르십시오.

① 이 가족은 모두 ~~세~~ 명입니다.
❷ 엄마는 생일 파티를 알지 못합니다.
③ 아빠는 ~~오빠와 함께~~ 케이크를 살 겁니다.
④ ~~딸은 아빠와~~ 함께 생일 선물을 살 겁니다.

选择与这段内容相符的一项。

📁 **种类 类型** 便条

🎓 **解说 解析**

这段内容是女儿留的便条。从便条可以知道女儿瞒着妈妈准备惊喜派对的事。因此妈妈不知道今天要开惊喜派对的事。

① 这家一共有三口人。
③ 爸爸和哥哥一起去买生日蛋糕(爸爸什么都不买)。
④ 女儿和爸爸一起去买生日礼物(她和哥哥一起去买)。

[57~58] 다음을 순서대로 맞게 나열한 것을 고르십시오.

57.

(가) 시내 곳곳에 자전거 길이 있어서 안전합니다.
(나) 그런데 요즘에는 자전거를 공원에서만 타지 않습니다.
(다) 저는 지난주 토요일에 공원에 가서 자전거를 탔습니다.
(라) 아버지도 출근하실 때 그 길로 자전거를 타고 가십니다.

❶ (다)-(나)-(가)-(라)　　② (다)-(나)-(라)-(가)
③ (다)-(가)-(라)-(나)　　④ (다)-(라)-(나)-(가)

단어 타다 骑　시내 市内, 市区　길 道, 车
출근하다 上班

选择排列顺序正确的选项。

(가) 在市内各个地方都有自行车道，所以很安全。
(나) 但是最近不光是在公园里骑自行车了。
(다) 我上周六去公园骑自行车了。
(라) 爸爸上班的时候也骑自行车走那条道。

📁 **种类 类型** 叙述文

🎓 **解说 解析**

(다)是固定的句子 →通过(나)中'그런데(但是)'一词，可以知道该句出现与(다)相反的事情。→ (가)写的是'시내 곳곳에 자전거 길이 있어서 안전합니다(市区各个地方有自行车道，所以很安全。)'，可以知道它是在(나)后面。(라)写的是爸爸也骑单车走那条道去公司，可以知道是继续连结有关自行车的事。因此(나)之后是(가)，然后是(라)。即(다) → (나) → (가) → (라)是正确答案。

58.

(가) 점심때가 되어 맛있는 칼국수를 먹고 집으로 돌아왔습니다.
(나) 오늘은 우리 아파트 알뜰 시장이 열리는 날입니다.
(다) 시장은 매주 금요일 아침 901동 앞에서 열립니다.
(라) 엄마와 저는 시장에 가서 구경도 하고 과일도 샀습니다.

❶ (나)-(다)-(라)-(가)　　② (나)-(라)-(다)-(가)
③ (나)-(라)-(가)-(다)　　④ (나)-(가)-(라)-(다)

단어 맛있다 好吃　알뜰 시장 物美价廉市场
열리다 (被)举行, 开展　동 栋, 洞

(가) 到了午饭时间，我们吃了美味的刀削面，然后回家了。
(나) 今天是我们公寓物美价廉市场开张的日子。
(다) 市场每周五早上在901栋前边举行。
(라) 妈妈和我一起去市场逛了逛，又买了水果。

📁 **种类 类型** 叙述文

🎓 **解说 解析**

(나)是固定的句子 → (나)以'今天是物美价廉市场开张的日子'展开了故事。(다)在叙述市场什么时候什么地点举行。因此(나)之后接着应该说是(다)。(라)和(가)中，(라)接着故事讲去那个市场逛和买了水果。从(가)中的'돌아왔습니다(回来了)'可以知道这句话应该位于最后的位置。因此按时间顺序排列，首先是(나)，接着是(다)，(라)，最后是(가)。(나) → (다) → (라) → (가)是正确答案。

[59~60] 다음을 읽고 물음에 답하십시오.

지난주 목요일에 우리 가족은 서울 근처 경기도에 있는 성지 리조트에 갔습니다. (㉠) 성지 리조트는 스키장으로 유명합니다. (㉡) 우리가 갔을 때는 주말이 아니라 빈 방이 많았습니다. (㉢) 그래서 우리는 예약한 방보다 더 큰 방을 얻었습니다. (㉣) 방은 스키장 바로 앞에 창문이 있어서 전망이 아주 좋았습니다.

> **단어** 리조트 度假村   비다 空   예약하다 预约
>   얻다 获得   전망 眺望, 前景

读下面内容，回答问题。

上周星期四我们一家人去了位于首尔附近的京畿道的圣地度假村。(㉠)圣地度假村以滑雪场而有名。(㉡)我们去的时候因为不是周末，有很多的空房间。(㉢)所以我们得到了比我们之前预订的房间更大的一个房间。(㉣)房间的窗户正对着滑雪场，所以观景不错。

选择下面句子在文章中合适的位置。

人也不是很多。

> 🗂 **종류** 类型   叙述文
> 🎓 **해설** 解析

㉢的前一句讲的是因为不是周末，圣地度假村有很多空房间。通过周末没有空房间的意思可以推测出周末人很多。因此这句话应该置于㉢。

---

59. 다음 문장이 들어갈 곳을 고르십시오.

사람들도 별로 많지 않았습니다.

① ㉠   ② ㉡   ❸ ㉢   ④ ㉣

---

60. 이 글의 내용과 같은 것을 고르십시오.

① 성지 리조트는 ~~서울에~~ 있습니다.
② 성지 리조트는 ~~예약이 많은 것으로~~ 유명합니다.
③ 성지 리조트는 주말에는 사람들이 ~~많지 않습니다~~.
❹ 우리 가족은 예약한 방보다 더 큰 방에서 지냈습니다.

选择与这段内容相符的一项。

> 🗂 **종류** 类型   叙述文
> 🎓 **해설** 解析

本文中间部分讲到我们一家人得到了比之前预订的房间更大的房间。因此可以知道我们是在比预订房间更大的房间里度过的。

① 圣地度假村在首尔(在首尔附近的京畿道)。
② 圣地度假村以预订很多而有名(以滑雪场而著名)。
③ 圣地度假村周末人不多(本文讲到了因为不是周末空房间很多。因此可以知道周末人很多)。

[61~62] 다음을 읽고 물음에 답하십시오.

겨울이 되면 태화강에는 따뜻한 겨울을 (   ) 새들이 찾아옵니다. 올해는 작년보다 더 많은 새들이 이곳을 찾아 왔습니다. 수많은 새 중에서 5만마리쯤이 태화강에서 겨울을 보냅니다. 이렇게 많은 새가 찾아오는 이유는 날씨도 좋고 먹이를 구하기 쉽기 때문입니다.

> **단어** (겨울을) 지내다 度过(冬天)   일어나다 起来
>   찾아오다 来访, 找来   구하다 寻找, 求

读下面内容，回答问题。

冬天到来的话，在太和江上(   )暖和的冬天，鸟儿们纷纷飞来了。比起去年，今年来到这里的鸟儿更多了。许多鸟当中约约500万只鸟在泰华江过冬天。这么多鸟儿来到这里的原因是因为这里的天气好，而且觅食很容易。

选择正确的一项填入(   )中。

> 🗂 **종류** 类型   叙述文
> 🎓 **해설** 解析

括号里的单词必须跟括号前的'따뜻한 겨울(温暖的冬天)'相衔接，同时与括号后面的'새들이 찾아오는 목적(鸟儿们来到这里的目的)'相衔接。另外从'5만마리쯤 태화강에서 겨울을 지냅니다(约5万只的鸟儿在太和江上度过冬天)'。一句来看，'지내기 위해(为了度过)'是最恰当的。

---

61. (   )에 들어갈 알맞은 말을 고르십시오.

① 찾기 위해   ❷ 지내기 위해
③ 구하기 위해   ④ 날아가기 위해

62. 이 글의 내용과 같은 것을 고르십시오.

① 태화강은 겨울에 ~~아주 춥습니다~~.
❷ 태화강은 먹이를 구하기 쉬운 곳입니다.
③ 새들은 태화강에서 ~~가을~~과 겨울을 보냅니다.
④ 올해는 태화강에 ~~사백 마리~~의 새들이 찾아왔습니다.

选择与这段内容相符的一项。

종류 类型　叙述文

해설 解析

鸟儿飞来这里的原因是因为这里的天气好，而且觅食容易。因此太和江是一个觅食容易的地方。

① 太和江冬天非常冷(冬天很暖和，所以很多鸟飞来了)。
③ 鸟儿们在太和江上度过秋天和冬天(只是度过冬天)。
④ 今年在太和江上有400只的鸟儿飞来了(约500只的鸟儿飞来了)。

[63~64] 다음을 읽고 물음에 답하십시오.

안녕하세요. 김수현입니다. 이번 주 토요일 9시부터 5시까지 야유회가 있습니다. 참석이 가능한 분 답글 달아 주세요.
박명수, 참석합니다. 저는 참석할 수 있어요.
홍보팀은 한 명을 빼고 모두 참석 가능합니다. 이영희 씨는 아버지께서 수술을 하십니다.

단어　야유회 郊游会　　남기다 留下　　부서 部门
빼다 除去　　수술 手术

读下面内容，回答问题。

大家好。我是金秀贤。这周六从9点到下午5点有郊游会。能参加的朋友请回帖。
朴明秀，参加。我能参加。
广告宣传部除一名以外其余人都参加。李英熙的爸爸要做手术。

为什么金秀贤会写这段内容？

종류 类型　谈话文(短信对话)

해설 解析

文章的目的通常出现在文章开头或结尾。这段短信对话是即时收发的对话内容。通知关于郊游会的内容，然后让用回帖告知能否参加。因此这段内容是为了了解/打听郊游会的参加情况。

63. 수현 씨는 왜 이 글을 썼습니까?

① 야유회에 대해 설명하기 위해서
❷ 야유회의 참석을 알아보기 위해서
③ 야유회의 장소를 알려 주기 위해서
④ 야유회에 가는 방법을 알려 주기 위해서

---

64. 이 글의 내용과 같은 것을 고르십시오.

❶ 박명수 씨는 야유회에 갑니다.
② 홍보팀은 ~~모두~~ 야유회에 갑니다.
③ 야유회는 주말 아침부터 ~~밤까지~~ 합니다.
④ ~~이영희 씨~~의 수술은 야유회 날에 있습니다.

选择与这段内容相符的一项。

종류 类型　谈话文(短信对话)

해설 解析

朴明秀在回帖上写了'참석합니다(参加)'。即可以知道朴明秀将参加这次郊游会。

② 这次郊游会，广告宣传部全部参加(有一名去不了)。
③ 郊游会从周末早上开始一直到晚上结束(郊游会下午5点结束，所以不是一直到深夜)。
④ 英熙做手术的日子是郊游会那天(不是英熙而是英熙的爸爸做手术)。

[65~66] 다음을 읽고 물음에 답하십시오.

(㉠) 사람들의 운동 방법이 다릅니다. 날씨가 따뜻한 봄에는 밖에서 하는 운동을 많이 합니다. 자전거 타기, 걷기, 배드민턴 등 햇빛과 바람을 맞으며 움직임이 큰 운동을 합니다. 반대로 겨울에는 날씨가 추워서 실내에서 운동을 합니

读下面内容，回答问题。

( )人们的运动方法各不一样。天气暖和的春天，有很多的户外运动。比如骑自行车，走路，打羽毛球等，迎着阳光与微风做较剧烈的运动。相反，在冬天天气很冷，在室内做运动力。因比很多人申请了健身俱乐部。

다. 그래서 사람들은 헬스클럽에 많이 등록합니다.

단어 따뜻하다 暖和　햇빛 阳光　바람을 맞다 迎风
움직임 活动　헬스클럽 健身俱乐部

65. (㉠)에 들어갈 알맞은 말을 고르십시오.

① 이름에 따라　　　　② 기구에 따라
③ 운동량에 따라　　　❹ 계절에 따라

选择正确的一项填入(㉠)。

种类 类型 叙述文
解说 解析

天气暖和的春天和天气寒冷的冬天，共同点都是在讲季节。因此括号里'계절에 따라(按/依季节，随着季节的不同)'是最恰当的。

---

66. 이 글의 내용과 같은 것을 고르십시오.

❶ 사람들은 봄에 자전거를 많이 탑니다.
② 배드민턴은 움직임이 ~~작은~~ 운동입니다.
③ 사람들은 ~~봄에~~ 헬스클럽에 많이 갑니다.
④ 사람들은 겨울에 ~~밖에서~~ 운동을 합니다.

选择与这段内容相符的一项。

种类 类型 叙述文
解说 解析

在春天人们在户外做很多运动，比如走路和打羽毛球等比较剧烈的户外运动。因此可以知道在春天人们经常骑自行车。

② 打羽毛球是活动幅度小的运动(是活动幅度大的比较剧烈的运动)。
③ 人们在春天 经常去健身俱乐部(冬天经常去)。
④ 冬天人们在户外做运动(冬天经常在室内，健身俱乐部做运动)。

[67~68] 다음을 읽고 물음에 답하십시오.

요즘 학교에서는 선배들이 입은 교복을 후배들에게 물려주는 전통이 생겼습니다. 후배들은 교복을 (㉠) 사지 않고 물려 입어서 교복비를 절약할 수 있습니다. 또 선배는 후배에게 줄 생각으로 교복을 함부로 입지 않아서 마음가짐도 달라집니다. 우리 아들도 이번에 고등학교에 입학해서, 졸업하는 학교 선배에게 교복을 부탁했습니다. 이번 주 일요일에 교복을 (㉡).

단어 교복 校服　생기다 产生　마음가짐 想法，态度
함부로 胡乱，随意　입학하다 入学

67. ㉠에 알맞은 것을 고르십시오.

① 금방　　② 가끔　　❸ 새로　　④ 벌써

读下面内容，回答问题。

最近在学校里掀起了一股前辈们把校服传给后辈的传统。后辈们不买(　)校服，而穿传下来的校服，这样可以省下校服的费用。而且因为是前辈们将自己穿过的校服给后辈们的，后辈们不会胡乱穿，所以态度也不一样了。我们儿子这次进入高中，也拜托毕业的前辈把校服留给他。这周日(　)校服。

选择正确的一项填入㉠。

种类 类型 叙述文
解说 解析

从括号前面'선배들이 입은 교복을 후배들에게 물려주는(前辈们把穿过的校服传给后辈的)' 这部分可以推测出'不买衣服'。而且括号后面写着'사지 않고(不买)'。这两个的共同点是不买新衣服，穿别人穿过的衣服。因此括号里副词'새로(新)'是最佳答案。

① 금방 立即，马上
　예 조금만 기다리고 있어요. 금방 가겠습니다.
　　　稍微等一下，马上就去。
② 가끔 有时，偶尔
　예 주말에는 가끔 친구와 같이 커피숍에 갑니다.
　　　周末偶尔和朋友一起去咖啡厅。
④ 벌써 已经
　예 아침에 시작했는데 벌써 다 했습니다.
　　　从早上才开始的，已经做完了。

68. ⓒ에 알맞은 것을 고르십시오.

❶ 받기로 했습니다.　　　② 받을지 모릅니다.
③ 받을 모양입니다.　　　④ 받은 적이 있습니다.

选择正确的一项填入ⓒ。

📁 **종류** 类型　叙述文

✉ **해설** 解析

括号前面写的是儿子拜托学校前辈把校服留给他。所以这周日约好去拿校服是最恰当的答案。

② –을지/ㄹ지 알다/모르다 : 表示知道或不知道某事时使用。
　　예 내일 친구가 한국에 오는지 알아요? 몰라요?
　　　明天朋友来不来韩国，知道还是不知道？
③ –을/ㄹ 모양이다 : 表示看到某事以后推测未来情况时使用。
　　예 오늘 멋있는 옷을 입은 것을 보니 여자 친구를 만날 모양입니다. 今天穿着帅气的衣服，好像是要去见女朋友的样子/看样子是要去见女朋友。
④ –은/ㄴ 적이 있다/없다 : 表示实际经历时使用。
　　예 저는 1년 전에 제주도에 갔다 온 적이 있습니다.
　　　一年前我去过济州岛。

[69~70] 다음을 읽고 물음에 답하십시오.

작년 설날에 고향에 (㉠) 부모님을 뵈러 갔습니다. 오랜만에 부모님 집에 와서 그런지 평소에 건강한 내가 목감기에 걸려 많이 아팠습니다. 설날이라서 병원이나 약국이 문을 열지 않았습니다. 그때 아버지께서 소금물을 가져오셨습니다. 소금물로 여러 번 입 안에 넣고 뱉는 것을 반복하니 신기하게도 좋아졌습니다. 약을 전혀 먹지 않았는데 다음 날 목이 아프지 않았습니다.

단어　(감기에) 걸리다 感冒　　아프다 生病, 痛　　소금 盐
　　　뱉다 吐　　신기하게 神奇地

读下面内容，回答问题。

去年春节时我回去看了(　　)家乡的父母。不知道是不是因为好久没来过父母家了，平时很健康的我突然感冒生病了。因为是大年初一，医院、药店都不开门。那时爸爸拿来了盐水。将盐水倒入嘴里然后吐出来，反复了几次，神奇的是病情好转了。根本没有吃药，第二天我的喉咙就不疼了。

选择正确的一项填入(㉠)。

📁 **종류** 类型　随笔

✉ **해설** 解析

括号后面是'부모님(父母)'。括号里面应该填入'고향에 어떻다(在故乡怎么样)'意思的内容。因为是'부모님'，所以要使用尊敬语。因此'계신(在)'是最恰当的。

69. (㉠)에 들어갈 알맞은 말을 고르십시오.

❶ 계시는　　　　　② 가시는
③ 내려가시는　　　④ 돌아오시는

---

70. 이 글의 내용으로 알 수 있는 것은 무엇입니까?

① 부모님은 설날에 병원에 갈 겁니다.
② 아버지께서는 약국에서 일하십니다.
❸ 소금물은 감기를 낫게 할 수 있습니다.
④ 저는 설날에 약국이나 병원에 가는 것이 싫습니다.

根据这篇文章可以知道。

📁 **종류** 类型

✉ **해설** 解析　随笔

以理解整篇文章后推测内容意思的形式，须以核心语为中心，推测出笔者想说关于什么的内容。'고향에 가서 감기에 걸리다(去家乡后得了感冒)'和'약국이나 병원이 문을 열지 않았다(药店或医院都没开门)'，还有'소금물로 여러 번 입안에 넣고 뱉는 것을 반복하였더니 좋아졌다(将盐水倒入嘴里然后吐出来，这样反复若干次，病情好转了)'。通过这些核心词或核心句子，可以推测出内容意思。因此通过这篇文章内容可以知道'소금물은 감기를 낫게 할 수 있다(盐水可以治感冒)'。

실전모의고사
제5회 해설

듣기 听力

1. ①	2. ②	3. ②	4. ①	5. ①	6. ④	7. ③	8. ②	9. ④	10. ③
11. ①	12. ③	13. ④	14. ①	15. ③	16. ②	17. ④	18. ③	19. ②	20. ②
21. ④	22. ④	23. ②	24. ①	25. ②	26. ③	27. ④	28. ①	29. ③	30. ①

읽기 阅读

31. ②	32. ③	33. ①	34. ③	35. ④	36. ①	37. ③	38. ④	39. ③	40. ③
41. ②	42. ②	43. ①	44. ③	45. ④	46. ①	47. ②	48. ①	49. ③	50. ④
51. ④	52. ①	53. ③	54. ④	55. ②	56. ①	57. ①	58. ④	59. ③	60. ②
61. ④	62. ④	63. ①	64. ②	65. ④	66. ③	67. ③	68. ①	69. ②	70. ③

실전
모의
고사
1회

실전
모의
고사
2회

실전
모의
고사
3회

실전
모의
고사
4회

실전
모의
고사
5회

듣기 (1번 ~ 30번)

[1~4] 다음을 듣고 〈보기〉와 같이 물음에 맞는 대답을 고르십시오.

听录音回答问题。

男：那是书桌吗？

1.

남자: 저것이 책상이에요?

여자: ________________

❶ 네, 책상이에요.　　　② 네, 책상이 없어요.

③ 아니요, 책상이 커요.　④ 아니요, 책상이 많아요.

단어 저것 那个　책상 书桌　없다 没有
　　　크다 大　많다 多

종류 类型 对话

해설 解析

用'N이에요?'提问的情况，回答是肯定的形式时用'네, N이에요(是的，是-)'回答，回答是否定的形式时用'아니요, N이/가 아니에요(不，不是-)'回答即可。

② 对'책상이 없어요(没有书桌吗)?'的回答。

③ 对'책상이 작아요(书桌小吗)?'的回答。

④ 对'책상이 없어요(没有书桌吗)?'的回答。

2.

여자: 영화가 재미있어요?

남자: ________________

① 네, 영화예요.　　　　❷ 네, 영화가 재미있어요.

③ 아니요, 영화를 봐요.　④ 아니요, 영화를 좋아해요.

단어 영화 电影　재미있다 有趣　보다 看　좋아하다 喜欢

女：电影有趣吗？

종류 类型 对话

해설 解析

电影有趣的话用'네, 재미있어요(是的, 有趣).'回答，如果没意思的话用'재미있어요(有趣).'的反义词 '아니요, 재미없어요(不，没有意思).'回答。

① 对'영화예요(是电影吗)?'的回答。

③ 问是否在做某事(除看电影以外的其他的事)时的回答.'(명사)을/를 해요?'

　　예 책을 읽어요? 读书了吗?

④ 对'영화를 싫어해요(不喜欢电影吗)?'的回答。

3.

여자: 무슨 선물을 받았어요?

남자: ________________

① 선물을 받았어요.　　　❷ 시계를 받았어요.

③ 친구한테서 받았어요.　④ 지난 주말에 받았어요.

단어 무슨 什么　선물 礼物　받다 收到　시계 表
　　　친구 朋友

女： 收到什么礼物了？

종류 类型 对话

해설 解析

'무슨(什么的)', 不知道是什么样的时候使用的疑问词。选择包含某种礼物的选项即可。

① 对'무엇을 받았어요(收到了什么)?'的答案。

③ 对'누구한테서 선물을 받았어요(从谁那收到了礼物)?'的回答。

④ 对'언제 선물을 받았어요(什么时候收到了礼物)?'的回答。

4.

남자: 영화가 몇 시에 시작해요?

여자: ________________

男： 电影几点开始？

종류 类型 对话

❶ 다섯 시요.　　　　② 오 층에 있어요.
③ 다섯 시간 걸려요.　　④ 오 분 후에 끝나요.

단어 영화 电影　몇 시 几点　시작하다 开始　층 层
시간 时间　걸리다 花费　후 后　끝나다 结束

选择电影几点开始的答案即可。

② 对'극장이 몇 층에 있어요(电影院在几层)?'的回答。
③ 对'얼마나 걸려요(需要多长时间)?'的回答。
④ 对'영화가 언제 끝나요(电影什么时候结束)?'的回答。

[5~6] 다음을 듣고 〈보기〉와 같이 다음 말에 이어지는
　　　 것을 고르십시오.

5.

여자: 휴대전화 좀 빌려 주실래요?
남자: ＿＿＿＿＿＿＿

❶ 네, 여기 있습니다.
② 네, 전화를 합니다.
③ 네, 휴대전화가 있습니다.
④ 네, 여기에서 빌릴 수 있습니다.

단어 휴대전화 手机　빌려 주다 借（我）　빌리다 借

听录音选择正确的答案。

女：能借我手机用一下吗？

 对话

女人向男人借手机。

• 빌려 주다 借给
　예 펜 좀 빌려 주세요. 请把笔借给我一下。
② 对'전화를 합니까(打电话吗)?'的回答。
③ 对'휴대전화가 있습니까(有手机吗)?'的回答。
④ 对'여기에서 휴대전화를 빌릴 수 있습니까(在这里可以
　 借手机吗)?'的回答。

6.

남자: 좋은 꿈꾸고 잘 자요.
여자: ＿＿＿＿＿＿＿

① 네, 반갑습니다.　　② 네, 안녕하세요.
③ 네, 잘 지냈어요.　　❹ 네, 안녕히 주무세요.

단어 꿈꾸다 做梦　자다 睡　반갑다 高兴
주무시다 睡觉（敬语）

男：做个好梦，晚安。

 对话

选择对于说晚安的回答。

① 对'반갑습니다(见到你很高兴)'的回答。
② 对'안녕하세요(您好)?'的回答。
③ 对'잘 지냈어요(过得好吗)?'的回答。

[7~10] 여기는 어디입니까? 〈보기〉와 같이 알맞은 것을
　　　　 고르십시오.

7.

남자: 어떻게 해 드릴까요?
여자: 요즘 유행하는 스타일로 잘라 주세요.

① 식당　　② 극장　　❸ 미용실　　④ 커피숍

단어 유행하다 流行　스타일 样式　자르다 剪　식당 食堂
극장 剧场, 电影院　미용실 美发厅　커피숍 咖啡厅

这里是哪？选择正确的答案。

男：请问怎么给您弄呢？
女：请给我剪一个最流行的发型。

 对话

剪头发的地方是美发厅。

• 자르다 剪
　예 조금만 잘라 주세요. 稍微给我剪短点儿。

8.

여자: 오랜만에 운동하니까 정말 힘드네요.
남자: 여기 의자에서 잠시 쉴까요?

① 병원　　❷ 공원　　③ 도서관　　④ 백화점

단어 힘들다 累　의자 椅子　잠시 一会儿　쉬다 休息
병원 医院　공원 公园　도서관 图书馆
백화점 百货商场

女：很长时间没运动了，真的很累。
男：坐在这椅子上休息一会儿吗？

종류 类型　对话
해설 解析
又能运动又能坐在椅子上休息的地方是公园。

9.

여자: 조금 전에 지갑을 주웠어요.
남자: 어디에서 주웠습니까?

① 서점　　② 꽃집　　③ 영화관　　❹ 경찰서

단어 지갑 钱包　줍다 拾到　서점 书店　꽃집 花店
영화관 电影院　경찰서 警察局

女：刚才拾到了钱包。
男：在哪拾到的？

종류 类型　对话
해설 解析
女人拾到钱包了，所以去警察局申报了。

10.

여자: 서울역으로 가는 표 한 장 주세요.
남자: 네, 만 오천 원입니다.

① 학교　　② 약국　　❸ 기차역　　④ 편의점

단어 서울역 首尔站　표 票　학교 学校　약국 药店
기차역 火车站　편의점 便利店

女：给我一张去首尔站的票。
男：好的，1万5千元。

종류 类型　对话
해설 解析
女人正在火车站买火车票。

[11~14] 다음은 무엇에 대해 말하고 있습니까? 〈보기〉
와 같이 알맞은 것을 고르십시오.

11.

여자: 마이클 씨는 어디에서 왔습니까?
남자: 저는 미국에서 왔습니다.

❶ 나라　　② 시간　　③ 여행　　④ 방학

단어 나라 国家　시간 时间　여행 旅行　방학 放假

下面的对话是关于什么内容？选择正确答案。
女：麦克，你是从哪个国家来的？
男：我来自美国。

종류 类型　对话
해설 解析
'美国'是国家的名字。

12.

남자: 일요일에 보통 무엇을 해요?
여자: 집안일도 하고 토요일에는 여행도 가끔 갑니다.

男：周日一般干什么？
女：做家务，周六有的时候去旅行。

종류 类型　对话

① 날씨　　② 직업　　❸ 주말　　④ 약속

周六和周日是周末。

 일요일 周日　　집안일 家务　　토요일 周六
여행을 가다 去旅行　　날씨 天气　　직업 职业
주말 周末　　약속 约定

13.

남자: 처음 뵙겠습니다. 김민수입니다.
여자: 만나서 반갑습니다.

① 가족　　　장소　　③ 주소　　❹ 소개

 처음 初次　　뵙다 见　　가족 家人　　장소 场所
주소 住址　　소개 介绍

男：初次见面。我叫金旻秀。
女：见到你很高兴。

 对话

男人初次见到女人，正在做自我介绍。

14.

여자: 내일 동생 생일이라서 전자사전을 샀어요.
남자: 동생이 정말 좋아하겠네요.

❶ 선물　　② 취미　　③ 가격　　④ 계획

 동생 弟弟或妹妹　　생일 生日　　전자사전 电子词典
정말 真的　　선물 礼物　　취미 有趣　　가격 价格
계획 计划

女：明天是弟弟(妹妹)的生日，给他(她)买了电子词典。
男：弟弟(妹妹)肯定会喜欢的。

 对话

女人说买了电子词典作为弟弟(妹妹)的生日礼物。

[15~16] 다음 대화를 듣고 알맞은 그림을 고르십시오.

15.

남자: 이 액자 어디에 둘까요?
여자: 저기 책꽂이 왼쪽에 놓아 주세요.

①

②

❸

④

 사진 相片　　두다 放　　책꽂이 书架　　놓다 放

听录音，选择正确的图片。
男：这个相框放哪儿？
女：放在那个书架的左边。

 对话

男人正在问女人把相框放哪个位置的场面。

① 男人和女人坐在沙发上一起看相框的场面。
② 男人和女人在家具店一起看书架的场面。
④ 女人在房间里站着，男人正在挪书架的场面。

16.

여자: 바지가 좀 길어서요. 여기까지만 줄여 주세요.
남자: 네, 3일 후에 찾으러 오세요.

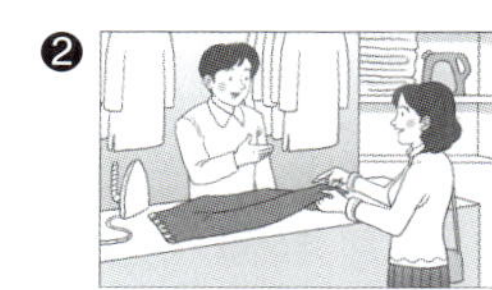
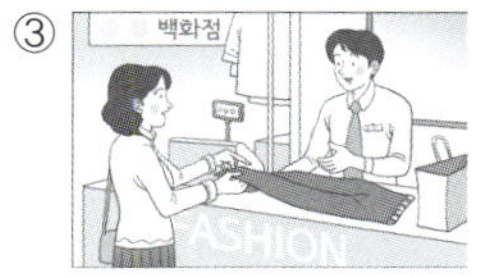

女：裤子有点太长了。给我修短到这儿。
男：好的，三天后来取。

종류 类型　对话

해설 解析

在洗衣店女人想要把裤子修短的场面。

① 在百货商店男人正在试穿一件长裤的场面。
③ 在百货商店交换裤子的场面。
④ 洗衣店挂着许多裤子，女人指着挂着的裤子和男人　交谈的场面。

[17~21] 다음을 듣고 〈보기〉와 같이 대화 내용과 같은
　　　　 것을 고르십시오.

17.

여자: 바쁘지 않으면 극장 앞에서 내려 주시겠어요?
남자: 그럼요. 같은 방향이니까 어서 타세요.

① 남자는 지금 ~~바쁩니다~~.
② ~~여자는~~ 지금 차 안에 있습니다.
③ ~~남자는~~ 극장 앞에서 내릴 겁니다.
❹ 여자는 남자에게 부탁하고 있습니다.

단어　바쁘다 忙　　극장 剧场, 电影院　　내려 주다 让~下车
　　　같다 相同　　방향 方向　　부탁하다 拜托

听录音选择和对话内容一致的选项。

女：不忙的话，能载我到电影院前面吗？
男：当然可以了。是同一个方向，快点上车吧。

종류 类型　对话

해설 解析

女人拜托男人开车送自己到电影院前面。

① 男人现在很忙(根据对话内容，无法知道他忙还是不忙)。
② 女人在车内(男人在车内)。
③ 男人将在电影院前面下车(女人将在电影院前面下车)。

18.

남자: 주말에 미나 씨 집들이에 가려고 하는데 무슨 선물이
　　　좋을까요?
여자: 미나 씨는 꽃을 좋아하니까 꽃을 사 가는 게 어때요?
남자: 제 생각에도 그게 좋겠네요. 그럼 내일 5시에 집 앞
　　　으로 갈게요. 같이 꽃집에 가요.

① 남자는 집들이에 ~~가지 못합니다~~.
② 여자는 집들이 선물을 ~~안 살 겁니다~~.
❸ 여자는 남자와 같이 꽃집에 갈 겁니다.
④ 남자는 여자와 ~~다른 선물~~을 사려고 합니다.

단어　집들이 乔迁喜宴　　꽃 花　　생각 想法　　꽃집 花店

男：周末打算去米娜的乔迁宴，买什么礼物好呢？
女：米娜喜欢花，买花怎么样？
男：我也觉得挺好的。那么明天5点在家门口见，一
　　起去花店。

종류 类型　对话

해설 解析

通过男人说的最后一句话'一起去花店'，可以知道男
人和女人一起去花店。

① 男人不能参加乔迁宴了(男人和女人一起去乔迁宴)。
② 女人去乔迁宴不买礼物(女人将买花作为礼物)。
④ 男人买和女人不一样的礼物(男人和女人一起去买花)。

19.

여자: 손님, 이만 오천 원입니다. 이 셔츠는 포장해 드릴까요?
남자: 아니요. 괜찮습니다. 제가 입을 거예요. 여기 카드로
　　　결제해 주세요.
여자: 죄송하지만 이 셔츠는 세일 상품이라서 신용 카드로
　　　결제하실 수 없습니다.
남자: 그럼 현금으로 낼게요. 여기 있습니다.

① 남자는 셔츠를 포장했습니다.
❷ 남자는 지금 옷 가게에 있습니다.
③ 여자는 신용 카드로 결제했습니다.
④ 여자는 세일 중인 셔츠를 샀습니다.

단어 손님 客人　　셔츠 衬衫　　포장하다 包装　　입다 穿
결제하다 结账　　세일 减价　　상품 商品
신용 카드 信用卡　　현금 现金

女：客人，一共2万5千元. 这个衬衫给您包起来吗?
男：不用了. 我想直接穿着走. 请用这张卡给我结账.
女：对不起，这个衬衫是打折商品，不能用信用卡结账.
男：那我用现金结，给您.

종류 类型　对话
해설 解析

男人在服装店里买完衬衫正在结账的场面.

① 男人衬衫包起来了(男人要直接穿所以没打包).
③ 女人用信用卡结了账(男人用现金结了账).
④ 女人在减价的时候买了衬衫(男人在减价的时候买了衬衫).

20.

남자: 제주 호텔입니다. 무엇을 도와드릴까요?
여자: 안녕하세요. 방을 하나 예약하고 싶은데요. 9월 3일
　　　부터 6일까지요.
남자: 네, 예약 가능한 방이 있습니다. 몇 분이 오십니까?
여자: 저 혼자 쓸 거예요.
남자:성함하고 전화번호를 알려 주시면 손님께서 요청하신
　　　날짜에 예약해 드리겠습니다.
여자: 제 이름은 김나영이고, 전화번호는 010-1234-5678입
　　　니다.

① 남자는 혼자 방을 쓸 겁니다.
❷ 여자는 9월 3일에 호텔에 올 겁니다.
③ 남자는 요청한 날짜에 예약을 하지 못합니다.
④ 여자는 남자에게 이름과 전화번호를 물었습니다.

단어 호텔 酒店　　예약하다 预订　　가능하다 可能，可行
혼자 独自，一个人　　쓰다 写　　성함 姓名
요청하다 要求

男：这里是济州酒店. 请问有什么需要?
女：您好. 我想预订一个房间. 从9月3号到6号.
男：好的. 有可预订的房间. 您几位?
女：我一个人用.
男：您把姓名和电话号码告诉我们的话，那我将按您
　　要求的日期为您预订房间.
女：我的名字是金娜英，电话号码是 010-1234-5678.

종류 类型　对话
해설 解析

女人预订9月3号到9月6号的房间，所以9月3号将会来
酒店.

· 예약하다 预订
예 비행기 표를 예약해요. 预订飞机票.

① 男人将自己一个人使用房间(女人将会独自使用房间).
③ 男人申请的日期不能接受预订(女人申请的日期可以
　　接受预订).
④ 女人问了男人姓名和电话号码(男人问了女人姓名和
　　电话号码).

21.

여자: 노트북을 사려고 왔는데요. 요즘 어떤 노트북이 잘
　　　팔려요?
남자: 이 상품이 잘 나가요. 디자인도 예쁘고 색상도 다양
　　　해서 여성 분들에게 인기가 많아요.
여자: 그런데 좀 무겁네요. 전 휴대하기 편리한 노트북을
　　　찾고 있어요.

女：我是来买笔记本的. 最近哪款笔记本卖得比较好?
男：这一款卖得比较好. 不仅款式设计得漂亮，颜色
　　也因多种多样而深受女士们的欢迎.
女：但是有点重. 我想找一款携带方便的笔记本.
男：轻的电脑价格比较贵，没关系吗?
女：恩，没关系.
男：那么请稍等一下. 我给您介绍一下.

남자: 가벼운 노트북은 가격이 좀 비싼데 괜찮으세요?
여자: 네, 괜찮아요.
남자: 그럼 잠시만 기다리세요. 보여 드릴게요.

① ~~남자는~~ 노트북을 사러 왔습니다.
② 여자는 ~~디자인이 예쁜~~ 노트북을 찾고 있습니다.
③ 남자는 ~~휴대하기 편리한~~ 노트북을 추천했습니다.
❹ 여자는 남자가 추천한 노트북이 마음에 안 듭니다.

단어 노트북 笔记本　팔리다 卖掉　나가다 （卖）出去
디자인 设计　색상 颜色　다양하다 多样　여성 女性
휴대하다 携带

종류 类型　对话

해설 解析

女人因为男人推荐的笔记本太重不满意。

- 인기가 많다 有人气，人气高
  예 비빔밥은 외국 사람들에게 인기가 많아요.
  拌饭在外国人当中很有人气。

- 마음에 들다 满意
  예 이 옷은 정말 예뻐서 마음에 들어요.
  这个衣服真的很漂亮，我很满意。

① 男人是为了买笔记本来的(女人为了买笔记本电脑来的)。
② 女人在找款式设计漂亮的笔记本电脑(女人在找携带方便的笔记本电脑)。
③ 男人推荐了携带方便的笔记本电脑(男人推荐了样式漂亮，有多种颜色的笔记本电脑)。

[22~24] 다음을 듣고 대화 내용과 같은 것을 고르십시오.

22.

남자: 안녕하세요. 할인 카드를 만들러 왔습니다.
여자: 여기에 이름과 주소 그리고 전화번호를 적어 주세요.
　　　일주일 안에 십만 원 이상 구매하신 영수증을 가져오
　　　시면 5% 할인 쿠폰을 드립니다.
남자: 오늘 십만 원 이상 샀는데 오늘은 안 되나요? 지금
　　　영수증 드릴게요.
여자: 가능합니다. 영수증을 주세요. 카드와 할인 쿠폰도
　　　드리겠습니다.

① ~~여자는~~ 할인 카드를 만들려고 합니다.
② ~~여자는~~ 오늘 십만 원 이상 구매했습니다.
③ 남자는 물건을 구매한 영수증이 ~~없습니다~~.
❹ 남자는 5% 할인 쿠폰을 받을 수 있습니다.

단어 할인 打折　구매하다 购买　영수증 发票
쿠폰 优惠券

听录音选择与内容一致的选项。

男： 您好。我是来办打折卡的。
女： 在这里写上名字和地址还有电话号码。把一周内消
　　费十万元以上的发票拿过来的话给您5%的优惠券。
男： 今天我消费了10多万，今天的不行吗？给您发票。
女： 可以的。把发票给我。打折卡和优惠券给您。

종류 类型　对话

해설 解析

男人今天买了10万元以上的东西，所以可以得到5%的
优惠券。

① 女人想办打折卡(男人想办打折卡)。
② 女人今天购买了10万元以上的东西(男人今天购买了
　 10万元以上的东西)。
③ 男人没有买东西的发票(男人持有买东西的发票)。

23.

남자: 저녁에 시간이 좀 있어서 영어 강좌를 등록했어요.
여자: 그래요? 저도 관심이 있어 생각하고 있었어요. 아직
　　　신청은 안 했지만요.
남자: 수강하려면 서두르세요. 등록 마감일은 이번 주 금요
　　　일까지예요.
여자: 그럼 퇴근 후에 바로 집에 가서 신청서를 작성해야겠
　　　어요.

男： 晚上有时间，所以申请了英语讲座。
女： 是吗？我也有兴趣所以一直在考虑。但是还没申
　　请呢。
男： 要听的话得抓点紧。申请时间截止到这周五。
女： 那么我一下班就得赶紧回家填写申请书。

종류 类型　对话

해설 解析

从女人一下班就得回家填申请书来看，女人打算听讲座。

- 등록하다 登记
  예 한국어 강좌를 등록했어요. 登记了韩国语讲座。

① ~~여자는~~ 영어 강좌를 등록했습니다.
❷ 여자는 영어 수업을 들을 예정입니다.
③ ~~남자는~~ 퇴근 후에 바로 집으로 갈 겁니다.
④ ~~남자는~~ 이번 주 금요일까지 신청서를 작성해야 합니다.

단어 강좌 讲座　등록하다 登记　서두르다 抓紧
마감일 截止日期　퇴근 下班　신청서 申请书
작성하다 （填）写

① 女人登记了英语讲座(男人登记了英语讲座。
③ 男人下班后会马上回家(女人下班后将会马上回家填申请)。
④ 男人截止到这周五必须填好申请(女人截止到这周五必须填好申请)。

24.

여자: 안녕하세요. 커피 한 잔하고 녹차 한 잔 주세요. 그리고 치즈 케이크도 하나 주세요.
남자: 커피와 녹차는 어떤 사이즈로 드릴까요? 작은 잔, 중간 잔 그리고 큰 잔이 있습니다.
여자: 중간 잔으로 주세요. 아니요, 잠깐만요. 큰 잔으로 주세요. 그리고 가져갈 거니까 포장해 주세요.
남자: 알겠습니다. 모두 만 오천 원입니다.

❶ 여자는 큰 잔으로 주문했습니다.
② 여자는 ~~커피숍에서 마시고 갈 겁니다~~.
③ ~~남자는~~ 모두 만 오천 원을 내야 합니다.
④ ~~남자는~~ 커피와 녹차, 케이크를 주문했습니다.

단어 케이크 蛋糕　사이즈 尺寸　잔 杯　포장하다 打包

女：您好。我要一杯咖啡和一杯绿茶，还有一块起司蛋糕。
男：咖啡和绿茶要多大杯的？我们这有小杯，中杯和大杯。
女：给我中杯的。不，稍等一下，给我大杯的，然后我要带走，请给我打包。
男：知道了，一共1万5千元。

종류 类型 对话

해설 解析

女人第一次要的是中杯，然后又换成大杯的，尺寸换了。

② 女人将在咖啡店喝完了再走(女人说要带走请打包)。
③ 男人需要付1万5千元(女人需要付1万5千元)。
④ 男人点了咖啡和绿茶，还有蛋糕(是女人点的)。

[25~26] 다음을 듣고 물음에 답하십시오.

여자: 날씨입니다. 금요일인 내일은 오전부터 많은 비가 내리겠습니다. 밖에 나가실 때 우산을 꼭 준비하시기 바랍니다. 기온도 많이 내려가서 춥겠습니다. 따뜻한 옷으로 입고 나가시는 것이 좋겠습니다. 비는 모레까지 계속되고 이번 주 주말부터 점차 따뜻해지겠습니다.

단어 날씨 天气　비가 내리다 下雨　준비하다 准备
기온 气温　내려가다 下降　모레 后天
점차 渐渐　따뜻하다 暖和

听录音回答问题。

女：下面播报天气预报. 周五也就是明天从上午开始将会有大雨。如果您要外出的话请一定记得带雨伞。气温也会下降，可能会很冷。请穿暖和的衣服外出。雨会一直持续到后天，这周周末开始渐渐气温回升。

选择正在谈论的内容。

종류 类型 天气预报

해설 解析

是关于天气预报的内容。

---

25. 어떤 이야기를 하고 있는지 고르십시오.
① 경고　　❷ 예보　　③ 감사　　④ 초대

단어 경고 警告　예보 预报　감사 感谢　초대 邀请

26. 들은 내용과 같은 것을 고르십시오.

① 내일은 ~~토요일입니다~~.
② 내일 오전에는 ~~맑겠습니다~~.
❸ 모레까지 비가 내리고 춥겠습니다.
④ 이번 주 ~~주말까지~~ 따뜻하겠습니다.

选择与内容一致的选项。

> 📁 **종류** 类型　天气预报

> 🎓 **해설** 解析

从雨一直持续到后天，这周周末开始渐渐气温回升的内容可以推测出雨一直下到后天天气会很冷。

① 明天是周六(明天是周五)。
② 明天上午晴(明天上午开始下大雨)。
④ 一直到这周周末会很晴朗(这周周末渐渐变暖)。

[27~28] 다음을 듣고 물음에 답하십시오.

남자: 오늘 본 영화 어땠어요?
여자: 전 솔직히 말하면 별로였어요. 내용이 너무 예측 가능해서 보는 동안 지루해서 계속 졸았어요.
남자: 그래요? 저는 재미있었어요. 배우들의 액션 연기도 훌륭하고 특수 효과도 놀라웠어요.
여자: 글쎄요. 제 생각에는 특수 효과보다는 영화 시나리오에 좀 더 집중을 해서 만들었으면 더 좋은 영화가 만들어졌을 것 같아요.

> 단어　솔직히 坦率地　별로 不怎么　예측 预测　졸다 困
> 끊임없이 一直　액션 연기 武打演技
> 특수 효과 特殊效果　놀랍다 吃惊　시나리오 剧本
> 투자하다 投资

听录音回答问题。

男：今天看的电影怎么样？
女：坦率地讲不怎么样。内容太俗套，很容易猜，太没有意思了，看的时候我一直发困。
男：是吗？我觉得挺有意思的。演员们的武打演技很了不起，特殊效果也令人震惊。
女：是嘛。我认为少花点钱在特效上，演员们的武打演技很厉害，特技效果也非常令人惊叹。

选择两个人对话内容的选项。

> 📁 **종류** 类型　对话

> 🎓 **해설** 解析

男人和女人看完电影之后在互相交流自己的感想。

---

27. 두 사람이 무엇에 대해 이야기하고 있는지 고르십시오.

① 보고 싶은 영화
② 액션 영화의 장점
③ 좋은 영화 만드는 방법
❹ 영화를 보고 난 후 느낌

> 단어　장점 优点，长处　느낌 感受

---

28. 들은 내용과 같은 것을 고르십시오.

❶ 여자는 영화가 너무 지루했습니다.
② 남자는 이 영화가 ~~별로 좋지 않았습니다~~.
③ ~~남자는~~ 더 좋은 시나리오가 필요하다고 생각합니다.
④ ~~여자는~~ 액션과 특수 효과가 나오는 영화를 좋아합니다.

> 단어　지루하다 无聊，　没意思

选择与内容相符的选项。

> 📁 **종류** 类型　对话

> 🎓 **해설** 解析

女人认为电影的内容太俗套，很容易猜，看的时候没意思很困。

② 男人不怎么喜欢这部电影(男人觉得电影很有意思)。
③ 男人认为需要好的电影剧本(女人说在电影剧本上再多投资一些的话，可能会制作出更好的电影)。
④ 女人喜欢动作片和特效的电影(男人喜欢动作片和有特效的电影)。

[29~30] 다음을 듣고 물음에 답하십시오.

여자: 얼마 전에 휴대전화를 샀는데 휴대전화가 자꾸 꺼져
　　　요. 새것으로 교환하고 싶어요.
남자: 휴대전화를 언제 구매하셨습니까?
여자: 한 달 전에요.
남자: 잠시만 기다리세요. 휴대전화를 확인해 보고 문제가
　　　있으면 새것으로 교환해 드릴게요.
여자: 네, 알겠습니다.
(수리하는 소리)
남자: 고객님, 많이 기다리셨습니다. 새것으로 교환해 드리
　　　겠습니다. 여기 있습니다.

단어 휴대전화 手机　　자꾸 经常　　꺼지다 关
　　　　교환하다 交换　　구매하다 购买　　확인하다 确认

29. 여자는 지금 왜 여기에 왔습니까?

① 휴대전화를 사려고
② 휴대전화를 고치려고
❸ 휴대전화를 바꾸려고
④ 휴대전화를 찾아가려고

단어 고치다 修理　　바꾸다 换　　찾아가다 去找

30. 들은 내용과 같은 것을 고르십시오.

❶ 여자는 휴대전화가 고장이 났습니다.
② ~~남자는~~ 한 달 전에 휴대전화를 샀습니다.
③ ~~남자는~~ 휴대전화를 교환하고 싶어 합니다.
④ 여자는 ~~내일 휴대전화를 찾으러 올 겁니다~~.

단어 고장이 나다 出现故障

听录音回答问题。

女：不久前买的手机总是自动关机。我想换一部新的。
男：手机是什么时候买的？
女：一个月以前。
男：请稍等，我们先确认一下之后，如果电话有问题
　　的话给您换新的。
女：好的，知道了。
（修理的声音）
男：顾客，让您久等了，给您换了一部新的。给您。

女人为什么在这里？

종류 类型　对话

해설 解析

女人想换一部新的电话。

选择与原文一致的选项。

종류 类型　对话

해설 解析

女人电话出了故障，为了换部新电话来的。

② 男人一个月前买了手机（女人一个月前买了手机）。
③ 男人想交换电话（女人想换一部新的电话）。
④ 女人明天来取电话（女人现在能拿到新的电话）。

[31~33] 다음은 무엇에 대한 이야기입니까? 〈보기〉와 같이 알맞은 것을 고르십시오.

下面关于什么内容的对话选择正确答案。

3月，春天来了。两个月前曾经是寒冷的冬天。

31.

3월, 봄이 왔습니다. 두 달 전은 추운 겨울이었습니다.

① 날짜　　❷ 계절　　③ 약속　　④ 날씨

단어 봄 春天　 겨울 冬天

종류 类型 陈述句

해설 解析

春天和冬天是季节。韩国有春，夏，秋，冬四个季节。

① 날짜 日期 : 오늘은 7월 25일입니다. 今天是7月25日。
③ 약속 约定 : 오늘 오후 5시에 친구와 약속이 있습니다.
　 今天下午5点和朋友有约定。
④ 날씨 天气 : 날씨가 따뜻해서 공원에 산책을 나갔습니다.
　 天气很暖和，所以去公园散步了。

32.

저는 아침은 꼭 먹습니다. 항상 빵과 우유를 먹습니다.

① 이름　　② 요일　　❸ 식사　　④ 가족

단어 꼭 一定　 먹다 吃

我早上一定吃早餐。常常吃面包和牛奶。

종류 类型 陈述句

해설 解析

通过食物即'面包和牛奶'和动词'吃'可以想到的共同的单词是'用餐'。

① 이름 名字 : 제 이름은 동건입니다. 我的名字叫东健。
② 요일 星期 : 오늘은 월요일입니다. 내일은 화요일입니다.
　 今天星期一，明天是星期二。
④ 가족 家人 : 우리 가족은 아버지, 어머니, 그리고 저 모두 세 명입니다. 我们家族成员有爸爸，妈妈和我三个人。

33.

민호 씨는 우표 모으는 것 좋아합니다. 모나카 씨는 동전 모으는 것을 좋아합니다.

❶ 취미　　② 장소　　③ 운동　　④ 음식

단어 모으다 收集　 동전 硬币

旻浩喜欢收集邮票，모나카喜欢收集硬币。

종류 类型 陈述句

해설 解析

우표를 모으는 것(积攒邮票)[=우표 수집(邮票收集)]，동전 모으는 것을(收集硬币)是'취미(兴趣)'。除此之外兴趣还有'우표 수집(集邮), 독서(读书), 영화 감상(电影欣赏), 운동(运动)等。

② 장소 场所 : 여기는 백화점입니다. 저기는 커피숍입니다.
　 这里是百货商店。那里是咖啡厅。
③ 운동 运动 : 저는 축구를 합니다. 친구는 농구를 합니다.
　 我踢足球，朋友打篮球。
④ 음식 饮食 : 저는 비빔밥을 먹을 겁니다. 제 친구는 김치찌개를 먹을 겁니다. 我吃拌饭，朋友吃泡菜汤。

[34~39] 〈보기〉와 같이 빈칸에 제일 알맞은 것을 고르십시오.

参照所给的例子，选择正确的选项填入括号内。

下午2点有料理课。

34.

요리 수업은 오후 2시(　) 있어요.

① 로　　② 를　　❸ 에　　④ 에서

종류 类型 叙述文

해설 解析

'에'跟在名词后，表示某种行为或状态发生的时间。所

단어 요리수업 料理课　오후 下午

以表示时间的'2点'后面应该选择助词'에'。

35.

한국어 책을 사고 싶습니다. (　　)에 갑니다.

① 식당　　② 극장　　③ 공항　　❹ 서점

단어 서점 书店

어휘 · 문법

① 식당 餐厅
 예 식당에서 밥을 먹었습니다. 在餐厅吃饭了。
② 극장 电影院
 예 극장(=영화관)에서 액션영화를 봤습니다. 在电影院看武打片了。
③ 공항 机场
 예 비행기를 타기 위해 공항에 갔습니다. 为了坐飞机去了机场。

我想买韩语书。去(　　)。

종류 类型　陈述句

해설 解析

买书的地方是书店。

36.

지난 주말에 친구들과 여행을 갔습니다. 게임을 하며 재미있게 (　　　　).

❶ 놀았습니다　　　　② 먹었습니다
③ 요리했습니다　　　④ 헤어졌습니다

단어 주말 周末　　재미있게 有趣

어휘 · 문법

② 먹다 吃
 예 저는 어제 삼계탕을 먹었습니다. 我昨天吃了参鸡汤。
② 요리하다 做料理
 예 어제 생선을 요리했습니다. 我昨天做了海鲜料理。
③ 헤어지다 分手
 예 어제 친구와 크게 싸우고 헤어졌습니다.
　　昨天和朋友大吵了一架，分手了。

上个周末和朋友去旅行了。做了游戏，很有趣地(　　)。

종류 类型　叙述文

해설 解析

括号里填的内容是和朋友们去旅行做了什么，前面的句子是'和朋友一起去旅行了'，和'很有意思地'相符合的词是 '놀았습니다(玩了)'。

37.

내일 기숙사로 들어갑니다. 책이 많아 짐이 아주 (　　　　).

① 가볍습니다　　　② 더럽습니다
❸ 무겁습니다　　　④ 어둡습니다

단어 들어가다 进入　　짐 行李

어휘 · 문법

① 가볍다 轻
 예 책이 가볍습니다. 그래서 혼자 들었습니다.
　　书很轻所以自己拿了。
② 더럽다 乱
 예 교실이 더럽습니다. 그래서 청소를 했습니다.

明天回宿舍。因为书很多，行李非常(　　)。

종류 类型　陈述句

해설 解析

找'因为书很多，行李怎么样'的答案。因为书很多所以可以推测出行李很重。

教室很乱所以清扫了。

④ 어둡다 暗
  [예] 방이 어둡습니다. 그래서 불을 켰습니다. 房间很暗所以开灯了。

38.

산에 불이 났습니다. (   ) 119에 전화합시다.

① 가끔   ② 아까   ③ 거의   ❹ 빨리

단어 (불이) 나다 着(火)   전화하다 打电话

어휘 · 문법

① 가끔 偶尔
  [예] 저는 가끔 공원에 가서 산책을 합니다. 我偶尔去公园散步。
② 아까 刚才
  [예] 지갑이 아까까지 여기에 있었는데 없어졌습니다.
      钱包刚才还在这儿的，突然不见了。
③ 거의 几乎
  [예] 주문한 음식이 거의 다 됐습니다. 조금만 더 기다려 주세요.
      点的食物几乎都做好了，请再稍等一下。

山上着火了。(   )给119打电话。

종류 类型 陈述句

해설 解析

如果着火的话给119打电话。一般是在非常紧急的情况下，非常需要帮助的(119会在5分钟之内赶到)情况下给119打电话。文中山上着了火，情况非常紧急，所以括号里应该填含有'快'这个意思的副词，即'빨리(快点)'。另外119电话也是人受伤或生病时可以拨打的消防急救电话。

39.

다음 달에 한국으로 유학을 갑니다. 준비를 위해 회사를 (   ).

① 세웠어요   ② 만들었어요
❸ 그만뒀어요   ④ 들어갔어요

단어 유학 留学   준비 准备

어휘 · 문법 合成词(collocation)

① 세우다 建立
  [예] 아버지께서 회사를 세우셨어요. 그래서 열심히 일합니다.
      爸爸创立了公司。所以很努力工作。
① 회사를 만들다 建立公司
  [예] 제가 회사를 만들었어요. 그래서 지금은 회사 사장입니다.
      我建立了公司，所以我现在是董事长。
④ 들어가다 进入
  [예] 저는 열심히 공부했어요. 그래서 좋은 회사에 들어갔어요.
      我努力地学习了，所以进入了好的公司。

下个月要去韩国留学。为了做准备，公司(   )。

종류 类型 陈述句

해설 解析

下周去韩国留学。所以括号里应填入的是公司怎么样了。公司后面接动词'그만두다(辞职)'是答案。

[40~42] 다음을 읽고 맞지 <u>않는</u> 것을 고르십시오.

40.

공기 좋은 숲으로 갑시다!

○ 날짜: 2014년 11월 1일(토) 아침 6시
○ 모이는 곳: 회사 정문
○ 참가비: 10,000원

选择和文章内容不一致的答案。

　　　　一起去空气清新的树林吧!
○ 日期: 2014年 11月 1日(周六) 早晨 6点
○ 集合地点: 公司正门
○ 参与费: 10,000元
○ ☎: 02)123-1234(负责人 金秀贤)
　　(另外，这次郊游，家人也可以一起去。)
　　　　　　　　　　　　　　韩国公司

○ ☎: 02)123-1234(담당자 김수현)
   (단, 이번 야유회에서는 가족도 같이 갈 수 있습니다.)
한국회사

① 회사 앞에서 모입니다.
② 토요일 아침에 출발합니다.
❸ 아이들은 같이 갈 수 없습니다.
④ 야유회에 가려면 만 원을 내야 합니다.

단어 참가비 会费   야유회 郊游

종류 类型 案内文
해설 解析

这次郊游家人可以一起去。所以小孩也能一起去。

① 集合的地点是公司前(正门)。
② 郊游日期11月1日周六早上6点。所以周六早上出发。
④ 参与费是10,000元，所以想去郊游的话必须交1万元。

41.

당신의 아름다움을 위해 언제든지 환영합니다!
사전 상담 필수

○요일: 월요일 ~ 금요일
○시간: 오전 9시 30분 ~ 18시(점심시간 13시 ~ 14시)
○예약 전화:02) 234-4567
(※ 예약하지 않으면 오래 기다릴 수 있습니다.)

① 점심시간은 한 시간입니다.
❷ 오후 한 시 삼십 분에 상담이 가능합니다.
③ 매주 토요일에는 상담을 받을 수 없습니다.
④ 오후 여섯 시 이후에는 상담을 받을 수 없습니다.

단어 환영 欢迎   상담 商谈   예약 预约

为了您的美丽随时欢迎您！
必须事先商谈
○星期：星期一~星期五
○时间：上午9点30分~18点(午休时间13点~14点)
○预约电话：02)234-4567
(※没有预约的话可能会等很久。)

종류 类型 案内文
해설 解析

午休时间是下午1点到2点。所以这个时间不能商谈。

① 午休时间是下午1点到2点，是1个小时。
③ 因为是周一到周五商谈，所以周末不接受商谈。
④ 谈论时间是上午9点30分到18点，18点是晚上6点. 所以6点以后不会接受商谈。

42.

〈 리듬과 꿈을 만드는 학원 〉

리듬과 꿈을 만드는 곳, 깨끗한 환경, 능력 있는 선생님이 함께 하는 곳!

○대상: 초등학생 ~ 고등학생
○수업: 주 2회 2시간 (시간은 조정 가능)
○교육 상담: 02)867-4568(9:30~20:00)
○친구와 함께 등록할 때는 할인해 줍니다.
베토벤 음악학원

① 어른들은 교육을 받을 수 없습니다.
❷ 오후 아홉 시에 상담받을 수 있습니다.
③ 일주일에 두 번 교육을 받을 수 있습니다.
④ 수업을 신청할 때 시간은 바꿀 수 있습니다.

단어 리듬 节奏   꿈 梦想   깨끗하다 干净   능력 能力

〈 打造乐章和梦想的学院 〉
打造乐章和梦想的地方，整洁的环境，拥有一流的教师团队！
○对象：小学生~高中生
○日程：每周2次2小时 (时间可调整)
○教育商谈：02)867-4568(9:30~20:00)
○和朋友一起来报名有优惠。
贝多芬音乐学院

종류 类型 案内文
해설 解析

商谈时间是上午9点30分到晚上8点。所以晚上9点不接受商谈。

① 培训对象是小学到高中。所以成年人无法参加培训。
③ 课每周两次2个小时。因此一周参加2次培训。
④ 上课的时间能调整。所以时间可以换。

[43~45] 다음의 내용과 같은 것을 고르십시오.

43.

지난 주말 야구장에 갔습니다. 저는 좋아하는 팀의 유니폼을 입고 갔습니다. 형은 좋아하는 선수의 사인공을 받았습니다.

❶ 지난 주말 야구를 보러 갔습니다.
② 저는 좋아하는 야구장에 갔습니다.
③ 저는 유니폼 입는 것을 좋아합니다.
④ 형은 좋아하는 야구팀의 공을 샀습니다.

단어 좋아하다 喜欢　　팀 队　　사인공 带有签名的球

选择和内容一致的选项。

上个周末去了棒球场。我穿着我喜欢的棒球队的制服去的。哥哥拿到了有他喜欢的选手的签名的棒球。

种류 类型 叙述文

해설 解析

棒球场是打棒球的地方。去棒球场的意思是去看棒球比赛。

② 我去了自己喜欢的棒球场(去了棒球场但是没提到喜欢不喜欢，穿着的是喜欢的队的制服)。
③ 我喜欢穿制服(不是喜欢穿制服，是穿自己喜欢的队的制服)。
④ 哥哥买了自己喜欢的棒球队的球(不是买的是得到的)。

44.

토요일에 학교 운동회가 있었습니다. 저는 반 대표로 달리기 경기에 나갔습니다. 무척 떨렸지만 열심히 달렸습니다.

① 저는 우리 반 반장입니다.
② 저는 가끔 운동회에 참석합니다.
❸ 저는 운동회 날 달리기를 했습니다.
④ 저는 떨려서 잘 달리지 못했습니다.

단어 운동회 运动会　　반 대표 班代表　　무척 非常
떨리다 紧张

周六学校举办了运动会。我代表我们班参加了长跑。虽然很紧张但是我努力的跑完了全程。

种류 类型 叙述文

해설 解析

通过'在学校运动会上我代表我们班参加了长跑'可以知道运动会那天我参加了长跑比赛。

① 我是我们班班长(不是班长是代表班级参加了长跑比赛)。
② 我偶尔参加运动会(没提到多长时间参加运动会。只提到周六学校举办了运动会，我代表班级参加了长跑比赛)。
④ 我因为太紧张没跑好(虽然紧张但很努力地费跑了)。

45.

매달 둘째 주 토요일에 한강 공원에 갑니다. 산책하시는 할아버지, 자전거를 타는 아빠와 아들이 있습니다. 또 한강에서는 배를 타는 연인도 있습니다.

① 할아버지는 자전거를 타십니다.
② 아빠와 아들은 배 위에 있습니다.
③ 연인들은 공원에서 산책을 합니다.
❹ 한 달에 한 번 토요일에 공원에 갑니다.

단어 산책하다 散步　　타다 坐，乘

我每个月第二周的周六去汉江公园。在公园里有散步的老爷爷，有骑自行车的爸爸和儿子，还有在汉江坐船的恋人。

种류 类型 叙述文

해설 解析

因为每个月的第二个周六去汉江公园，所以说每个月抽个。

① 老爷爷骑自行车(老爷爷散步)。
② 爸爸和儿子在船上(骑自行车)。
③ 恋人在公园散步(在汉江坐船)。

[46~48] 다음을 읽고 중심 생각을 고르십시오.

46.

저는 날씨가 좋으면 공원에 갑니다. 공원에 가서 산책합니다. 친구들과 대화하는 것보다 더 기분이 좋습니다.

❶ 저는 산책하는 것이 더 좋습니다.

阅读并选出能表达中心思想的句子。

天气好的话我就去公园。去公园散步。这比起和朋友们聊天，心情更好。

种류 类型 叙述文

② 저는 대화하는 것이 더 좋습니다.
③ 저는 공원에 가는 것을 좋아합니다.
④ 친구들은 공원에 가는 것을 좋아합니다.

단어 대화하다 对话

최근 한 구절 말비 比起聊天散步让心情更好。所以比起和朋友谈话，散步能使心情更好是文章要表达的中心思想。

最后一句说比起聊天散步让心情更好。所以比起和朋友谈话，散步能使心情更好是文章要表达的中心思想。

47.

아버지는 부산에 직장이 있으셔서 월요일부터 금요일까지는 부산에 계십니다. 주말에만 집에 오십니다. 매일매일 아버지 얼굴을 봤으면 좋겠습니다.

① 저는 부산에 가고 싶습니다.
❷ 저는 아버지와 같이 살고 싶습니다.
③ 아버지는 주말에 부산에 갈 겁니다.
④ 아버지는 부산 직장에 있고 싶어 합니다.

단어 직장 工作单位   매일 每天

爸爸工作单位在釜山，所以周一到周五住在釜山。每个周末才回家。要是能每天见到爸爸就好了。

종류 类型 叙述文
해설 解析
爸爸的工作单位在釜山，每个周末才能回家，和笔者没有时间在一起。所以笔者每天都想见到爸爸。所以本段的中心思想是笔者想和爸爸住在一起。

48.

저는 지난주에 운전학원에 등록했습니다. 오늘 처음 운전을 배우러 갔는데 무척 떨려서 실수를 많이 했습니다. 그래서 내일은 좀 더 집중해서 운전할 겁니다.

❶ 저는 운전을 잘하고 싶습니다.
② 저는 운전이 무서워서 떨립니다.
③ 저는 내일 운전을 배우러 갈 겁니다.
④ 저는 운전학원에 첫 번째로 등록하고 싶습니다.

단어 운전학원 驾校   실수하다 失误   집중하다 集中

我上周报名了驾校。今天第一次去学，非常紧张所以失误也很多，所以明天我会更加集中精神，好好学习开车。

종류 类型 叙述文
해설 解析
刚开始学开车，老失误，明天会集中精神好好学习开车。也就是不失误好好学习开车的意思，所以本段的中心思想是笔者想好好学习开车。

[49~50] 다음을 읽고 물음에 답하십시오.

요즘 (㉠) 케이크가 인기가 있습니다. 케이크를 만드는 가게에서는 먼저 생일인 손님의 얼굴 사진을 받습니다. 그리고 그 사진을 케이크 맨 위에 놓고 케이크를 만듭니다. 이 케이크를 받은 사람은 정말 특별한 선물이 될 것입니다.

단어 인기가 많다 有人气   손님 客人   비슷하다 相似

49. (㉠)에 들어갈 알맞은 말을 고르십시오.

① 모양이 큰   ② 사진과 다른
❸ 사진이 들어간   ④ 그림과 비슷한

阅读并回答问题。

最近(㉠)蛋糕很有人气。制作蛋糕的蛋糕店首先要一张过生日的客人的头像，把这张照片放在蛋糕的最上面然后制作蛋糕。对收到这个蛋糕的客人来讲真的是一份特别的礼物。

选择填入(㉠)里的正确答案。

종류 类型 叙述文
해설 解析
包含着括号的第一句是文章的主旨句。从全文来看，收到客人的照片之后把照片放在蛋糕的最上面然后制作蛋糕，所以括号里应填写的内容是'放入照片的'蛋糕。

50. 이 글의 내용과 같은 것을 고르십시오.

① 여기는 ~~사진을 찍는~~ 곳입니다.
② 케이크를 ~~만든 후~~에 사진을 받습니다.
③ 케이크 ~~안에~~ 사진을 넣고 케이크를 만듭니다.
❹ 요즘 사람들은 자기 사진이 들어간 케이크를 좋아합니다.

选择和文章内容一致的选项。

> 种类 类型 叙述文
> 解说 解析

放入头像照片的蛋糕最近很有人气也就是最近人们都喜欢带有头像照片的蛋糕。

① 这是照相的地方(这是制作蛋糕的地方)。
② 做完蛋糕之后需要相片(做蛋糕之前需要过生日客人的头像的相片)。
③ 把相片放在蛋糕里然后做蛋糕(不是放在里面，是放在蛋糕的最上面然后做蛋糕)。

[51~52] 다음을 읽고 물음에 답하십시오.

저는 소나무 향기가 나는 보리밥을 좋아합니다. 보리밥을 먹을 때 입으로만 먹는 것이 아닙니다. 코로도 먹을 수 있습니다. 맛도 좋고 (㉠) 때문에 건강에도 좋습니다. 그래서 소나무 향기를 맡으면서 보리밥을 먹을 때 기분이 더 좋습니다.

> 단어 향기가 나다 有香味　맛 味道　냄새 气味儿
> 보리밥 大麦饭

阅读并回答问题。

我喜欢带有松树香味的大麦饭。吃大麦饭的时候光用嘴吃是不行的，还得用鼻子。味道也好(㉠)的原因，对健康也有益。所以闻着松树的香味儿吃大麦饭时心情就很好。

选择填入(㉠)里的正确答案。

51. (㉠)에 들어갈 알맞은 말을 고르십시오.

① 깨끗하기　　　　② 잘 들리기
③ 소화도 잘 되기　❹ 좋은 냄새가 나기

> 种类 类型 叙述文
> 解说 解析

括号后面的内容说鼻子享受着松树香味，所以括号里的内容应该是和鼻子相关联的。括号前面的内容是'味道也好'所以应该是带有积极色彩的单词即'좋은 냄새가 나기(散发出好的香味)'放入括号里。

---

52. 무엇에 대한 이야기입니까? 알맞은 것을 고르십시오.

❶ 보리밥을 자주 먹는 이유
② 보리밥을 자주 먹는 방법
③ 소나무 향기를 맡는 방법
④ 소나무 향기가 나는 이유

这是关于什么的文章？选择正确答案。

> 种类 类型 叙述文
> 解说 解析

我经常吃散发着松树味道的大麦饭。理由是闻着松树的味道吃大麦饭的时候心情会更好。所以本文想说的是在经常吃散发着松树香味儿的大麦饭的理由。

[53~54] 다음을 읽고 물음에 답하십시오.

대부분의 도시에는 어린이 도서관이 있습니다. 그런데 요즘 아이들은 게임을 좋아해서 책을 잘 읽지 않습니다. 그래서 부모들은 주말마다 아이들과 함께 어린이 도서관에 갑니다. 그곳에서 다른 아이들과 함께 책을 읽게 합니다. 그러면 저절로 책과 (㉠) 놀게 됩니다.

阅读并回答问题。

大部分城市里都有儿童图书馆，但是最近的孩子们喜欢游戏不怎么读书。所以每个周末父母都会带着孩子来到图书馆。在这里让孩子和别的小孩们一起读书。那么，自然而然地(㉠)和书玩在了一起。

选择填入括号里的正确答案。

53. (㉠)에 들어갈 알맞은 말을 고르십시오.

> 种类 类型 叙述文
> 解说 解析

通过括号的前面说'和别的孩子们一起'读书，括号的

① 자면서 　　　　　② 게임하면서
❸ 친해지면서 　　　　④ 이야기하면서

后面说和书玩在了一起，可以看出和书的关系比较亲近，所以括号里填入'一边和书亲近'即可。

---

54. 이 글의 내용과 같은 것을 고르십시오.

① 요즘 아이들은 책을 ~~자주 읽습니다~~.
② 부모들은 ~~아이들과 함께 게임을 합니다~~.
③ 요즘 어린이 도서관은 ~~모든~~ 도시에 있습니다.
❹ 부모들은 매주 주말에 어린이 도서관에 갑니다.

选择和文章内容一致的选项。

🗂 **종류 类型** 叙述文

🎓 **해설 解析**

最近的孩子喜欢玩游戏不怎么读书。所以每个周末父母和孩子去儿童图书馆。因此'父母每周周末去儿童图书馆'这句话是正确的。

① 最近孩子们经常读书(最近的孩子喜欢游戏所以不经常读书)。
② 父母和孩子一起玩游戏(不是和孩子一起玩游戏，是和孩子一起去图书馆)。
③ 最近所有的城市都有儿童图书馆(文中说的是大部分城市都有，所以有一部分城市没有)。

[55~56] 다음을 읽고 물음에 답하십시오.

阅读并回答问题。

사랑하는 우리 딸! 요즘 아빠가 회사 일이 바빠서 우리 딸 얼굴을 못 보고 나와서 많이 슬퍼. 우리 딸도 고등학교 3학년이 되어 많이 힘들지? 힘들고 어렵지만 엄마·아빠가 항상 응원하고 있다. 알고 있지. 오늘 밤은 아빠가 일찍 퇴근해서 우리 딸 얼굴 보고 같이 밥 먹자. (　　　　) 우리 딸 좋아하는 치킨 꼭 사 가지고 갈게. 오늘도 파이팅!
　　　　　　　　　　　　　– 사랑하는 아빠가 –

我亲爱的女儿！最近爸爸忙于公司的事情，都来不及看一眼我家宝贝女儿就出来了，所以很伤心。我亲爱的女儿现在读高中三年级所以也很累吧。虽然很累很辛苦，爸爸妈妈会一直在身边为你加油，我女儿是知道的，对吧？今天晚上爸爸早点下班和我亲爱的女儿一起吃饭。(　　)我会买女儿你喜欢的炸鸡回去。今天也加油吧！
-爱你的爸爸-

단어 바쁘다 忙　　일찍 早　　슬프다 伤心
응원하다 加油，助威　　퇴근하다 下班

选择填入括号里的正确答案。

🗂 **종류 类型** 便条

🎓 **해설 解析**

括号前面的句子和括号后面的句子是并列关系，所以'그리고(并且)'是正确答案.

55. (　　)에 들어갈 알맞은 말을 고르십시오.

① 그런데 　❷ 그리고 　③ 그러나 　④ 그러면

· 그런데: 前面的句子往后面的句子转换的时候使用。
　예 오늘 철수가 결석했습니다. 그런데 영희는 무슨 일이 있어요? 今天哲秀缺席了。话又说回来英熙又有什么事呀?
· 그러나: 前句和后句是转折关系的时候使用.
　예 열심히 공부했습니다. 그러나 시험에 떨어졌습니다. 努力学习了。但是考试落榜了。
· 그러면: 前面句子是后面句子的前提、假设条件的时候使用。
　예 열심히 공부하세요. 그러면 TOPIK 시험에 합격할 겁니다. 快好好学习吧。那样的话TOPIK考试才能合格呀。

---

56. 이 글의 내용과 같은 것을 고르십시오.

❶ 아빠는 저녁에 치킨을 살 겁니다.
② 아빠는 바빠서 늦게 ~~퇴근할 겁니다~~.

选择与文章内容一致的选项。

🗂 **종류 类型** 便条

③ 딸은 아빠가 ~~퇴근할 때~~ 자고 있었습니다.
④ ~~딸은 너무 바빠서~~ 아빠 얼굴을 못 봅니다.

실전 모의고사 1회
실전 모의고사 2회
실전 모의고사 3회
실전 모의고사 4회
실전 모의고사 5회

해설 解析

这是爸爸留给女儿的便条。爸爸在便条中说今天晚上和女儿一起吃饭，还有就是一定会买炸鸡回来。所以'今天晚上爸爸会买炸鸡回来'这句话是正确的。

② 爸爸很忙，很晚才能回家(便条中说爸爸太忙，虽然早上很早出门了，但是今天为了女儿会早点下班的)。
③ 女儿在爸爸下班时睡着了(女儿在爸爸上班时还在睡觉)。
④ 女儿太忙了，没能和爸爸碰面(不是女儿太忙，是因为爸爸忙，早上上班太早没能见到女儿)。

[57~58] 다음을 순서대로 맞게 나열한 것을 고르십시오.

57.

(가) 그런데 요즘은 휴대전화로 모르는 길도 찾을 수 있습니다.
(나) 여행 도중에 가끔 모르는 곳에 가면 길을 몰라서 힘듭니다.
(다) 저는 여행을 좋아해서 일 년에 한두 번은 여행을 갑니다.
(라) 또 근처에 무엇이 있는지 알 수 있어서 여행하기 편합니다.

❶ (다)-(나)-(가)-(라)　　② (다)-(나)-(라)-(가)
③ (다)-(가)-(라)-(나)　　④ (다)-(라)-(나)-(가)

단어 모르다 不知道　　힘들다 累　　편하다 方便

选择排列顺序正确的选项。

(가) 不过最近用手机不认识的路也能找得到。
(나) 在旅行的途中偶尔去到不认识的地方，因为不认路所以很辛苦。
(다) 我很喜欢旅行，一年要去旅行一两次。
(라) 并且附近有什么也能知道所以旅行很方便。

종류 类型 叙述文

해설 解析

(다)是固定的句子。→ (나)和(가)中，要和(다)喜欢旅游相连接，(나)中'不认识的地方'和(가)中'不认识的路'比较的话，不知道的地方应该先说，然后是不知道路应该怎么办的内容。然后接(가) → 但是(가)和(라)都说的是手机的长处。(가)先说完手机的长处之后用'또(并且)'衔接另外一个长处，所以最后是(라)。顺序是(나)然后是(가)接着是(라)的顺序排列。(다) → (나) → (가) → (라)是正确答案。

58.

(가) 아침을 일찍 먹고 여행 가방을 챙겨 버스를 탔습니다.
(나) 오늘은 우리 가족 모두 해외여행을 가는 날입니다.
(다) 그리고 출국 심사를 받고 비행기에 탑승했습니다.
(라) 공항에 도착해서 비행기 표의 좌석을 확인했습니다.

① (나)-(다)-(라)-(가)　　② (나)-(라)-(다)-(가)
③ (나)-(라)-(가)-(다)　　❹ (나)-(가)-(라)-(다)

단어 챙기다 准备好　　타다 乘, 坐　　예약하다 预约
확인하다 确认　　도착하다 到达

(가) 很早吃完早饭，带着旅行包上了公交车。
(나) 今天是我们一家去海外旅行的日子。
(다) 然后过了海关之后搭乘了飞机。
(라) 来到了机场，确认了座位。

종류 类型 叙述文

해설 解析

(나)是常规的内容所以是开头。→ 把它看成去海外旅行那天做了什么的话，(가)说拿好旅行包坐上公交车应该是接下来做的第一件事。所以(가)放在(나)之后。然后是(라)'到了机场'确认座位之后，接着(다)过了海关之后坐上了飞机的顺序比较自然。所以是按时间顺序即(나)然后(가)接着(라)最后(다)排列的。(나) → (가) → (라) → (다)是正确答案。

[59~60] 다음을 읽고 물음에 답하십시오.

지난 여름 방학에 제주도 옆에 있는 우도로 여행을 갔습니다. (㉠) 우도에서 바닷속을 볼 수 있는 잠수함인 배를 탔습니다. (㉡) 그 배는 창문이 모든 방향으로 되어 있었습

阅读回答问题。

上次暑假去了位于济州岛旁边的牛岛旅行。(㉠)在牛岛坐了能看见深海的潜水艇。(㉡)那个潜水艇的各个方向都有窗户。(㉢)并且窗户很大很宽。(㉣)所以观赏到了五彩斑斓的美丽的鱼。

니다. (㉢) 그리고 창문의 크기도 크고 넓었습니다. (㉣) 그래서 여러 가지 색의 아름다운 물고기를 잘 구경할 수 있었습니다.

 우도 牛島　　속 内　　잠수함 潜水艇　　넓다 宽

59. 다음 문장이 들어갈 곳을 고르십시오.

왼쪽으로 가면 왼쪽을, 오른쪽으로 가면 오른쪽을 볼 수 있었습니다.

① ㉠　　　　② ㉡　　　　❸ ㉢　　　　④ ㉣

选择下列句子在文章中的正确位置。

去左边的话可以看到左边，去右边的话又可以看到右边。

종류 类型 叙述文

해설 解析

㉢前面'所有的方向'和后面表示'左，右'的单词应该连在一起。所以应该放在㉢的位置。

---

60. 이 글의 내용과 같은 것을 고르십시오.

① 우도는 ~~제주도에~~ 있습니다.
❷ 잠수함에서 바닷속을 잘 볼 수 있습니다.
③ 잠수함을 타고 ~~우도 옆 제주도로 갔습니다~~.
④ 잠수함의 창문은 ~~한 방향으로~~ 만들었습니다.

选择与内容一致的选项。

종류 类型 叙述文

해설 解析

潜水艇每个方向都有窗户，而且又大又宽，能清晰地看见大海的内部。

① 牛岛位于济州岛(位于济州岛旁边)。
③ 坐潜水艇去了牛岛旁边的济州岛(坐潜水艇来到了牛岛的海底)。
④ 潜水艇的窗户是朝着一个方向制作的(各个方向都有窗户)。

[61~62] 다음을 읽고 물음에 답하십시오.

가을이 되면 사람들은 아름다운 단풍을 보려고 산에 갑니다. 숲 속 나무에 작은 다람쥐가 있는데 이들은 도토리나무 열매를 먹고 삽니다. 가끔 등산하는 사람들이 먹을 것을 가지고 다가가면 다람쥐들은 (　　　) 가까이 옵니다. 사람들은 가끔 나무에서 떨어진 도토리를 줍는데 겨울이 되면 다람쥐들의 먹이가 부족하기 때문에 많이 가져오지 말아야 합니다.

 다람쥐 松鼠　　도토리 橡子　　다가가다 走近
줍다 抬起

61. (　　)에 들어갈 알맞은 말을 고르십시오.

① 자면서　　　　　　② 다쳐서
③ 먹지 않고　　　　　❹ 놀라지 않고

阅读并回答问题。

到了秋天，人们喜欢去山上观赏美丽的枫叶。树林里的树上有小松鼠，它们主要靠吃橡树的果实为生。偶尔登山的人拿着带的食物向小松鼠靠近的话，小松鼠（　　　）靠近。偶尔人们会捡从树上掉下来的橡子，但是到了冬天小松鼠的食物会缺少，所以希望大家不要捡很太的橡子带走。

选择填入括号的正确选项。

종류 类型 叙述文

해설 解析

括号里填的词应该是连接括号的前面'人们拿着吃的靠近的话'和括号后面'靠近'的词。这两种都包含的正确的表达是'놀라지 않고(没有受到惊吓)'。

---

62. 이 글의 내용과 같은 것을 고르십시오.

① 사람들은 ~~다람쥐를 보러~~ 산에 갑니다.
② 등산하는 사람들은 ~~다람쥐를 좋아합니다~~.
③ 다람쥐들은 ~~사람들이 주는~~ 것을 먹고 삽니다.
❹ 다람쥐들을 위해 도토리를 많이 가져오면 안 됩니다.

选择和文章内容一致的选项。

종류 类型 叙述文

해설 解析

人们有时捡橡子，导致小松鼠的食物缺乏，几乎剩不

下冬天要吃的橡子。所以'为了小松鼠带走橡子是不可以的'选项是正确的。
① 人们为了看小松鼠去的山上(为了看美丽的枫叶去山上的)。
② 登山的人喜欢小松鼠(文中没提到相关内容)。
③ 小松鼠靠人们给的吃的为食(小松鼠主要靠吃橡树的果实为生)。

[63~64] 다음을 읽고 물음에 답하십시오.

안녕하세요, 수영 씨.
이번 주말에 회사 기숙사에서 기숙사 파티를 할 거예요.
회사 모든 부서 사람들이 참석할 거예요. 수영 씨도 시간이 있으면 오셔서 기숙사를 구경하세요.
기숙사 로비에 맛있는 과자와 커피도 준비되어 있어요. 기숙사는 회사 뒤 건물이에요. 회사 앞 버스 정류장에서 내려서 건물 2층으로 오세요.
그날 꼭 오세요!
명수 드림

단어 기숙사 宿舍　　참석하다 参加　　로비 大厅

63. 왜 이 글을 썼습니까?
❶ 기숙사 파티에 초대하기 위해서
② 기숙사 파티에 온 친구에게 감사해서
③ 기숙사 건물을 친구에게 알려 주기 위해서
④ 기숙사 파티를 하는 장소를 알려 주기 위해서

阅读回答问题。
你好，秀英
这个周末将在公司宿舍举行聚会。
公司所有部门的人都能参加。秀英要是有时间的话也来参观宿舍吧。
在宿舍的大厅里准备着好吃的点心和咖啡。宿舍是公司后面的那栋楼。你在公司前的公交车站下车之后，来这个楼的2层。
那天一定要来参加呀。
　-明秀　敬上-

写这篇文章的目的是什么？

种类 类型 谈话文(邮件)
解说 解析
文章的主要目的主要写在文章的前面或后面。这封邮件的前部分说要举办宿舍聚会，如果有时间的话，请来参加。所以写作目的是邀请参加宿舍聚会。

---

64. 이 글의 내용과 같은 것을 고르십시오.
① 기숙사는 회사 앞에 있는 건물입니다.
❷ 이번 주말에 기숙사를 볼 수 있습니다.
③ 기숙사에 가려면 지하철을 타야 합니다.
④ 마시고 싶은 커피는 직접 가져와야 합니다.

选择与文章一致的内容。

种类 类型 邮件
解说 解析
这个周末是参观宿舍的日子。这一天所有的人都能来宿舍。所以这个周末可以参观宿舍是正确的说法。
① 宿舍是公司前面的那个建筑物(是公司后面的建筑物)。
③ 要去宿舍的话需要坐地铁(从公司前面的公交车站下车所以是坐公交车)。
④ 想喝咖啡的话需要亲自带过来(宿舍大厅准备好了)。

[65~66] 다음을 읽고 물음에 답하십시오.

손과 몸은 어떤 관계일까요? 손이 뜨거우면 몸도 뜨겁고 손이 차가우면 몸도 차갑습니다. 이렇듯 손과 몸은 같이 느낄 수 있습니다. 또 손으로 하는 것은 여러 가지 뜻이 있습니다. 서로 손을 잡고 인사를 하는 것은 서로 친하다는 의미이

阅读回答问题。
手和身体有着怎样的关系呢？手热的话身体也热，手凉的话身体也凉。像这样，手和身体有着同样的感觉。而且用手做的事情有很多种含义。互相牵手问候表示着很亲近的关系，小手指勾在一起的话表示一种约定。鼓掌的话意味着称赞。所以朋友做得好的时候，也(㉠)。

고 새끼손가락을 걸면 약속을 의미합니다. 박수를 치는 것은 칭찬의 의미입니다. 그래서 친구가 잘했을 때 (㉠)도 합니다.

단어 관계 关系　　뜨겁다 热　　차갑다 凉　　느끼다 感觉
칭찬 称赞　　(박수를) 치다 鼓掌

65. (㉠)에 들어갈 알맞은 말을 고르십시오.

① 손을 잡기　　　　② 손을 걸기
③ 손이 차갑기　　　❹ 박수를 치기

选择正确的选项填入括号内。

> 종류 类型　叙述文

> 해설 解析

'그래서(所以)'前和后是原因结果的关系。因为鼓掌意味着称赞，所以朋友做得好的时候也应该鼓掌。

66. 이 글의 내용과 같은 것을 고르십시오.

① 손을 잡으면 ~~약속~~하는 것입니다.
② 손이 뜨거우면 몸은 ~~차갑습니다~~.
❸ 손과 몸이 느끼는 것은 같습니다.
④ 칭찬하고 싶을 때 ~~서로 손을 잡습니다~~.

选择与文章一致的内容。

> 종류 类型　叙述文

> 해설 解析

因为手和身体能有同样的感觉所以手热身体也热，手凉身体也凉。所以手和身体有着同样的感觉是对的。
① 握住手的华表示约定(手凉的话身体也凉)。
② 手热的话身体凉(手热的话身体也热)。
④ 想称赞的时候互相牵手(想称赞的时候鼓掌)。

[67~68] 다음을 읽고 물음에 답하십시오.

요즘 가구의 위치를 바꾸는 사람들이 많습니다. (㉠) 가구를 사지 않고 사용하고 있는 가구를 위치만 바꿔도 방의 분위기를 바꿀 수 있습니다. 방석이나 쿠션으로도 변화를 줄 수 있습니다. 여러분도 이번 봄에 거실에 있는 가구를 한번 (㉡).

단어 위치 位置　　분위기 气氛　　방석 坐垫　　쿠션 靠背
변화 变化

67. ㉠에 알맞은 것을 고르십시오.

① 먼저　　② 주로　　❸ 새로　　④ 계속

阅读回答问题。

最近把家具换位置的人很多(㉠)不买家具，把现有的家具位置换一下的话，房间的气氛就变了。坐垫和靠背也能增添变化，大家也式试(㉡)客厅的家具。

选择填入㉠的正确选项。

> 종류 类型　叙述文

> 해설 解析

括号后面说'正在使用中的家具'所以括号里面说不用买家具也行。所以'가구를 사지 않고(不买家具)'的前面接表示新的意思的词'새로(新)'比较自然。
① 먼저 首先
　例 먼저 사용하세요. 전 나중에 사용하겠습니다.
　　你先用吧，我以后再用。
② 주로 主要
　例 저는 방학에 주로 도서관에서 공부합니다.
　　我放假主要在图书馆学习。
④ 계속 继续
　例 많이 건강해졌습니다. 계속 운동하세요.
　　变得健康多了，继续坚持运动。

68. ㉡에 알맞은 것을 고르십시오.

❶ 바꿔 보세요.　　　② 바꿀 수 있어요.
③ 바꾸고 싶어요.　　④ 바꾸기로 했어요.

选择填入㉡的正确选项。

> 종류 类型　叙述文

从整体内容来看，说的是变换家具位置的经验的内容。但是括号前面的表示时态的词是'이번 봄에(这个春天)'。并且括号前后内容都在讲位置变换的话房间气氛就会发生变化，所以括号里填的内容应该是建议尝试一次的意思，并且要符合时态，所以'바꿔 보세요'是正确的。

② -을/ㄹ 수 있다/없다：表示某种行动可能/不可能时使用。

예 저는 한국어를 배웠습니다. 그래서 한국 신문을 읽을 수 있습니다. 我学习了韩国语，所以能读韩国报纸。

③ -고 싶다：话者的希望和期望。

예 저는 나중에 의사가 되고 싶습니다. 我将来想做医生。

④ -기로 하다：表自己的计划，决心，约定的时候使用。

예 저는 내일 아침부터 일찍 일어나기로 했습니다. 我决定从明天早上起早起。(计划，决心)

예 저는 이번 방학 때 친구와 함께 여행 가기로 했습니다. 我放假决定和朋友一起去旅行。(约定)

[69~70] 다음을 읽고 물음에 답하십시오.

작년 크리스마스에 부모님과 함께 스키장에 놀러 갔습니다. 그런데 스키를 타다가 실수를 해서 넘어졌습니다. 나는 너무 아파서 (㉠) 힘들었습니다. 그때 스키장 직원이 한의원에 가서 침을 맞으면 빨리 나을 수 있다고 했습니다. 그래서 부모님과 함께 스키장 근처에 있는 한의원에 가서 침을 맞으니까 신기하게도 약을 먹은 것보다도 더 아프지 않았습니다.

단어 실수 失误　넘어지다 摔倒　힘들다 费劲
　　　한의원 韩医院　(침을)맞다 针灸

69. (㉠)에 들어갈 알맞은 말을 고르십시오.

① 침을 맞기도　　　❷ 혼자 걷기도
③ 놀러 가기도　　　④ 직원을 만나기도

阅读回答问题。

去年圣诞节的时候我和父母一起去滑雪场玩了。但是那时正滑着，突然由于失误摔倒了。我因为太疼(㉠)很累。那时候，滑雪场的工作人员说过只要去韩医院接受针灸治疗的话很快就会恢复的。所以和父母一起去了滑雪场附近的韩医院接受针灸治疗，神奇的是比起吃药，疼痛减轻了不少。

选择符合㉠的选项。

种类 类型　随笔

解说 解析

括号前面的句子说滑雪的时候由于失误摔倒了。因为很疼所以括号里填'自己走路很费劲'是最自然的表述。

---

70. 이 글의 내용으로 알 수 있는 것은 무엇입니까?

① 나는 침 맞는 것을 아주 싫어합니다.
② 스키장 직원은 침 맞는 것을 좋아합니다.
❸ 침은 약보다 더 빨리 치료할 수 있습니다.
④ 사람들은 스키를 타다가 자주 넘어집니다.

这篇文章告诉我们了什么？

种类 类型　随笔

解说 解析

理解整体内容之后来推测文章的意思，以核心词汇为中心，推测出笔者的意图。本文在滑雪场摔倒了应该去医院，滑雪场的工作人员说去针灸的话会好得很快，所以和父母一起去了韩医院，做了针灸之后确实比吃药要好得快，可以推测出针灸比药的治疗效果更快。